四川大学马克思主义学院出版项目资助成果

中国药品
集中带量采购的
价格机制

基于政治经济学视角

PRICE MECHANISM OF
CENTRALIZED
DRUG
PURCHASING
IN CHINA

From the Perspective of
Political Economics

李小瑜 著

社会科学文献出版社
SOCIAL SCIENCES ACADEMIC PRESS (CHINA)

前　言

　　健康是经济社会发展的基础条件，是促进人的全面发展的必然要求，是实现共同富裕的先行保障。药品是维系身体健康、保障生命安全、促进劳动力再生产的特殊商品。自 2018 年底国家组织药品集中带量采购"4+7"城市试点以来，我国已累计开展 10 批国家药品集中带量采购工作；同时，各地方以省级或省际联盟的形式积极开展药品集中带量采购工作。药品集中带量采购在增强药品的可及性和可负担性、净化医药行业环境、提高医保基金使用效能等方面发挥了不可替代的作用。但客观来看，学术界对药品集中带量采购的关注更多是政策层面的总结以及对政策实施局部效果的探讨，缺少从政治经济学视角对药品集中带量采购价格机制的系统性、整体性研究，理论进展还落后于实践需要；同时，随着药品集中带量采购实践的不断深入，药品价格形成、价格运行、价格调控过程中带量集采的一系列现实问题日益凸显，但目前这些问题还未引起足够的关注。因此，在健康中国战略背景下，客观认识当前"新医改"所面临的困境，把握药品集中带量采购常态化推进的发展趋势，在理论和实践层面全面构建我国药品集中带量采购价格机制是深化新时代中国特色社会主义价格理论的重要课题。

　　本书以马克思主义劳动价值论及价格理论为基本理论遵循，借鉴马克思公共经济思想及公共产品相关理论，运用制度经济学、博弈论、药物经济学、管理学等学科的知识与分析方法，从政治经济学视角全面研究了我国药品集中带量采购价格机制，并试图回答以下五个问题：（1）药品、集中带量采购药品以及集中带量采购本身的属性是什么；（2）集中带量采购药品的价格如何形成，又如何被影响；（3）集中带量采购药品的价格如何实现，又如何发挥自身的调节功能；（4）集中带量采购药品的价格如何被调控，又如何服务于社会主义国家调控的总体目标；（5）药品集中带量采购价格机制存在何种问题，又当如何优化。

全书研究内容按照"总—分—总"的结构进行布局：导论与前两章为总论部分；第三至第六章为分论部分；后两章为总结部分。主要研究结论包括以下五个方面。

（1）药品作为一种特殊商品在使用价值、价值形成、价值量决定等方面具有极大特殊性，集中带量采购药品属于准公共产品，集中带量采购是政府基于维护公共利益而提供的公共服务。第一，药品在使用价值上的特殊性主要源于其极强的生命关联性，表现为功效专属性、信息不对称性、需求迫切性以及作用双重性；药品价值形成的特殊性主要表现为它既是复杂劳动和简单劳动的统一体又具有高风险性；药品价值量决定的特殊性主要表现为非独创药的价值量由社会必要劳动时间决定，而决定独创性药品价值量的社会必要劳动时间等同于其个别劳动时间。第二，医保制度外药品具有私人产品属性，医保制度内药品是准公共产品，集中带量采购药品具有准公共产品属性。第三，集中带量采购是一项公共服务，政府基于这一服务的制度设计通过在药品生产、分配、交换、消费等环节发挥规模经济效应、替代效应、专利悬崖效应、价格溢出效应和资源配置效应这五大经济效应来作用于生产关系，从而影响药品价格机制。

（2）药品集中带量采购价格形成机制是政府引导、市场主导的价格形成机制，药品集中带量采购不改变药品价格的价值决定性，但可以通过调节供求、竞争等关系影响价格的形成。第一，集中带量采购药品价格形成的基础是价值，价值构成为 $c+v+m$，其价格受到供求、竞争、政策等因素的影响；价格构成需要充分考虑研发成本、生产成本、配送费用、交易费用、平均利润、超额利润、税收等因素；在政府引导、市场主导下，药品集中带量采购调节和优化供求、竞争关系，各因素之间相互联系、相互影响并共同作用于药品集中带量采购四元价格主体，最终形成集中带量采购药品价格。第二，基于政企两方议价博弈模型的分析发现，集中带量采购药品价格受到企业研发投入成本、约定采购量、最高有效报价、患者可接受的最高心理价位以及医保基金支付比例等因素的共同影响，其中医保基金支付比例、约定采购量与药品价格呈反向变动关系，其余影响因素与药品价格呈正向变动关系；集中带量采购药品价格由药品价值决定，具有研发优势的药品生产企业更能够从集中带量采购中获益，相反部分中小型药企受制于生产规模和供应能力很难参与到"以量换价"的价格形成机制中来。第三，基于药企多方竞价博弈模型的分析发现，在约定采购量的条件下，企业的供给能力及报价情况主要取决于自身的技术水平以及成本构成情况；需求量越大，参与竞争的企业和落选企业越多，越能够强化药企间的竞争，引导带量集采药品价格回归合理水平。

（3）药品集中带量采购价格运行包含价格实现过程和价格调节功能两个层次，从价格运行的省域差异来看，存在中选价格与中选地区经济发展水平倒挂的问题。第一，第一层次价格实现过程，即"W—G"商品第一形态的实现过程，主要受到供给、需求、结算等环节契约履行情况的影响；第二层次是价格调节功能，即价格通过社会再生产中生产、分配、交换、消费各环节调节四元价格主体的作用过程，包括但不限于"G—W"商品第二形态的实现过程，主要受到价格主体内生动力、市场环境以及政策约束等因素的影响。第二，实证分析发现，药品中选价格在空间分布上存在明显差异，西部地区高于中部地区、中部地区高于东部地区。第三，实证研究表明，中选价格与中选地区经济发展水平不匹配、呈现负相关关系，地区生产总值较高的省域中选药品价格水平较低，而地区生产总值较低的省域中选药品价格水平反而较高。

（4）药品集中带量采购价格调控机制以社会主义国家调控的一般理论为遵循，围绕推动劳动力再生产、促进人的全面发展和实现共同富裕的美好愿景，建立了以经济手段和法律手段为主、以行政手段为辅的调控系统。第一，药品集中带量采购价格调控机制是实现共同富裕的客观需求，是政府履行职能的应有之义，是矫正市场失灵的重要手段，以及是实现人的全面发展的有效路径。第二，宏观价格调控体系、价格管理政策完备性、价格监测预警等因素影响药品集中带量采购价格调控。第三，药品集中带量采购价格调控机制，以带量集采药品价格调控为内核，以药品价格调控为外延；以市场调节为主，以政府调控为辅；以经济手段和法律手段为主，以行政手段为辅；坚持政府调控和企业内控双向结合。

（5）药品集中带量采购价格机制的优化导向是分级分类采购的目标导向和成本效益兼顾的结果导向；优化路径包括价格形成机制的优化、价格运行机制的优化以及价格调控机制的优化。第一，目标导向优化是设计"一主两翼多极支撑"横向分类与纵向分级并存的药品集中带量采购框架体系。第二，结果导向优化是构建"成本效益兼顾"的成效评价体系。第三，价格形成机制的优化路径是创建量价联动的递减阶梯定价机制、实施"激励相容"的多方利益协同机制、改进药品集中带量采购的规则设计、强化价格形成过程的主体行为监管、构筑带量集采药价形成的坚实支撑体系；价格运行机制的优化路径是引入"二次询价"缩小区域价格差距、科学设计价格主体的信用评价制度、持续探索"平稳高效"的接续机制、加快构建价格运行的监测预警系统；价格调控机制的优化路径是建立"相机抉择"的供需动态调整机制、完善药品集中带量采购的法律法规、加强药品集中带量采购的专项宣传、健全多层次多维度的综合监管体系。

书中的贡献主要包括以下四个方面。（1）基于政治经济学视角及其分析方法，系统性地研究了我国药品集中带量采购价格机制，拓展和深化了价格机制理论，在一定程度上丰富了中国特色社会主义价格理论的时代内涵。基于马克思主义劳动价值论探讨药品的商品属性，揭示药品作为商品在使用价值和价值上的共性和特性；基于马克思公共经济思想探讨集中带量采购的公共服务属性和集中带量采购药品的准公共产品属性；基于马克思主义价格理论解析集中带量采购药品定价的共性和特性，结合集中带量采购在药品价格机制中的作用机理分析，构建我国药品集中带量采购价格机制的分析框架。（2）认为集中带量采购是政府为维护公共利益而提供的公共服务，它作为一种制度设计本身并不改变药品价格的价值决定性，但可以通过调节供求、竞争等价格影响因素引导或约束药品价格的形成，并且进一步构建博弈模型对该结论进行验证。（3）以马克思主义价格理论和流通理论为指导建构了药品集中带量采购价格运行的两个层次，揭示了药品集中带量采购价格运行机制通过社会再生产过程中生产、分配、交换、消费等环节调节四元价格主体经济关系及整个社会经济运行的作用机理。（4）采用国家产品虚拟法，着重实证研究了我国药品集中带量采购价格运行的省域差异，发现了省域中选药品价格与经济发展水平倒挂的现象。

存在的不足主要体现为以下三个方面。第一，从理论层面来看，将药品、药品集中带量采购、药品价格等问题从药物经济学的研究范式中剥离和抽象出来，这在客观上导致缺失了药物经济学关于药品微观定价方面的理论研究。第二，从实践层面来看，并未深入探讨民营医疗机构以及零售药店在集中带量采购药品价格机制中的定位及价格决策。第三，从调研数据层面来看，通过实地访谈和问卷调查形式开展了调研，但由于时间限制，缺乏对药品集中带量采购整个采购周期和接续周期（至少3年）的跟踪调查数据，因而在研究药品集中带量采购的运行效果时主要运用全国宏观数据进行实证研究，缺乏微观实证研究。

学术永无止境。书中肯定还存在其他不足之处，恳请各位同仁、读者提出宝贵意见。

目　录

导　论

一　研究背景和研究意义

（一）研究背景

2018年，一部名叫《我不是药神》的电影上映。影片中关于健康、生命、药品的一系列问题引起了全社会的高度关注，影片以艺术化的表达方式通过微观视角向大众呈现了药品在劳动力再生产和共同富裕目标实现中的特殊地位，展现了"因病致贫"的一个片段。健康是经济社会发展的基础条件，是促进人的全面发展的必然要求，是实现共同富裕的先行保障。我国新一轮医药卫生体制改革已步入深水区，放眼未来，在以人民为中心的发展理念下，系统性地解决好群众"用药贵"问题是一个时代"健康"发展的要求，也是对增进民生福祉的实践探索，更是一项重大的理论课题。

1. 时代召唤：全面推进健康中国建设的时代需要

2016年10月，中共中央、国务院印发《"健康中国2030"规划纲要》。2021年3月，"全面推进健康中国建设"被写入《中华人民共和国国民经济和社会发展第十四个五年规划和2035年远景目标纲要》（以下简称"十四五"规划和2035年远景目标纲要）。同月，习近平总书记指出"现代化最重要的指标还是人民健康，这是人民幸福生活的基础。"① 可见，健康已然成为时代的迫切需要，是社会主义国家实现共同富裕的基础条件。

药品是关乎人们身体健康、生命安全和劳动力再生产的特殊商品，因而有效控制药价，不断解决群众"看病难、看病贵"问题是全面推进健康中国建设的重要突破口与着力点。《"健康中国2030"规划纲要》明确提出"落实医疗机构药品、耗材采购主体地位，鼓励联合采购"。《国家组织药品集中采购和使用试点方案》强调："国家组织药品集中采购和使用试点……探索完善药品集中采购机制和以市场为主导的药品价格形成机制。"习近平总书记指出："要坚持不懈、协同推进'三医联动'，推进国家组织药品和耗材集中带量采购改革，深化医保支付方式改革，提高医保基金使用效能。"②"要……常态化制度化开展药品集中带量采购……深化医保基金监管制度改革，守好人民群众的'保命钱'、'救命钱'"（汪晓东等，2021）。"十四五"规划和2035年远景目标纲要在"全面推进健康中国建设"篇章中明确指出"深化医药卫生体制改革……推进国家组织药品和耗材集中带量采购使用改革"。故而，在全面推进健康中国建设的时代背景下，我们需要更加聚焦药品这一微观领域，构建更加科学合理的药品价格机制以减轻群众的医药费用负担、增进民生福祉，促进医药产业高质量发展、实现医保控费降支，为全面建设健康中国与实现"两个一百年"奋斗目标和中华民族伟大复兴的中国梦奠定坚实的健康基础。

2. 改革突围：步入深水区的"新医改"正面临新困境

"新医改"自2009年启动以来十多年间成绩斐然，包括基本建立全民医保体系、取消公立医院药品价格加成、放开医生多点执业、稳步推

---

① 《"这里的山山水水、一草一木、我深有感情"——记"十四五"开局之际习近平总书记赴福建考察调研》，新华网，http://www.xinhuanet.com/politics/leaders/2021-03/27/c_1127261096.htm，2021年3月27日。
② 《习近平在中共中央政治局第二十八次集体学习时强调 完善覆盖全民的社会保障体系 促进社会保障事业高质量发展可持续发展》，中央人民政府网站，http://www.gov.cn/xinwen/2021-02/27/content_5589187.htm，2021年2月27日。

进分级诊疗等（高原，2020）。但是随着经济转型发展，我国面临经济增速与财政收入增速双双放缓的格局；同时，我国加速迈向人口老龄化，居民及其家庭的健康需求随着对美好生活的需要不断增加，疾病谱的转变让母婴疾病、传染性疾病以及涉及营养的相关疾病医药费用支出降低，但慢性非传染性疾病的医药支出显著增多（张磊，2019），这对国家和个人的医药费用支出形成较大压力，成为我国"新医改"步入"深水区""攻坚期"所面临的新困境。

一方面，促进卫生总费用健康合理增长与控制卫生总费用不合理增长的压力并存。按照世界卫生组织（WHO）的要求，发展中国家的卫生总费用占 GDP 的比重应达到 5%，2020 年我国卫生总费用占 GDP 的实际比重已达到 7.10%（杨燕绥和常焙筌，2020）。从医药卫生体制改革深化的需要来看，我国的卫生总费用还将在一段时间内处于上升通道，国家需要采取必要的措施促进卫生总费用的合理增长。从我国卫生总费用增长与 GDP 增长（如图 1 所示）的关系来看，我国已面临卫生总费用增长过快的压力。一般认为超过 GDP 增速 1.5 个百分点以内的卫生总费用增速可以接受，但高于 2 个百分点就表明差距过大（龚文君，2019），而我国从 2011 年到 2020 年两者的差距明显大于 2 个百分点（如图 1 所示），这既对全社会的经济发展造成压力，又增大了经济发展的社会负担。

另一方面，医疗服务高度集中、个人医药费用持续增长仍然是民生痛点。从医疗机构来看，虽然从 2015 年开始民营医院数量已经赶超公立医院数量，但是公立医院的就诊人数一直远远超过民营医院，最近 10 年公立医院的平均就诊人数占比高达 87.49%，而民营医院平均就诊人数只有 12.51%（如图 2 所示）。医药卫生体制改革越是深化，优质的医药资源将越是向公立医疗机构集中，其垄断地位将越是得以巩固。从患者个人来看，宏观上我国卫生总费用的个人支出部分占比还较高，2020 年我国卫生总费用构成中个人现金卫生支出占比达到 27.65%，政府卫生支出占比和社会卫生支出占比分别为 30.40% 和

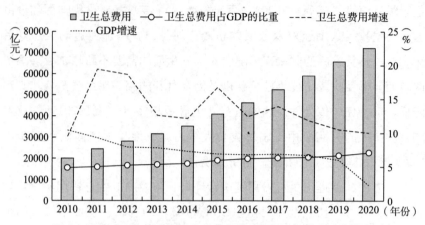

图1　2010～2020年中国卫生总费用增速和GDP增速对比情况

注：卫生总费用增速按不变价格计算。

数据来源：《中国卫生健康统计年鉴》《中华人民共和国2013年国民经济和社会发展统计公报》《中华人民共和国2016年国民经济和社会发展统计公报》《中华人民共和国2020年国民经济和社会发展统计公报》。

41.94％。[①] 微观上，2010～2020年我国医院门诊病人和住院病人的医药费用负担都呈现持续上升趋势（详见表1）。

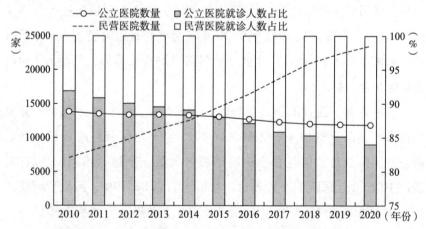

图2　2010～2020年中国公立医院和民营医院数量和就诊人数占比

数据来源：《中国卫生健康统计年鉴》。

---

①　数据来源：《中国卫生健康统计年鉴（2021）》。

表 1　2010～2020 年中国医院门诊病人和住院病人医药费用情况

单位：元，%

年份	门诊病人			住院病人		
	次均医药费	人均药费	药占比	人均医药费	人均药费	药占比
2010	166.8	85.6	51.3	6193.9	2670.2	43.1
2011	179.8	90.9	50.5	6632.2	2770.5	41.8
2012	192.5	96.9	50.3	6980.4	2867.4	41.1
2013	206.4	101.7	49.3	7442.3	2939.1	39.5
2014	220.0	106.3	48.3	7832.3	2998.5	38.3
2015	233.9	110.5	47.3	8268.1	3042.0	36.8
2016	245.5	111.7	45.5	8604.7	2977.5	34.6
2017	257.0	109.7	42.7	8890.7	2764.9	31.1
2018	274.1	112.0	40.9	9291.9	2621.6	28.2
2019	290.8	118.1	40.6	9848.4	2710.5	27.5
2020	324.4	126.9	39.1	10619.2	2786.6	26.2

数据来源：《中国卫生健康统计年鉴》。

3. 实践趋势：药品集中带量采购制度走向常态化

药品集中采购是协同推进新时代医疗服务供给侧改革的重要措施，但药品集中采购的早期实践在多种因素制约下并未有效解决"看病难、看病贵"和药价虚高难题。药品集中采购中仍然存在量价脱钩、需求分散、药品质量参差不齐、药品流通不规范、单个招采机构谈判议价能力不足、政策脱节等问题，不仅加重了人民群众的用药负担，而且不利于医药行业的可持续发展。为了解决这一问题，2018 年12 月，国家开始分批组织药品集中带量采购（简称"带量集采"）工作，从"4+7"城市①试点开始，而后扩展到全国，到目前为止已累计开展 10 批药品集中带量采购工作。不仅如此，地方以省级或省际联盟的形式积极组织药品集中带量采购，采购品种广泛，将化学药、生物药和中成药三大类全都囊括在内。在党和政府的决策部署下，我国药品集

---

① 　具体为北京、上海、重庆、天津 4 个直辖市和深圳、成都、厦门、沈阳、大连、西安、广州 7 个重点城市。

中带量采购工作已取得重大成效，在降低药品价格，减轻群众医药费用负担；切断药品销售中间环节灰色利益链，净化医药行业环境；提高医保基金使用效能，推动"三医联动"改革等方面做出了重大贡献。

国务院办公厅 2021 年 1 月印发的《关于推动药品集中带量采购工作常态化制度化开展的意见》（国办发〔2021〕2 号）以及 2021 年 9 月印发的《"十四五"全民医疗保障规划》（国办发〔2021〕36 号），都强调坚定不移地推进集中带量采购常态化、制度化实施，并使之成为公立医疗机构的主导采购模式。但是药品集中带量采购是一个系统性工程，涉及的利益主体众多、环节复杂，药品集中带量采购政策在运行过程中也面临多重挑战和实践难题。因此，对于及时总结我国药品集中带量采购的经验、发现政策实践中的问题和不足，规范集中带量采购的工作流程，构建体系化的药品集中带量采购价格机制既符合实践趋势也是实践发展的需要。

4. 理论突破：中国特色社会主义价格理论的深化

中国特色社会主义价格理论是在继承和发展马克思主义价格理论，把握中国特色社会主义市场经济特点和总结国内价格改革经验的基础上建立的理论体系（刘经伟和袁名松，2020）。中国特色社会主义价格理论包括价格改革理论、价格形成理论和价格运行理论等内容。在我国长期的经济发展实践过程中，学者们基本形成共识，认为价格改革是我国经济体制改革的关键（薛暮桥，1985；王学庆，2013；成致平，2014）。自 1978 年开始，我国价格改革经历了 40 多年的发展，已基本实现由传统高度集中的计划形成价格机制到市场决定价格机制的转变，尤其是党的十八大以来价格改革开启新篇章。目前，我国价格市场化程度超过97%，政府定价的商品和服务不足 3%（蒋和胜等，2019）。

药品是维系人们身体健康和生命安全、保障劳动力再生产的特殊商品，药品价格改革是我国价格改革的重要组成部分。新中国成立以来，我国药品价格机制先后经历了政府定价机制、药品价格"双轨制"（仇雨临，2017）和市场主导药品价格形成机制三次转变。在药品集中带量采购走向常态化的趋势下，如何围绕价格改革"调和放"的实践逻辑以及"政府和市场关系"的理论逻辑，结合集中带量采购在药品价格机制中的作用机理，发挥医疗保障制度在再分配中的重要作用，构建药品集中带量采购价格机制是一个需要系统性研究的问题。显然，当前药品集中带量采购价格机制还存在一定程度理论框架上的空白。那么，在借鉴马克思主义价格理论的基础上，探索中国特色社会主义市场经济的特点，对我国药品集中带量采购实践进行抽象总结、提炼概括，将实践上升为理论，有利于进一步丰富和深化中国特色社会主义价格理论。

（二）研究意义

药品是关乎人们身体健康、生命安全和劳动力再生产的特殊商品，在药品集中带量采购即将走向制度化和常态化的背景下，理论性、系统性地研究药品集中带量采购价格机制具有重大的理论和现实意义。

1. 理论意义

第一，理论联系实际，构建具有中国特色的药品集中带量采购价格机制，在一定程度拓展了中国特色社会主义价格理论的时代内涵。现阶段，我国"新医改"进入"攻坚期"，药品集中带量采购经过试点已进入常态化、制度化推进阶段，在实践快速迭代更新的同时理论研究亟须补位提升。本书坚持理论联系实际，在继承马克思主义劳动价值论、价格理论等理论的基础上，在对我国药品集中带量采购的实践进行全面梳理提炼之后，从药品的使用价值和价值切题逐步由点及面，在界定了药品集中带量采购价格机制的内涵和外延后，厘清了价格机制所涉及的四元价格主体，整理了价格机制的两条逻辑主线，最终认为药品集中带量采购价格机制由"价格形成机制""价格运行机制"和"价格调控机制"三个部分构成。本书构建的药品集中带量采购价格机制试图探讨集中带量采购模式下药品价格形成和运行的基本规律和内在机理，以及药品价格在社会再生产中生产、分配、交换、消费各环节中的调节作用，因而在一定程度上促进了价格机制在药品集中带量采购实践中的"就位"和在理论体系中的"补位",丰富了中国特色社会主义价格理论的时代内涵。

第二,基于经典的扎根理论,为科学探究药品商品属性、集中带量采购及集中带量采购药品的公共属性提供了一个新的理论视角。以往文献在对药品价格机制的研究中,大多仅将药品作为一种普通商品进行研究,并未过多探讨医保和集中采购介入后药品公共产品属性和价格形成方式的变化情况。本书借鉴马克思主义劳动价值论研究了药品作为商品在使用价值和价值上的共性和特性;以马克思公共经济思想为指导,合理吸收西方公共产品理论的科学部分,创造性地从公共产品视域对药品、集中带量采购以及集中带量采购药品的属性进行探讨。然后,以相应研究结论为基础揭示集中带量采购药品价格形成和运行的特殊性,拓展了药品价格机制的研究范畴,并为之提供了一个新的理论研究视角。

第三,理顺政府和市场在药品集中带量采购价格机制中的关系,在一定程度上延伸和丰富了政府和市场关系理论。本书构建的药品集中带量采购价格机制是政府引导、市场主导的"招采合一、量价挂钩"的价格机制。一方面,政府主要发挥方向引领和过程监督的作用,医保在发挥再分配作用的同时通过整合市场需求量发挥规模经济效应以"批量"换取药企的价格让步;另一方面,药企所有的价格行为都是在价值规律的支配下开展的,药企有自愿参与、自主报价的权利。因此,在该价格机制中,集中带量采购药品价格是在政府的引导下由市场竞争形成的。本书的研究理顺了政府和市场在药品集中带量采购价格机制中的关系,划定和明确了政府的管理、服务和调控边界,找准了政府和市场在药品集中带量采购价格机制中相互协调相互补位的结合点,因而有利于推动"有为政府"和"有效市场"的实现,在一定程度上延伸和丰富了政府和市场关系理论。

2. 现实意义

第一,将四元价格主体统筹纳入药品集中带量采购价格形成机制中,发挥政府和市场"两只手"的作用,有利于实现资源更加合理优化的配置。本书在厘清四元价格主体利益诉求和行为逻辑的基础上，通过借鉴经典理论、挖掘成功实践、采用实证研究等方式探寻四元价格主体的利益联结点和共同点，在更好发挥市场主导作用和政府引导作用的前提下构建了"激励相容"多方利益协同的药品集中带量采购价格形成机制。该机制有利于促进各方价格主体利益诉求的均衡实现，最终助力药品降价提质，增强人民群众用药的可及性和可负担性，减少"因病致贫""因病返贫"的发生；切断流通环节的灰色利益链条，促进药企转型升级；优化医疗机构收入结构，提高医保基金使用效能，有效助推"三医联动"改革进一步深化，进而达到保障劳动力再生产和实现人的全面发展的长期目标。

第二，理论性、系统性地研究药品集中带量采购价格机制，为各级政府制定更加精准的药品集中带量采购政策提供依据。医药卫生体制改革是一个世界性的难题，我国在党和政府的正确领导下依靠全国人民以披荆斩棘的精神和敢为人先的创造力，一直努力试图交出一份中国式答卷。本书在梳理归纳我国现行药品集中带量采购模式运行机理和运行效果的基础上，构建两方议价博弈模型和多方竞价博弈模型，分类探讨不同模式下带量集采药品价格形成和波动的影响因素以及四元价格主体的价格行为逻辑；采用规范分析和实证分析相结合的方法，对中选药品供应的 31 个省域价格水平的空间差异进行实证研究，分析价格运行中的实践困境和潜在风险，并借鉴国际经验，提出若干有针对性的优化导向和优化路径。以便于政府相关管理部门掌握药品集中带量采购价格机制的内在机理，增强政策制定的精准性和科学性。

二　文献综述

（一）价格机制的相关研究

1. 价格机制的内涵和构成

"价格机制"是经济学的常用术语，学者们从不同视角对它进行了定义。部分学者从价格机制内在作用机理的角度定义。温桂芳（1995）认为价格机制是价格形成、价格运行的内在规律和人们利用其规律调节市场经济、管控市场价格的过程和形式。周春和蒋和胜（2006）将价格机制定义为决定和影响价格形成、价格运行所涉及的所有因素相互联系和作用的内在机理和调节经济运行的功能。部分学者从价格机制属性的角度定义。Friedman（1968）和 Phelps（1968）从名义价格和实际价格对社会经济产生的影响视角研究价格机制。Shapiro（2003）和 Bloch（2018）指出企业是价格形成的基本单位，是价格机制中价格的制定者。肖正再（2007）认为价格机制本质上属于分配机制，是收入分配的第一种机制。高奇和邓春宁（2012）主张价格机制是经济有效运行的手段。刘树杰（2013）强调价格机制是影响价格和价格变动的所有因素及其相互间的关系，属于市场经济中的一种平衡机能；价格机制主要发挥调节资源配置的作用。部分学者从广义和狭义两个层次定义，如赵小平（2005）认为从广义上讲价格机制即市场机制；从狭义上看价格机制即市场价格以及供求之间相互决定、相互影响的关系。

学者们还探讨了价格机制的构成，其主要观点大同小异。高连和（1997）提出价格机制主要由价格形成机制、价格反馈机制、价格制约机制、价格调控机制和价格运行机制五大机制组成。王万山（2005）将之进行简化，强调价格机制只包括价格形成、价格运行和价格管理三个机制。周春和蒋和胜（2006）的观点和王万山（2005）类似，他们在认同价格形成和运行机制属于价格机制的基础上，用价格调控机制替代了价格管理机制。苏常禄（2015）主张价格机制由与供求相互联系、相互作用的市场价格形成机制和价格运行机制组成。

2. 价格机制的功能和运用

在研究价格机制的功能时，部分学者关注价格机制和市场机制的关系。胡耀国（1998）提出价格机制从属于市场机制，并且市场机制作用的发挥需要依靠价格机制来实现。刘永贵（2007）、丁声俊（2008a）以及刘儒和郭荔（2020）认为价格机制既是市场机制的核心，也是资源配置的基本手段。部分学者研究了价格机制在我国经济体制改革中的作用。刘乃铭（2014）提出市场决定价格机制是我国社会主义市场经济体制改革的核心。许光建（2017）指出价格机制改革在我国全面深化改革中具有重要作用和地位。陈兵（2019）表示价格机制是我国市场体制探索和改革的关键。部分学者研究了价格机制具体的作用对象。温桂芳（2012）指出价格机制在我国调整经济结构、转变经济发展方式中发挥了重要作用。武士杰和李绍荣（2020）提出在相同市场条件下，不同的价格机制会导致完全不同的微观投资行为。

由于价格机制在资源配置中起着十分重要的作用，因而价格机制的运用领域广泛。部分学者基于价格机制研究了农产品价格问题（蒋和胜，1994；丁声俊，2008b；李林茂等，2009；彭成圆等，2018），部分学者聚焦于碳交易价格形成机制研究（Stern，2008；陈晓红和王陟昀，2010；胡登龙，2016；杜丽娟等，2019；刘涛，2020），部分学者研究了资产价格机制（Ehrmann and Fratzscher，2009；Ehrmann et al.，2011；黄均华，2016；韩汉君和燕麟；2017）。尚旭东等（2016）重点研究了政府主导下的农地流转价格机制。张国鹏和王玉斌（2018）基于盈利分配视角，比较了我国农民合作社内部交易价格机制。许光建和苏泠然（2019）聚焦于新时代药品价格形成机制开展研究。刚健华等（2020）根据我国4个一线城市商品房的价格和租金数据，构建因子模型研究了商品住宅价格机制。李荃等（2020）以上海市为例，研究了如何通过优化天然气发电价格机制来提高天然气发电效率，降低社会用能成本。彭韵佳和龚雯（2021）重点研究了医疗服务的价格形成机制。

综上，从学者们的研究中可以发现，价格机制是市场机制的核心，在我国全面深化改革中具有重要作用和地位。即使在价格市场化程度达到97%以上，市场决定价格机制基本形成的今天，价格机制的运用领域仍然十分广泛（主要集中于农产品、天然气、医药等领域）。

3. 药品的价格机制

学者们关于药品价格机制的研究主要围绕药品价格形成机制展开。

总体而言，学者们主要关注药品价格形成机制的主体构成及影响因素、药品价格机制的完善以及药品价格机制的演变等。

部分学者重点研究了药品价格形成机制的主体构成及影响因素。彭翔和申俊龙（2013）将药品价格形成机制的构成要素归结为价格主体、权力配置、运作方式以及价格形式与体系四个部分。王梦媛（2020）主张药品价格形成机制由药品集中采购和医保支付两大要素构成。部分学者分析了价格主体对药品价格的影响。陈力勇和陶淮舟（1999）研究发现在药品价格形成机制中消费者是药品价格的接受者，而药品生产企业、医院和医生是药品价格的决定者。部分学者分析了政策因素对价格形成机制的影响。卢凤霞（2018）提出药品价格形成机制受药品采购机制、医保支付方式和公立医院改革等因素影响。

部分学者研究了完善药品价格机制的措施。李力等（2015）建议从完善药品差比价规则、进行平均社会成本的合理评估和市场化药品定价改革等方面探索药品价格机制。刘欣（2017）主张从完善定价机制和监管政策、改革医疗机构补偿制度和减少药品流通环节来完善我国药品价格形成机制。朱丽等（2018）建议完善药品价格机制要兼顾医疗机构、药品生产企业、医保机构和患者等主体的利益，并组织利益相关者参与到药品价格机制治理和制度设计中来。许光建和苏泠然（2019）主张单一的药品价格管制无法有效控制药费，应该采取一系列相互配合相互作用的措施，如调整药品供应渠道结构、配套改革助力药品谈判、增加政府财政投入、构建全国统一药品配售物流等。

部分学者聚焦于药品价格形成机制的某一主导因素进行研究，比如医保药品价格谈判机制（蒋和胜等，2015；张海涛，2017；常峰，2017）、药品集中招标采购中的中标价格形成机制（江世英和胡晗，2020）、药品医保支付价格形成机制（陈吟等，2017）、专利药独家药价格谈判机制（陈永正和黄滢，2017）等。

部分学者研究了药品价格形成机制的演变历程。部分学者从制度变迁的角度展开研究，许光建和苏泠然（2019）重点研究了药品价格放

开背景下我国药品价格形成机制的演变历程，认为药品价格形成机制制
度改革包括药价全面放开由市场形成、取消药品价格加成、抗癌药品引
入谈判、带量采购以量换价、医保药品目录调整倒逼药价降低、形成药
价监督长效机制、继续完善配套措施、加强医疗机构内部价格行为管理
方面。部分学者从阶段划分角度进行研究（施祖东，2014；李琛等，
2018）。张雅娟和方来英（2020）在回顾我国药品集中采购历程的基础
上研究药品价格形成机制演变，他们主张我国药品采购先后经历了
1949～1983 年的统购统销阶段、1984～1999 年的以分散采购为主阶段、
2000～2008 年的集中采购初创以及调整阶段、2009～2014 年的药品集中
采购线上全面推行阶段、2015～2018 年的"两标合一"采购探索阶段，
以及 2018 年至今的国家药品集中带量采购试点（与推进）阶段。

（二） 药品价格形成基础和定价方法的相关研究

1. 药品价格的形成基础和影响因素

马克思在劳动价值论中指出价格形成的基础是价值，价格波动的轴
心依然是价值。随着资本主义商品生产和交换发展到一定高度，价值转
化为生产价格，这个形式在商业资本（含预付的纯粹流通费用）、土地所
有权介入之后进一步转化（洪远朋，1989）。此后，学者们围绕价格形成
的基础是价值还是其转化形式展开了讨论，形成了社会主义价格理论。

关于社会主义价格形成基础的探讨是价格理论的经典构成。学者们
在关于社会主义价格形成的基础上存在分歧。第一，部分学者坚持价格
形成的基础是价值（陈元燮，1980；Shapiro，1981；胡培兆，1985；洪
远朋，1994；杜奋根和赵翠萍，1995）。这一类型观点沿用了马克思关
于商品价格形成基础的一般论述，认为价格以价值为基础是商品经济的
基础规律；社会主义经济仍然属于商品经济，因而社会主义价格形成的
基础最终以价值为基础不仅是必要的，而且符合社会主义经济发展的需
要。第二，部分学者认为社会主义价格形成的基础是生产价格（张卓元，
1986；宋士云，1993；杨荣耀，1995）。学者们认为生产价格是产品成

本加上按平均资本盈利率确定的利润额，生产价格不是人们的主观杜撰和理想愿望，而是社会主义商品价值的转化形态。第三，部分学者指出社会主义价格形成的基础是成本加上合理利润（许毅等，1983）。学者们认为社会主义价格不同于追逐利润最大化的垄断价格，也不是以实现平均利润为目标的生产价格，而是以成本价格为基础，将纯收入按比例再分配的价格。三种观点虽然存在差异，但本质上都是从商品的价值延展而来的。

具体到医药领域，首先，部分学者坚持价值既是药品价格形成机制的基本导向，也是药品价格形成的基础，药品价值主要表现为疗效价值、经济价值和社会价值，其中疗效价值是最重要的价值体现（陆瑜，2011；孙利华和郭朗，2012；卢凤霞，2013）。部分学者认为药品定价应坚持以药品价值为基础，主张通过制定科学的药品价值评价方法和指标来构建基于药品价值的定价机制（孙利华和田雪莹，2004；许军等，2016）。李海涛等（2007）指出药物经济学通过药品的成本和收益两个方面综合评价药品的价值，药品定价要参考药物经济学评价。其次，部分学者强调要重视医院和医生在药品价格形成中的重要作用（Arrow，1963；Hellerstein，1998；Lizuka，2007）。再次，部分学者支持药品定价要充分考虑市场供求和竞争因素。唐圣春和张新平（2009a）研究发现药品生产企业定价主要基于药品生产成本、消费者认知价值以及竞争者和替代品价格三个因素。宋燕等（2019）认为药品供给者价格决策的依据是潜在的市场份额和价格预期。李悦（2019）主张我国应该在参考药品普适度、生物利用度、创新程度、增幅效果等因素的基础上，从供给方和需求方角度综合确定药品的市场价格。最后，部分学者主张发挥医保对药品价格形成的基础性作用（朱刚令，2016；Fu et al.，2018）。

综上，药品是一种特殊的商品，集中带量采购是一种特殊的购买形式，其本质也是商品经济的一种市场化价格实现形式，因此药品集中带量采购价格形成在具备特殊性的同时不违背药品的本质属性。无论是从理论还是从实践来看，药品集中带量采购价格形成的基础毫无疑问都应该是药品的价值，但是供求、竞争和医保政策等因素都会对集中带量采购药品的价格形成产生重要的影响。

2. 药品的定价方法

学者们关于国外药品定价方法的研究。目前，国际上实行的药品定价方法包括国际参考定价法、成本加成定价法、差别定价法、以价值为基础的定价法和价格谈判定价法等（胡善联，2013）。国际参考定价法指将一个或者多个国家同种药品的价格作为参照或者基准来制定本国药品的价格（胡善联，2012）。日本、墨西哥、斯洛伐克、巴西、哥伦比亚等国家采用了国际参考定价法（Vogler，2012；石玉对，2016）。常峰和孙洁（2014）系统地研究了日本新药定价体系中关于品种选取、价格信息获取、参考价格计算方法等的国际参考定价政策，并对我国创新药实行国际参考定价提供了政策建议。Chu 等（2020）重点分析了英国、法国、意大利和加拿大采用国际参考定价法对现有药物的影响。Rand 和 Kesselheim（2020）主要研究了美国实施国际参考定价法面临的挑战和产生的影响。成本加成定价法指药品定价时在药品生产成本、研发成本和期间费用的基础上加上一定比例的利润加成，希腊、英国（部分药品）和斯洛伐克采用了成本加成定价法（Grootendorst et al.，2005；杨莉等，2011）。利润控制定价法指药品价格由药品生产企业自主决定，但是药品生产企业总利润必须在政府规定的范围以内（Lanzill-otti，1958；朱沛智和高梅，2009），英国、韩国、墨西哥、西班牙等国家均采用了利润控制定价法（陈文等，1997；Elias and Adam，2005；吴晶等，2007；魏铭，2018）。英国是利润控制定价法应用的典型国家，政府允许企业自主决定药品价格，但是药企向国家医疗服务体系销售的药品利润率必须保持在 17%～21%区间（吴晶等，2007）。药品价格谈判定价指政府相关部门和医药企业通过谈判的形式确定药品的价格。目前，德国、法国、韩国、意大利等国家针对创新药采用了价格谈判定价法（常峰等，2015）。

学者们关于国内药品定价方法的研究。部分学者研究了我国药品的定价形式，指出在我国药品定价发展历程中主要涵盖政府定价、政府指导定价和企业自主定价三种定价形式（曹阳和邵明立，2010；陈文静等，2017），就这三种方式在学术界形成了广泛共识。部分学者从成本视角提出药品定价方法。李洁和叶凯（2013）提出政府定价应该坚持成本加成法，即以社会平均成本为基础，遵照药品具体相关规定执行相应的加成比率。许军等（2016）研究发现政府定价和政府指导定价以社会平均成本作为制定药品最高零售价格的基础，企业自主定价主要考虑成本和市场供求关系。部分学者从谈判、采购等价格形成方式视角研究定价方法。Tirole（1986）构建了（赞助商和企业）两阶段采购和再谈判模型研究如何定价。殷勤（2016）研究发现我国目前的定价方法主要包括政府定价、招标采购定价和企业自主定价三种，其中各级政府控制药品价格主要通过药品集中招标采购实现。部分学者从利润视角提出定价方法。付昕和袁晓晶（2007）提出根据药品"价效比"定价，从基于生产成本加上合理利润来定价转变为控制治疗总费用来定价。陈永正和黄滢（2017）主张构建专利药独家药的价格谈判机制，采用"利润控制+参考定价+不超现价+分类管理"的方法来制定药品的价格。沈洪涛和梁学峰（2020）通过调查发现，中国药品价格构成十分不合理，出厂价在零售价中的比重仅为25%左右，而出厂价格以外供应链上的附加费用约占零售价格的75%，从而建议采用参考定价法及控制流通环节加价率法。

（三）药价虚高和药品价格调控的相关研究

1. 药价虚高

部分学者从价值和价格的关系角度解释药价虚高。吴建文等（2006）将药价虚高定义为药品价格偏离药品价值，长期停留在较高的水平，违背市场规律的现象。部分学者从经营动机的角度对药价虚高进行阐述。学者认为药价虚高是药品生产企业为了留出足够的利润空间去公关和开拓市场，人为虚报生产成本，抬高药品定价的一种行业现象（马勇，2005；唐圣春和张新平，2009a）。部分学者从药品价格构成的角度分析药价虚高。何倩和曹丽君（2012）指出药品价格虚高是药品完全成本中涵盖过多不合理费用，超出正常生产经营成本的一种结果。

大部分学者聚焦于药价虚高的原因进行研究，通过理论分析和实地调研等多种方式展开研究且成果颇丰，具体包括以下几个方面。

第一，部分学者认为信息不对称引发药价虚高。学者们明确指出药价虚高是医疗信息不对称和不完全导致的，而医药市场的信息不对称由四个方面组成。首先，部分学者认为医患间存在信息不对称。学者们研究发现，医生可能利用信息优势选择使用高利润药品，谋取购销差价来补偿医疗服务成本和赚取高额利润（Evans，1974；Fuchs，1978；吴建文等，2006；黄涛和颜涛，2009；朱铭来和王恩楠，2021）。其次，部分学者认为消费者和企业存在信息不对称。张雪敏和林小兰（2016）发现消费者对药品价值缺乏专业判断能力，同时消费者认为药品价格和药品质量成正向关系，这种心理被药品供应商掌握从而导致药品加价。再次，部分学者认为政府和企业存在信息不对称。严盼盼（2018）通过分析过去政府制定药品的最高零售价格的实践发现，政府很多时候并不能完全掌握药业的实际生产成本，当企业虚高报价时，政府基于得到的虚高成本信息做决策会导致药品的政府定价过高。最后，部分学者认为医院和企业存在信息不对称。么乃琦和姜哲（2020）调研发现部分基层医院药品采购信息闭塞，药品采购信息交流共享困难。

第二，部分学者认为流通环节过多、流通成本层层加码导致药价虚高。王静（2005）通过实地调查法研究流通成本，结果发现流通环节加价严重，其中批发环节的流通成本不低于零售价的20%，最高可达到50%~70%；进入医院的公关成本和零售环节的流通成本分别不低于零售价的20%和15%。部分学者指出药品流通渠道以代理商为主，包括一级、二级、三级代理商加上单独聘请的医药代表，中间环节特别多且每个环节平均利润率在10%上下，层层加码的流通成本推高了药品价格（王淑敏，2006；刘华，2006；曾献钧，2019）。梁发苗（2021）研究发现"带金销售""医药回扣"等行为是过度医疗和药价虚高的原因。

第三，部分学者认为曾经的"以药养医"医疗制度是导致药价虚高的根源。"以药养医"制度是政府允许公立医疗机构以药品差价收入来替代财政经费的一种补偿机制，然而这种补偿机制不但不经济，而且可能会为公立医院为了赚取更多批零差价而诱导患者过度用药提供温床（代敏，2003；马勇，2005；周学荣，2008）。药品价格加成政策实施后公立医院更倾向于选择高价进药、高价卖药（顾昕，2010；孙飞和靳毓，2015），最终"以药养医"改变了药品利润的分配效率，使得医院对药品差价收入形成依赖，引发药价虚高（高萍，2009）。

第四，部分学者认为公立医疗机构的垄断地位加剧了药价虚高。学者们从中国医疗体制和药价管理模式的双重视角分析了我国药价虚高的原因，研究发现公立医疗机构在药品零售环节中的双向垄断地位是导致药品价格虚高的根源（季树忠，2005；黄锐等，2006；李银才，2014；韩宇坤，2018）。代志明（2016）通过实证研究证明，公立医院垄断不仅损害消费者主权，而且会引发医疗寻租、社会福利净损失和 X 低效率等社会成本支出问题。于良春和甘超（2020）研究发现公立医院在医疗市场的垄断地位不仅导致医疗费用快速上涨，而且造成整个行业效率低下。

第五，部分学者认为原料药垄断是我国药品价格居高不下的原因之一（时建中和童肖安图，2021；王俊豪，2021；俞心怡和茅宁莹，2021）。学者们认为近年来药品价格异常波动是由于原料药市场垄断引发药品生产成本上升而导致的。李世杰和李伟（2019）聚焦于产业链纵向关系下中间产品市场垄断问题开展研究，结果表明原料药市场的垄断加价会通过抑制效应、协同效应和传导效应引起社会福利损失。

2. 药品价格调控

部分学者强调了药品价格调控的必要性。余晖（1997）从制度变迁的视角进行分析，研究发现我国药品价格管理体制存在有效制度安排供给不足，单纯依靠自发性的诱导变迁已经不能解决我国医药市场存在的问题，需要借助政府的宏观调控改变现有的利益格局和制度结构等。汪偓宁等（2020）通过实证分析得出结论，在政府取消常用低价药品的最高零售限价后，其价格上涨幅度较大；而原研药、仿制药的价格在政府价格管制取消后变化并不大。可见，有必要根据药品所处的不同市场结构，实施差异化的价格调控措施。

部分学者提出了药品价格调控的具体方法。彭宅文和岳经纶（2018）提出我国药品管制措施以控制药品价格为主要目标，在政策执行中主要运用三种价格调控手段。一是实行最高限价。政府定价的药品采用最高出厂价和最高零售价管理。二是实施政府主导的谈判议价。政府对临床运用普遍、需求量大的药品集中开展统一议价和药品集中招标采购工作。三是使用利润控制的价格管制。中标零售价格在计算时需要在中标价格的基础上，加上规定的流通差价率，其计算公式为中标零售价格 = 中标价格×（1+流通差价率）。

更多的学者从如何解决药价虚高问题的角度提出药品价格调控的措施。第一，部分学者坚持"医药分离"。学者们提出要解决"看病难、看病贵"的问题就必须坚持双管齐下，在提高医务工作人员诊疗价格的同时实施"医药分离"，并应当加快推进医药分离，督促医院使用通用名开具药品处方并且允许处方外送（寇宗来，2010；郭春丽，2014）。

第二，部分学者主张实行平行贸易。胡善联（2021）重点介绍了两种国外解决创新药品价格昂贵问题的办法。一方面，在公共卫生应急事件发生的特殊时期或者对于影响人们健康的疾病用药，即使专利药仍处于专利期也允许强仿（compulsory licensing）；另一方面，从国际参考价格较低的国家通过平行贸易（parallel imports）进口创新药。

第三，部分学者提出实行集中带量采购。学者认为药品集中带量采购是挤出药价中水分的有用举措。Van De Ven 和 Schut（2008）以及尤伟清（2021）研究发现，独家药、短缺药、进口药等竞争不充分、价格高昂的品种需要采用国家组织药品集中带量采购和国家组织药品价格谈判的方法来解决供应问题。

第四，部分学者支持建立高效、统一的监管体系。郭春丽（2013）建议保持药价监管部门的独立性，强化监管部门之间权力的制衡。冯谦

（2019）提出建立集信息收集、信息交流、信息监控跟踪等功能于一体的医药流通信息网络平台，提高流程过程的透明度和可控度。

第五，部分学者发现竞争和公立医院的效率成正比，从而认为应该推动公立医院有效竞争，打破公立医院在零售市场的垄断地位（Moriya et al.，2010；Forder and Allan，2014）。

第六，部分学者强调发挥医保控费作用。坚持利用医保报销制度来约束药品使用，可以达到控制药品价格的目标（唐圣春和张新平，2009b；吴天，2018）。范长生等（2020）将药品价值分为微价值、中等价值、重大或显著价值三个层次，其中微价值可根据医保药品目录内同类药品确定医保支付标准来进行价格调控，而中等、重大或显著价值主要通过和药品生产企业谈判确定医保支付标准来进行价格调控，谈判基准价格主要参考综合价值评估结果、国际参考价格、参照药品价格和医保预算等因素。

（四）药品集中带量采购的相关研究

1. 药品集中带量采购的性质

探讨药品集中带量采购的性质，首先需要对药品集中采购的性质进行研究。学者们关于药品集中采购性质的争议主要集中在药品集中采购是否属于政府采购。部分学者认为药品集中采购是政府采购。高虹和何忠正（2001）、王廷群和杨守卫（2004）以及杨蔚林（2011）等重点聚焦于政府采购和药品集中采购的定义，认为药品集中采购的种种特性符合政府采购的要求。部分学者从医疗机构的性质角度进行分析也认同药品集中采购属于政府采购。白彦锋和潘越（2012）提出公立医疗机构是以国有资产为主具有非营利性、资金来源公有性特点的机构，属于我国《政府采购法》规定的采购主体，同时药品采购未超出政府采购范围，因此药品集中采购是政府采购。Pochynok 等（2019）在研究乌克兰的药品公共采购以及 Jerónimo 和 Prasad（2021）在研究厄瓜多尔药品公共采购的效用时，都将药品集中采购视为政府采购的一部分。李胜利

（2020）将某省份药品集中采购中的行政垄断作为政府采购的 5 个典型案例进行分析。

　　部分学者则认为药品集中采购不是政府采购。易汉东和李陕生（2003）研究发现药品集中采购和政府采购是两种性质不同但功能相近的采购业务，两者在实施目标、资金来源、行为主体、操作方式等方面相似度很高，极容易引起混淆。宋文亚和潘铁（2000）以及王莹（2016）从采购主体、资金来源和采购内容三个方面进行详细分析，结果发现药品集中采购并不完全符合《政府采购法》的规定，因此药品集中采购不属于政府采购。

　　近年来，随着药品集中带量采购的盛行和推广，学者们开始对药品集中带量采购的性质进行讨论，部分学者认可药品集中带量采购是一种战略性购买行为。胡善联（2019）强调药品集中带量采购是国家医保局代表广大患者进行的战略性购买，其本质是将分散的购买力凝聚成垄断购买力来获取价格优惠。陈志洪和徐宏（2021）指出药品集中带量采购和医保药品目录准入谈判都是战略性购买行为。陈昊（2021）表示药品集中带量采购可以利用医保海量数据和海量资料来提升战略购买的议价能力。部分学者坚持药品集中带量采购仅是一种量价挂钩的团购。杜雪等（2020）直接指出药品集中带量采购将量价挂钩，在确定药品采购数量的基础上引导药企自主竞价，以团购的形式真正实现采购药品价格的降低。

　　综上，根据学者们对药品集中采购性质的探讨，本书认为药品集中采购的采购主体是医疗机构，并且药品集中采购的资金来源并不全部是医保基金，还有社会公众承担部分，再者药品集中采购不在政府采购目录内，不符合《政府采购法》的规定，因此药品集中采购不是政府采购。至于作为药品集中采购延伸和创新的药品集中带量采购则不仅是一种大型团购活动，而且是真正意义上的战略性购买。药品集中带量采购是以价值为导向，以药品价格为核心，立足全局利益、整体利益，追求成本效益最大化目标而非关注个别药品是否低价的一种战略性采购。

2. 药品集中带量采购的成效

在药品集中带量采购之前，我国药品集中采购几十年的实践取得了一定的成效。曹建军和曾安平（2005）认为药品集中招标可以规范医院采购工作，杜绝采购暗箱操作。王强和毛华（2011）指出，药品集团采购组织可以降低药品生产企业生产成本、扩大市场份额和降低交易价格。高和荣（2018）总结了我国药品集中采购制度取得的三个重要成就，包括解决人民群众的用药需求问题、促进地方药品生产企业快速发展以及通过流通环节改革规范了药品购销秩序。

随着我国药品集中带量采购的试点及推进，学者们关于药品集中采购成效的探讨主要集中于药品集中带量采购。第一，部分学者认为药品集中带量采购有利于降低药品价格水平。赵洁等（2021）选取重庆市某公立医院国家药品集中带量采购中中选的 6 个品种的抗菌药物为研究对象，对它们在集中带量采购实施 1 年前和实施 1 年后的使用数据进行对比分析。研究结果表明，国采实施后该医院中选抗菌药物价格的平均降幅达到 63.44%。谢金平等（2021）以国家药品集中带量采购开始的"4+7"城市试点中的 4 个直辖市作为研究对象，评价国家组织药品集中带量采购的阶段性效果，研究结果表明国家组织药品带量集采不仅降低了采购药品价格从而减轻了群众用药负担，而且增加了过评仿制药的使用量。第二，部分学者认为药品集中带量采购有助于切断药品流通的利益链。黄素芹等（2019）研究发现药品集中带量采购政策可有效减少药品购销中的灰色空间。李玲在"药品集中带量采购政策研讨会"中提出药品集中带量采购切断了药品生产企业和医院、医生的利益联系（胡希家等，2020）。第三，部分学者认为药品集中带量采购能够规范采购流程。陈昊和饶苑弘（2019）研究发现药品集中带量采购在明确采购周期、采购数量的基础上，从技术和政策双重视角消除了"二次议价"的生存环境，进一步规范了采购流程。第四，部分学者认为药品集中带量采购可以产生价格溢出效应。杨心悦等（2019）研究发现中选药品对同治疗领域非中选药品的价格会产生溢出效应，同治疗领域非中选药品的生产企业为了争取公立医院采购量外的市场份额，也会采取降价措施。第五，部分学者认为药品集中带量采购提升了药品产业的市场集中度。陈志洪和徐宏（2021）重点研究了国家组织的前三轮药品集中带量采购，发现国家带量集采主要围绕质量和成本展开，客观上有助于提升我国医药行业的集中度。

3. 药品集中带量采购存在的问题

学者们在研究我国药品集中带量采购实施效果的基础上，也发现了药品集中带量采购存在以下几个方面的问题。

第一，部分学者质疑带量集采药品的质量。李玲在"药品集中带量采购政策研讨会"中强调对于国际标准的仿制药和国内过评的仿制药，两者的质量层次可能存在差别（胡希家等，2020）。如果不加以区分，可能出现"劣币驱逐良币"现象，即低价竞标的国内仿制药可能将达到国际标准的仿制药驱逐出市场。第二，部分学者指出药品集中带量采购中存在信息不对称现象。部分学者研究发现药品集中带量采购中信息不对称可能引发供需失衡问题，导致药品战略性购买失败（Klasa et al.，2018；Greer et al.，2020）。第三，部分学者担心医生的处方权受到限制。金春林在"药品集中带量采购政策研讨会"中表示医院十分重视中选药使用，但部分医生反馈中选药的诊疗效果并不理想，中选药使用指标的设计限制了医患的选择权（胡希家等，2020）。第四，部分学者强调药品集中带量采购工作存在风险。于长永（2020）研究发现国家组织药品集中带量采购主要存在三大隐患，即公立医疗机构虚报采购基数、联采办的道德风险及患者医药费用负担和医保基金支出不减反增风险。部分学者发现部分医院存在无法正常履约的风险。金凡茂等（2021）证实调研医院能够顺利完成协议量指标的药品仅占65%（13种），而剩下的35%（7种）的药品并不能如期完成协议量指标。

4. 药品集中带量采购的优化措施

学者们针对现阶段药品集中带量采购中出现的问题，从多个视角提出多样化的优化建议。

第一，部分学者主张实施药品分级分类采购模式。魏巍和张健（2019）认为未来我国药品集中采购的新常态适用药品分类采购模式，同时配合特殊药品单独采购；应当推动药品集中采购执行部门身份转型，从政策执行者转变为服务提供者、过程监督者和标准制定者。陈昊（2021）认为我国临床药品应按照国家、省、市三个层面开展分级分类带量采购，其中创新药实施医保药品目录准入谈判制度，成熟药品要确保采尽采全。徐源等（2021）认为我国药品集中采购应该坚持实行分类采购，促进采购主体多样化；多维设置中选条件，实施综合评估；引导市场化竞争，加强监管体系建设。

第二，部分学者坚持未来的药品集中带量采购应以区域联盟采购为主。史武男和杨秀云（2020）基于博弈模型研究集中采购药品定价和企业质量决策的问题，结果表明国家集采的中选药品质量均优于省级集采；全面推行国家药品集中采购，将有利于我国由"仿制药大国"转型为"仿制药强国"。潘倩莹等（2021）指出虽然目前我国地方药品集中采购以省（区、市）级集中采购为主，但每个省份单独作为一个统筹区和药企议价，明显谈判能力不足，带量集采效应有限，因此未来药品带量集采的主流应该是跨区域带量采购，并通过质量分层、竞价分组等规则来不断完善采购机制。

第三，部分学者主张总结推广药品集中带量采购的 GPO[①] 采购模式。Deroo（2013）以及孙晋和闫晓梦（2018）认为 GPO 采购模式是省级药品集中采购平台的有益补充，将成为我国药品集中采购未来发展的大趋势。王永利（2021）指出国家组织的药品带量集采难以覆盖所有药品，因而应该将深圳 GPO 采购等典型药品集中采购模式纳入国家组织的药品带量集采系统内统一管理，允许不同地区的不同带量集采模式同台竞技，推动药品集中带量采购不断发展完善。

部分学者从多维角度提出药品集中带量采购的优化举措。张燊和何

---

① GPO 即集团采购组织（Group Purchasing Organizations），具体信息第三章第二节会有详细介绍。

江波（2021）主张改变过去"唯低价是取"的中选标准；李悦（2019）认为国家层次组织药品集中采购将成为主导方向，应该继续使用省级药品集中采购平台。张雅娟和方来英（2020）建议利用采购平台数据建立利益分配机制，给予医疗机构和第三方代理机构更多药品选择权，同时建立平台、采购方与支付方三者间的约束机制以避免垄断。

（五）文献评述

基于国内外已有文献梳理发现，学者们围绕价格机制、药品价格形成基础和定价方法、药价虚高和药品价格调控等方面已经做了大量的研究，研究方法既有规范分析又有实证分析，既有理论分析又有实地调研等，这些研究为构建我国药品集中带量采购价格机制提供了有力支撑。但当我们把视野聚焦到药品集中带量采购时，会发现学术界更多关注的是政策层面的总结以及对政策实施局部效果的探讨。总体来看，当前研究还存在以下不足之处。

第一，现有研究多聚焦于实用性研究，理论性研究略显匮乏。现有研究主要集中于对药品集中带量采购实施现状、成效、问题和优化措施的总结探讨，缺少药品集中带量采购价格机制的理论分析框架，导致很难从理论上对以下问题有清晰而有力的解答：药品、集中带量采购以及集中带量采购药品的属性是什么；集中带量采购在药品价格机制中的作用机理是什么；集中带量采购药品的价格如何形成，又如何被影响；集中带量采购药品的价格如何实现，又如何发挥自身的调节功能；集中带量采购药品的价格如何被调控，又如何服务于社会主义国家调控的总体目标；药品集中带量采购价格机制存在何种问题，又当如何优化。因此，对药品集中带量采购价格机制开展理论性研究很有必要。

第二，对药品集中带量采购价格机制内涵和构成的研究有待深化。由于药品集中带量采购实践时间不长，学者们对其本质属性的关注不够，目前几乎没有学者基于马克思主义价格理论视角对其基本内涵和构成要素进行研究。早期不少学者对价格机制的内涵和构成做了界定，但部分学者的研究存在概念混淆。首先，混淆了价格机制和价格形成机制的内涵，这在药品价格机制的研究中表现得极为明显。实际上，价格机制并不等同于价格形成机制，价格形成机制只是价格机制的重要组成部分。其次，关于价格机制的构成要素存在争议。大部分学者认可价格形成机制和价格运行机制是价格机制的组成部分，至于还包括哪些机制需要进一步探讨。因此，对药品集中带量采购价格机制内涵与构成的界定和探讨，是本书后续研究的基础和前提。

第三，对集中带量采购药品价格的形成基础、影响因素和价格构成的整体性、系统性研究相对不足。一方面，学者高度关注药品的价值与价格，但对集中带量采购模式下药品的价值与价格缺乏研究，没有认识到药品集中带量采购模式下药品价格影响因素的作用机理以及价格构成要素的变化。另一方面，学者们对价格形成机制中单一主体的利益诉求和行为逻辑有比较深入的研究，但对药品集中带量采购价格形成机制的系统性、整体性认识不足，未将政府、企业、医院和医生、患者等多个利益相关者统一到一个分析框架中来。

第四，忽视了药品集中带量采购价格运行的特殊性。学者们一般认为价格运行机制是供求、竞争、风险等要素相互联系、相互作用，从而影响价格形成、产生价格运动的过程，是价格围绕价值的波动过程。但药品集中带量采购价格运行机制以确定的集中带量采购中选结果为契约，更加关注中长期的价格实现与价格调节功能，具有层次性。除此之外，学术界对药品集中带量采购价格运行效果的研究更加关注一般性和整体性，对区域性和差异性关注不够，缺乏中观层次和宏观层次的实证分析。

鉴于目前药品集中带量采购价格机制已有研究的不足，本书拟基于政治经济学视角，借鉴马克思主义价格理论、流通理论以及马克思公共经济思想等理论，采用一般性分析和特殊性分析相结合、规范分析和实证分析相结合等研究方法，构建药品集中带量采购价格机制的分析框架，分别探讨药品集中带量采购价格形成机制、运行机制和调控机制的作用机理和内在规律，最后提出优化导向和优化路径。

第一章　核心概念和理论基础

一　核心概念界定

（一）价格机制

1. 价格机制的内涵

"价格机制"是经济学的基本概念。"机制"一词并非首创于经济学，最初指机器的构造方式和工作原理。后来，"机制"被引申到医学领域、生物学领域和经济学领域，主要用来表示一个事物内部各个组成部分之间相互联系、相互作用的运作方式和过程（赵小平，2005）。在经济学领域包括很多和机制相关的经济学术语，比如价格机制、市场机制、供求机制和竞争机制等。

如前文文献综述部分所述，学者们关于价格机制定义的研究内容已然十分丰富且兼顾系统性和层次性。因此，本书在借鉴学者们对价格机制内涵界定的基础上，将价格机制定义为在某一特定经济体制下，决定和影响商品和服务价格形成、价格运行的内在规律和机理以及人们自觉运用这些规律管控商品和服务价格，调控社会经济活动的全过程。在明确价格机制内涵后需要进一步解析价格机制的主体内容。结合学者们的研究，本书认为价格机制包括价格形成的方式，价格形成的基础和影响因素，价格体系和价格结构，商品和服务的差比价关系，商品和服务的价格总水平及其运动，价格运行及其制约因素，商品和服务的价格管理和调控等。价格机制可以分为宏观价格机制和微观价格机制，前者主要侧重价格总水平的运动，而后者则注重单个商品或服务价格的运动（温桂芳，1995；周春和蒋和胜，2006；高奇和邓春宁，2012）。本书的研究对象是集中带量采购的药品价格机制，因此属于微观价格机制的研究范畴。

2. 价格机制的构成

学者们在探讨价格机制构成时一致认为价格形成机制和价格运行机制是价格机制不可或缺的两个部分。本书在总结学者们关于价格机制构成研究的基础上，将学者们提出的价格形成、价格反馈、价格制约、价格调控和价格运行机制"五大机制"进一步融合和凝练，通过构建价格运行的监测预警系统，将价格反馈机制嵌入价格运行机制之中，通过强有力的价格调控机制对价格主体的行为进行约束。因此，本书认为价格机制由价格形成机制、价格运行机制和价格调控机制三个层次构成，其中前两个是内在机制，价格调控是外在机制。价格机制是内在机制和外在机制的统一体，内在机制是价格机制的核心机制，外在机制需要通过内在机制起作用。

价格形成机制是在经济运行过程中各类经济主体对商品和服务价格形成参与权的配置结构和由此决定的价格形成方式、价格形式和价格体系等（温桂芳，1995）。价格形成机制是价格机制的先行机制和核心机制。对于不同经济体制的国家，价格形成机制往往不同，即使是同一个国家，在不同经济发展阶段，价格形成机制也会有差异。新中国成立70多年来，我国的价格形成机制就经历了由高度集中的计划价格机制向市场决定价格机制的转变，商品和服务的价格决策主体也从政府转变为企业（刘儒和郭荔，2020）。价格运行机制建立在价格形成机制之上，无论什么样的价格形成机制都要求建立与之相匹配的价格运行机制。价格运行机制指商品和服务价格运行的构成要素之间相互联系、相互作用的内在机理以及商品和服务的价格在市场运行过程中对社会经济活动的调节功能（蒋和胜，1997）。价格调控机制是政府为了价格机制的有效运行，建立的引导、影响、调节价格和价格总水平而采取的所有措施、方法和手段之间相互联系、相互依存，共同作用于价格运动过程的内在机理。

（二）药品和药品价格

1. 药品

《中华人民共和国药品管理法》（2019年版）将药品定义为："用于预防、治疗、诊断人的疾病，有目的地调节人的生理机能并规定有适应症或者功能主治、用法和用量的物质，包括中药、化学药和生物制品等。"这一定义揭示了药品的三个特点。一是生命关联性。药品是治病救人的特殊产品，药品与身体健康和生命安全高度关联。二是使用专业性。每种药品不仅有规定的适用症状和主治功能，而且严格限制用法和用量。三是范围的边界性。药品的范围包括中药、化学药和生物制品等。我国的《药品管理法》规定，药品必须符合国家药品标准，列入国家药品标准的药品名称为药品通用名称，《中华人民共和国药典》是国家药品标准的组成部分。药品相关企业在药品研制、药品生产（进口）以及药品经营管理、监督和使用过程中应该严格遵照法定技术标准。2020年6月，国家药监局、国家卫健委发布了最新版本的《中华人民共和国药典》。因此，不是所有治病防病的商品都是药品，如医用耗材也能起到诊断、治疗、保健等功效但不是药品。

《现代汉语词典》（2005年版）将"药物"纳入"药品"的概念之中，药品是"药物和化学试剂的统称"，而药物"指能预防疾病、病虫害等的物品"。事实上药品和药物的区别不止于此。首先，两者运用的领域不同。药品这一概念常用于经济管理领域，如国产药品、注册药品等。而药物这一概念常用于医学领域，如国家基本药物目录、药物临床试验等。其次，两者强调的属性不同。药品这一概念强调商品属性，药品是必须符合国家药品标准且通过国家药品监督管理局审评审批，才能允许上市生产、销售的药物。然而，药物这一概念强调生物属性，药物是具有治病防病疗效的化学物质，至于是否经过审批或者正在市场销售不作为重点考虑范畴。

2009 年 8 月，卫生部、国家发改委等 9 部门发布《关于建立国家基本药物制度的实施意见》（卫药政发〔2009〕78 号），正式拉开国家基本药物制度建设序幕。该实施意见明确指出："基本药物是适应基本医疗卫生需求，剂型适宜，价格合理，能够保障供应，公众可公平获得的药品。"同时规定，所有政府举办的基层医疗卫生机构都必须全部配备和使用基本药物。国家基本药物目录实行动态调整管理，原则上每 3 年调整一次。最新版本的《国家基本药物目录》发布于 2018 年，目录内共有 685 种药品（西药 417 种、中成药 268 种）。国家基本药物制度对保障人民群众基本药物的可及性、减轻群众医药费用负担起到一定的积极作用（何庆红等，2019）。

药品除了分为基本药物和非基本药物之外，还根据是否取得专利权及是否尚属于专利保护期分为专利药、原研药和仿制药三类。专利药是药品公司成功研发并获取专利权且尚处于专利保护期的药品。原研药是药品公司研发的申请了专利但专利保护期届满的药品。仿制药是指在专利药的专利保护期届满之后，其他企业生产的具有同等疗效的药品（史录文，2017）。其中，仿制药的最高质量标准是通过与原研药质量和疗效一致性评价（简称"过评"）。

2. 药品价格

马克思将价格定义为商品同货币的交换比例指数。价格是在商品交换中产生的，商品价格表现为与其相交换的一定数量货币。因此，药品价格是在药品交易时药品买方需要付出的代价或者货币数量。药品价格在生产、流通、销售环节具有不同的存在形式，包括药品出厂价格、药品批发价格、药品零售价格等。

药品出厂价格是药品生产企业在向第一经销商或者其他购买方出售药品时的价格。一般而言，药品出厂价格由生产成本加上税金和合理利润构成（李文生，1990）。但是部分药品生产企业也会针对不同规模的购买量给出不同的出厂价。药品出厂价格是药品从生产领域进入流通流域的最初价格，因而出厂价格是制定药品批发价格和药品零售价格的基础（杨继瑞，2006）。药品批发价格是指不同层级药品经销商之间，批量调拨药品的结算价格。在流通领域，我国药品流通有"全国总代理—省级代理—地区分销"三级批发，每一级药品经销商都会根据实际销售数量和销售金额制定批发价格（马特，2015）。医疗机构和零售药店由于采购量大，采购价格也属于批发价格。药品批发价格是在出厂价格之后和零售价格之前，处于流通中间环节的价格，通常由出厂价格、流通费用、合理利润和税金组成。对于大多数临床常用药品而言，药品购买数量和药品批发价格成反比。药品零售价格指药品零售企业或者医院向消费者零星销售药品的价格（周亚里等，1992）。药品零售价格是流通环节的最终价格。各类文献和研究中表述的药品价格多指药品零售价格。

药品集中带量采购价格机制涉及的药品价格相关概念主要包括中选价格、单位申报价、最高有效申报价等。中选价格指药品集中带量采购组织机构和申报企业在遵守相关法律法规的前提下，按照一定的采购程序和采购数量确定的成交价格。单位申报价指根据药品差比价规则将企业申报价折算到单支、单片、单袋等上的价格。最高有效申报价指药品集中带量采购组织机构根据一定的原则制定的企业单位申报价不能超过的上限价格标准。因此，本书研究的集中带量采购药品价格指集中带量采购模式下药品的中选价格。由于我国已经全面取消所有公立医疗机构的药品价格加成，故而中选价格就是公立医疗机构的零售价格。

（三）药品集中带量采购

在市场经济中，采购活动广泛存在于商品和服务的交易中。和普通购买行为不同，采购活动不仅程序复杂，而且涉及的商品和服务需求数量大、金额多。在管理学中，"采购"是需求主体从多个备选供应客体中遴选出供应企业，并以合同的形式约定购买数量和价格的规模性购买行为（刘敏和姜永强，2017）。根据需求主体参与数量的不同可以将采购细分成集中采购和分散采购两类。前者指多个需求方整合需求量并交由一个机构或者部门来统一采购，而后者指单个需求方根据实际需要自行组织的采购（李恒兴和鲍钰，2018）。集中采购相对于分散采购而言，不仅能以批量换取更大价格折扣，而且可以通过减少采购次数来节省交易成本和搜寻成本。本书聚焦于药品集中采购进行研究。

药品集中采购是指多家医院联合起来实施的药品统一采购。世界卫生组织定义了药品集中采购规范：集中采购药品的中选价格同采购数量、药款支付时间和配送半径密切相关，采购数量越多、回款周期越短、配送距离越近，中选价格应该越低（李毅仁等，2020）。我国的药品集中采购是以国家、省（区、市）及区域联盟为单位，将所属区域内公立医疗机构纳入采购范围，由政府部门或者委托第三方机构组织的，药品生产企业、第三方平台等共同参与，针对临床用量大、采购金额高的药品实施的集中性、规模化采购。根据药品入围的企业数量的不同，药品集中采购分为招标采购、议价采购、谈判采购、挂网采购等形式。

药品集中带量采购是在药品集中采购的基础上延伸和创新出来的"招采合一、量价挂钩"的采购模式。量价挂钩指相同药企生产的同通用名、同规格、同剂型的药品在回款周期和配送距离相差无几的前提下，药品采购数量越大，中选价格越低（郭志刚等，2015）。药品集中带量采购是在充分尊重市场规则和企业意愿的前提下，采用医院报量和企业报价的方式，根据采购规则以合同的形式确定最终药品采购价格和采购数量的一种采购模式。[1] 药品集中带量采购的本质是通过以量换价的方式来切实降低药品价格，保障药品供应。根据组织主体的不同，药品集中带量采购可以分为政府组织的药品集中带量采购和私营机构组织

---

① 《国新办举行〈关于推动药品集中带量采购工作常态化制度化开展的意见〉国务院政策例行吹风会》，中央人民政府网站，https://www.gov.cn/xinwen/2021-01/29/content_5583644.htm，2021年1月29日。

的药品集中带量采购。①

对于药品集中带量采购的性质，学者们一直有争议。争议焦点在于药品带量集采究竟是国家医保局主导下的一种战略性购买行为（胡善联，2019；陈志洪和徐宏，2021；陈昊，2021），还是一种"量价挂钩，以批量换取低价"的团购行为（杜雪等，2020）。如前文文献综述部分所述，药品集中带量采购不仅是一种大型团购活动，而且是真正意义上的战略性购买。药品集中带量采购这种战略性行为以价值为导向，围绕"药品价格"，立足全局利益、整体利益，追求成本效益最大化目标而非个别药品是否低价（王东进，2018）。

二 相关理论基础

（一）马克思主义的价格理论

1. 马克思主义价格理论的主要内容

马克思主义价格理论是在批判地继承古典政治经济学价值、价格理论的基础上，建立的以劳动价值论为基础的一套完整的科学价格理论体系（洪远朋，1989）。马克思主义价格理论内容丰富，本部分主要从以下四个方面介绍。

第一，价格的本质。马克思将价格定义为"商品同货币的交换比例的指数"，同时价格也是"商品价值量的指数"。② 马克思认为价格在商品交换中产生，商品价格表现为与其相交换的一定数量货币。马克思多次强调商品价格只是观念的形式，价值才是价格的本质（邱海平，2003）。一方面，"价格是价值的货币表现"③。商品的内在价值隐藏较深，需要通过外在化的形式才能表现出来。商品价值的表现形式在先后

---

① 除非特别说明，本书所指的药品集中带量采购特指政府组织的药品集中带量采购。
② 《马克思恩格斯文集》（第五卷），人民出版社，2009，第122页。
③ 《马克思恩格斯文集》（第七卷），人民出版社，2009，第396页。

经历了"简单的、个别的或偶然的价值形式""总和的或扩大的价值形式""一般价值形式"① 之后，最终表现为广为流行的"货币形式"。当商品价值转换为不同数量的货币时，价格也就成为价值的货币表现形式。另一方面，因为价值是抽象劳动的产物，是"无差别的人类劳动的单纯凝结"②。因而，"价格是对象化在商品内的劳动的货币名称"③。白暴力（1999）认为马克思对价格本质的剖析是他的伟大功绩，马克思创新性地指出了价格本质上是商品生产者之间分配劳动和交换劳动的社会关系，因此价格是商品的社会属性而非商品物的属性。

假设在一段时间内，在市场中共流通 m 种商品，其中第 i 种商品的价值量为 w_i，同时每一单位金属货币的价值量为 w_g，因此从价格的本质来看，该种商品的价格应该表示为（白暴力，2006）：

$$P_i = \frac{w_i}{w_g} \tag{1-1}$$

式（1-1）表示，商品的价格作为其价值的货币表现形式，与该商品的价值量成正比，与单位货币的价值量成反比。f_i 表示某部门内企业生产第 i 种产品的劳动生产率，由于商品价值量与生产商品的劳动生产率成反比，可定义该反比例关系为（吴易风等，2012）：

$$w_i = \frac{1}{f_i} \,,\text{且}\, w_g = \frac{1}{f_g} \tag{1-2}$$

则式（1-1）可进一步写为：

$$P_i = \frac{f_g}{f_i} \tag{1-3}$$

式（1-3）表示，商品的价格与金属货币生产的劳动生产率成正比，与商品生产的劳动生产率成反比。

第二，价格形成的决定因素。马克思认为在经济发展的不同阶段，

---

① 《马克思恩格斯文集》（第五卷），人民出版社，2009，第 61~87 页。
② 《马克思恩格斯文集》（第五卷），人民出版社，2009，第 51 页。
③ 《马克思恩格斯文集》（第五卷），人民出版社，2009，第 122 页。

价格形成的决定因素不同。"商品按照它们的价值或接近于它们的价值进行的交换，比那种按照它们的生产价格进行的交换，所要求的发展阶段要低得多。"[①] 马克思坚持："商品按照它们的价值来交换或出售是理所当然的，是商品平衡的自然规律。"[②] 因此，商品价值是价格的基础和本质。只有凝结了人类无差别劳动的产品才具有价值，才能在市场中参与交换从而产生价格。没有价值的物品虽然在形式上也可以有价格（比如良心、名誉等），但这种价格形式是虚幻的，如同数学中的某些数量。[③] 恩格斯在《国民经济学批判大纲》中强调"价值是生产费用对效用的关系"[④]，即在进行价值探讨时总是以一定的使用价值作为前提。这与马克思所坚持的使用价值是价值的物质承担者是一致的。"商品的价值由生产商品所需耗费的劳动量来决定"[⑤]。由于每个生产者生产商品所耗费的劳动量并不相同，形成价值实体的劳动应该是相同的人类劳动，因此马克思得出只有社会必要劳动量（生产使用价值的社会必要劳动时间）才能决定商品价值的结论。

社会必要劳动时间与社会劳动生产率紧密相关。劳动生产率越高，生产同一商品所需要耗费的社会必要劳动时间越少，商品价格往往越低。劳动生产率会受到科学水平及其运用、工人劳动熟练程度、自然条件等诸多因素的影响。假定一家企业仅生产一种商品，且生产同种商品的企业共同组成一个生产部门，同时假定劳动的复杂程度以及工人的劳动强度不随劳动生产率变化（白暴力，2002），则可以数学形式做如下呈现（吴易风等，2012）。

令 f_i、q_i、W_i 分别表示某一生产部门内第 i 家企业的劳动生产率、生产商品数量以及耗费的个别必要劳动时间，f、q、W 表示该生产部门的劳动生产率、生产商品数量以及耗费的部门必要劳动时间，则存在：

① 《马克思恩格斯文集》（第七卷），人民出版社，2009，第 197 页。
② 《马克思恩格斯文集》（第七卷），人民出版社，2009，第 209 页。
③ 《马克思恩格斯文集》（第五卷），人民出版社，2009，第 123 页。
④ 《马克思恩格斯文集》（第一卷），人民出版社，2009，第 65 页。
⑤ 《马克思恩格斯文集》（第五卷），人民出版社，2009，第 52 页。

$$f_i = \frac{q_i}{W_i} , \text{且} f = \frac{q}{W} \tag{1-4}$$

若一个生产部门有 N 家生产企业，则有：

$$q = \sum_{i=1}^{N} q_i , \text{且} W = \sum_{i=1}^{N} W_i \tag{1-5}$$

令 $\eta_i = \dfrac{W_i}{W} = \dfrac{W_i}{\sum\limits_{i=1}^{N} W_i}$ ，那么生产部门与生产企业两者的劳动生产率的关系

可做如下表达：

$$f = \frac{q}{W} = \frac{\sum\limits_{i=1}^{N} q_i}{\sum\limits_{i=1}^{N} W_i} = \sum_{i=1}^{N} \frac{q_i}{\sum\limits_{i=1}^{N} W_i} = \sum_{i=1}^{N} \eta_i \frac{q_i}{W_i} = \sum_{i=1}^{N} \eta_i f_i \tag{1-6}$$

由于生产部门的劳动生产率是部门内各生产企业劳动生产率的加权平均数，因此 η_i 即生产企业所耗费的个别劳动时间在生产部门总体耗费劳动时间中的占比。假定生产企业生产商品需要耗费的个别必要劳动时间为 W_i ， W 为生产商品的社会必要劳动时间（吴易风等，2012），则有：

$$w_i = \frac{W_i}{q_i} , \text{且} w = \frac{W}{q} \tag{1-7}$$

令 $\gamma_i = \dfrac{q_i}{q} = \dfrac{q_i}{\sum\limits_{i=1}^{N} q_i}$ ，由于商品的价值量由生产商品的社会必要劳动

时间决定，则有：

$$w = \frac{W}{q} = \frac{\sum\limits_{i=1}^{N} W_i}{\sum\limits_{i=1}^{N} q_i} = \sum_{i=1}^{N} \frac{W_i}{\sum\limits_{i=1}^{N} q_i} = \sum_{i=1}^{N} \frac{W_i}{\frac{q_i}{q_i} \sum\limits_{i=1}^{N} q_i} = \sum_{i=1}^{N} \gamma_i \frac{W_i}{q_i} \tag{1-8}$$

可知商品的单位价值量即全部生产企业生产商品的个别劳动时间的加权之和（吴易风等，2012）：

$$w = \sum_{i=1}^{N} \gamma_i w_i \qquad (1-9)$$

式（1-9）表示一家企业在市场中的产能越高，它对商品价值量的影响就越大。

第三，价格波动的影响因素。马克思认为商品价格除以价值为基础以外，同时还受到货币价值、供求、商业资本周转速度等其他因素的影响。第一，在其他条件不变的情况下，货币价值和商品价格成反比。[①]第二，商品供求影响商品价格。商品供不应求时价格上涨；供过于求时价格下降；供求达到一致时价格能够保持稳定。第三，商业资本周转次数影响商品价格。商业资本加价数量同商业资本的周转次数成反比。也就是说，同一价值商品周转速度快的，商业资本的加价少，商品价格更低；而同一价值商品周转速度慢的，商业资本加价多，商品价格更高。[②]

第四，平均利润率和生产价格理论。《资本论》第三卷第 1~3 篇系统地阐述了马克思所创建的平均利润率和生产价格理论。马克思指出商品价值 w 由三个部分组成，即不变资本价值 c、可变资本价值 v 和剩余价值 m：

$$w = c + v + m \qquad (1-10)$$

若商品价值中减去剩余价值 m，那剩下的 $c+v$ 部分即："补偿所消耗的生产资料价格和所使用的劳动力价格的部分，只是补偿商品使资本家自身耗费的东西，所以对资本家来说，这就是商品的成本价格。"[③]用公式表示，成本价格 $k = c + v$。马克思进一步强调成本价格是商品价值中"补偿商品生产上耗费的资本价值的部分"[④]，那么商品价值 $w = k + m$。成本价格在出现后掩盖了 c 和 v 的区别，本是可变资本增值额的剩

---

① 《马克思恩格斯文集》（第五卷），人民出版社，2009，第 119 页。
② 《马克思恩格斯文集》（第七卷），人民出版社，2009，第 347 页。
③ 《马克思恩格斯文集》（第七卷），人民出版社，2009，第 30 页。
④ 《马克思恩格斯文集》（第七卷），人民出版社，2009，第 30~33 页。

余价值却呈现作为（所消耗）全部资本的增值额的假象（王冰等，2007；李成勋，2018）。因而，"剩余价值，作为全部预付资本的这样一种观念上的产物，取得了利润这个转化形式。"[1] 剩余价值率也就转化为平均利润率，即：

$$m' = \frac{m}{v} \text{ 转化为 } p' = \frac{m}{c+v} \qquad (1-11)$$

此时，商品价值 w 转化为成本价格 k 加上利润 p，用公式表示为 $w = k+p$。马克思指出由于不同部门所投入资本的有机构成不同，所以会产生完全不一样的利润率。资本的逐利性会驱使资本从利润率较低的部门流入利润率较高的部门。而随着资本不停地流入和流出，供求会不断地产生变化，不同部门利润率也会相应转化，最终不同生产部门会具有相同的平均利润。[2] 即部门间的资本为了追逐利润率展开竞争而发生转移，进而形成平均利润，用公式表示为（洪远朋，1989）：

$$\bar{P}' = \frac{\sum m}{\sum (c+v)} \qquad (1-12)$$

其中，$\bar{P}'$ 为平均利润率，$\sum m$ 指社会剩余价值总和，$\sum (c+v)$ 指社会总资本。

当不同部门的不同利润率转化为平均利润率时，价值转化为生产价格。马克思明确指出："商品的生产价格……等于商品的成本价格加上平均利润。"[3] 在生产价格形成之前，商品的市场价格围绕价值上下波动，而在生产价格出现之后则围绕生产价格波动（李成勋，2018）。在商品经济发展的更高水平阶段，生产价格成为商品价格形成的决定因素（王冰等，2007）。

在垄断资本主义阶段，生产价格进一步转化为垄断价格。马克思介

---

[1] 《马克思恩格斯文集》（第七卷），人民出版社，2009，第43~44页。
[2] 《马克思恩格斯文集》（第七卷），人民出版社，2009，第218页。
[3] 《马克思恩格斯文集》（第七卷），人民出版社，2009，第177页。

绍了三种垄断价格，分别是特殊自然条件形成的垄断价格；（土地所有权存在时）支付绝对地租产生的垄断价格；垄断组织为了获取垄断利润，人为规定的垄断价格（洪远朋，2010）。列宁在《帝国主义是资本主义的最高阶段》中论述了垄断高价和垄断低价两种垄价格形式，他指出垄断者同盟"有计划地压低价格……为了使'局外人'即不服从垄断者的企业破产，不惜耗费巨资，在一段时间内按低于成本的价格出售商品"[1]。卡特尔在国内外实行差别定价，国内制定垄断高价，国外则低价倾销。[2] 垄断价格是在价值转化为生产价格后，由生产价格转化而来的（李翀，2009）。

2. 马克思主义价格理论在药品集中带量采购价格机制中的运用

首先，马克思主义价格理论以劳动价值论为基础，为本书将药品使用价值和价值的一般性和特殊性分析作为药品集中带量采购价格机制的逻辑起点提供了理论借鉴。其次，马克思关于价格本质、价格形成基础、价格波动影响因素、平均利润率和生产价格理论等的论述，为本书构建药品集中带量采购价格形成机制提供了理论基础和分析范式。本书拟在研究价格形成机制时以带量集采药品价值形成和价格构成探讨为出发点，分别探讨供求关系、竞争关系、政策因素以及其他因素对集中带量采购药品价格形成的影响，并通过构建博弈模型加以验证。

（二）马克思主义的流通理论

1. 马克思主义流通理论的主要内容

马克思主义流通理论是马克思主义政治经济学的组成部分。在《资本论》第二卷中，马克思对资本的流通过程进行了深入的研究，并且建立了完整、系统的流通理论，阐述了市场经济中流通的一般规律。马克思强调"流通本身只是交换的一定要素，或者也是从交换总

---

① 《列宁专题文集：论资本主义》，人民出版社，2009，第116页。
② 《列宁专题文集：论资本主义》，人民出版社，2009，第97~213页。

体上看的交换"①，"流通是商品占有者的全部相互关系的总和"②。马克思根据流通对象的不同划分了商品流通、货币流通、资本流通和社会总资本流通四种流通形式（杨圣明，2014）。药品是一种商品，因此本部分主要分析马克思主义商品流通理论的主要内容。

第一，商品流通的内涵和流通过程。马克思强调："每个商品的形态变化系列所形成的循环，同其他商品的循环不可分割地交错在一起。这全部过程就表现为商品流通。"③ 马克思认为最早的交换是物物交换，随着交换数量和种类与日俱增，交换范围持续扩张，货币出现。以货币为媒介的商品交换，突破了早期物物交换地理位置、数量和时间的限制，逐渐成为主要的商品流通形式（任保平，2011）。商品流通的公式是 W—G—W（商品—货币—商品），即以货币为媒介的商品交换过程。其中 W—G 是商品第一形态的变化，表示卖出商品，是商品惊险跳跃的过程。如果失败，商品占有者将无法顺利实现从商品到货币形态的转化。G—W 是商品第二形态的变化，表示买进商品。因为货币是其他一切商品普遍让渡的产物，故 G—W 过程相对容易。W—G 和 G—W 两个相互对立、相互补充的形态变化，共同组成了商品的总形态变化。

第二，商品的流通时间。马克思在《资本论》第二卷第五章和第十四章论述了流通时间的问题。首先，马克思从资本周转视角将资本循环的全部时间归纳为生产时间和流通时间之和，流通时间指"资本在流通领域停留的时间"④。马克思紧接着将流通时间分为两个部分：销售商品时间（W—G），即商品转化为货币所需要的时间；购买商品时间（G—W），货币转化为商品所需要的时间。⑤ 如前文分析，W—G 阶段相对于 G—W 阶段更为困难，需要占用的流通时间也更多。其次，马克思进一步论证了流通时间和生产时间两者的互相排斥关系。"资本的流

---

① 《马克思恩格斯文集》（第八卷），人民出版社，2009，第 22 页。
② 《马克思恩格斯文集》（第五卷），人民出版社，2009，第 192 页
③ 《马克思恩格斯文集》（第五卷），人民出版社，2009，第 133~134 页。
④ 《马克思恩格斯文集》（第六卷），人民出版社，2009，第 138 页。
⑤ 《马克思恩格斯文集》（第六卷），人民出版社，2009，第 143 页。

通时间……会限制资本的生产时间，从而也会限制它的价值增殖过程。限制的程度与流通时间持续的长短成比例。"[1] 最后，马克思探讨了影响流通时间长短的多重因素，包括商品物理性能（特指易变坏速度）、销售市场和生产地点的距离和交通运输条件等。流通时间的绝对界限是确保商品不变质所需的流通时间。

第三，商品的流通费用。马克思将流通费用分为纯粹流通费用和生产性流通费用两种。马克思认为纯粹流通费用"不是为了创造价值，而是为了使价值由一种形式转化为另一种形式"[2]。纯粹流通费用囊括买卖时间费用、簿记费用和货币费用三个部分。马克思得出纯粹流通费用需要从剩余产品中得到补偿，是剩余价值的一种扣除结论。纯粹流通费用属于非生产费用，由价值形式变化引起，只会使商品变贵而不会追加商品的使用价值。[3] 生产性流通费用产生于生产过程，反映了生产过程在流通中的延续。生产性流通费用是由商品的使用价值运动而引起的费用，包括保管费用、运输费用、包装费用等（任保平，2011）。这些费用属于生产性劳动范畴，不仅能够将消耗掉的物质资料的价值转移到商品中去，而且可以追加商品的价值和剩余价值。

第四，商品的流通危机。马克思指出商品流通包含危机的可能性。流通打破了商品交换个人、时间和空间的限制，将同一时间和同一空间的直接产品交换，分裂成买和卖在不同时间和不同空间的两个对立。[4] 有人成功卖掉商品，就说明有人买，但并不是说卖掉商品的人必须马上再次购买商品。一旦出现卖和买的脱节，就会因为货币周转不畅而导致部分商品滞销，可能导致危机的出现。这也是为什么马克思说"商品价值从商品体跳到金体上……是商品的惊险的跳跃。这个跳跃如果不成功，摔坏的不是商品，但一定是商品占有者"。[5]

---

[1] 《马克思恩格斯文集》（第六卷），人民出版社，2009，第142页。
[2] 《马克思恩格斯文集》（第六卷），人民出版社，2009，第147页。
[3] 《马克思恩格斯文集》（第六卷），人民出版社，2009，第154页。
[4] 《马克思恩格斯文集》（第五卷），人民出版社，2009，第135页。
[5] 《马克思恩格斯文集》（第五卷），人民出版社，2009，第127页。

第五，流通的地位和作用。我国社会主义流通理论研究的先驱孙冶方（1981）提出了"流通一般"概念，他认为"流通是社会产品从生产领域进入消费（包括生产消费和个人生活消费）领域所经过的全部过程。"可见，流通是社会化大生产的产物。

2. 马克思主义流通理论在药品集中带量采购价格机制中的运用

马克思主义流通理论指出在商品第一形态变化中卖出商品、换取货币是商品的惊险跳跃，商品流通蕴含危机的可能性，故商品交换应该创造条件，解决由于信息不对称而引发的商品交换不畅问题。本书以马克思主义流通理论为基础，将药品集中带量采购视为一种连接药品买卖双方的纽带，并试图在药品集中带量采购价格形成机制中依托采购平台加强四元价格主体的信息共享和信息沟通；运用马克思主义流通理论揭示药品集中带量采购价格运行的两个层次，并在运行机制方面构建价格运行监测预警系统和价格主体信用评价制度，来解决药品流通过程中的购销危机和供应危机等问题。

（三）马克思的公共经济思想

1. 马克思公共经济思想的主要内容

马克思并没有专门探讨过公共产品的范畴，但是其相关研究体现了关于公共物品的思想。马克思在阐述关于公共物品的思想时，总是与国家职能、社会保障、民主正义以及资源分配等内容密切结合，这些思想对于我们探讨药品的公共产品属性大有裨益。

国家的产生与维护社会的公共利益密切相关，国家职能的一个重要体现是为人民群众提供公共服务和执行"由一切社会的性质产生的各种公共事务"[①]。虽然此处的出发点是从国家机器的职能出发分析政府职能的范围，但是我们可以反推认为，政府要依托公共权力为全体居民提供基于公共事务的公共服务，其中就包括对公共物品的提供及维护。在

---

① 《马克思恩格斯文集》（第七卷），人民出版社，2009，第431页。

关于社会主义社会保障的研究中，马克思提出了保险基金的"六项扣除"。这"六项扣除"都来自社会总产品，是剩余劳动创造的剩余产品的一部分（高健，2014）。在"六项扣除"中，"用来应付不幸事故、自然灾害等的后备基金或保险基金""用来满足共同需要的部分，如学校、保健设施等"①都属于马克思所指的公共物品范围。虽然马克思没有对这一类型的产品及服务进行抽象分析，但这一类型产品（服务）的保障基金来自社会总产品，是在消费之前的总扣除。马克思以修筑铁路、兴建公益工程为切入点，进一步指出公共物品由于直接创造收益的能力较弱，因此更适合由"国家承包商来经营"，换言之就是公共物品适合采用政府投入、政府补贴的方式提供。由此我们可以看出，政府针对公共服务的保障基金来源于社会总产品的剩余，同时也要通过基础设施投入、社会保障投入等方式用于服务社会再生产。这在本质上便是形成了对社会剩余产品或国民收入的特定分配和再分配（高健，2014）。但是，马克思并没有否认私人部门也可以基于市场机制提供公共物品，马克思通过部分西方国家在集体供水节水方面的案例分析指出"私人企业家联合供给"也是公共物品供给保障的一个来源。具体是政府还是私人部门联合提供，这主要与社会生产力的发展水平有关。②

马克思认为社会保障是实现社会公平的重要手段，在最终实现共产主义"按需分配"的目标之前，虽然没有"不折不扣的公平分配"，但是可以通过社会保障（如对儿童的公共免费教育）、税收调剂（如高额累进税）等方式不断创造均等化的社会服务，让全社会共享发展的福祉，其中蕴含的便是公共物品、公共服务之于经济发展、社会进步的重大意义。

国内学者基于马克思主义政治经济学视角对公共产品与服务开展了系列研究。围绕马克思关于公共经济的思想，国内学者不断深化对其理论价值的挖掘与解读，并结合中国经济发展的特色进行创新发展（胡钧和贾凯君，2008；鄢奋，2009；王朝明和李西源，2010；杨静，2016）。

---

① 《马克思恩格斯文集》（第三卷），人民出版社，2009，第432~433页。
② 《马克思恩格斯文集》（第二卷），人民出版社，2009，第679~680页。

周明海和贾凯君（2009）系统地分析了马克思主义公共产品理论，发现社会总产品的分配问题是马克思主义公共产品理论的研究起点，提供公共产品是为了满足社会共同利益的需要，公共产品供给的特点是整体供给。余斌（2014）基于政治经济学理论定义了公共产品，指出公共产品是以人为媒介没有交换价值、价值的使用价值。

2. 马克思公共经济思想在药品集中带量采购价格机制中的运用

从马克思的公共经济思想中我们可以发现以下几点。第一，产品或服务的公共属性来源于产品或服务本身在需求上的必要性与普适性，这种需求会随着经济社会的发展而扩大或萎缩，如备灾基金、教育、卫生等是全社会的公共需要，在需求上具有极强的必要性与普适性，与劳动力再生产紧密相关，因此具有公共属性。马克思认为和生产没有直接关系的一般管理费用将随着生产水平的提高而逐步减少，但教育、保健等需求会随着生产水平的提高而日益扩大。

第二，产品或服务公共属性的实现需要以政府履职为基本前提，政府为维护公共利益而保障具有公共属性的产品或服务的供给是政府履职的重要体现，如果缺少公权机构对公共利益的关注，产品或服务的公共性就会失去其依存的条件，现代政府的一项基本职能即实现基本公共服务的均等化（马宝成，2011）。

第三，公共产品或服务的供给需要政府的有力保障，但是其供给形式既可以是政府提供，也可以由政府引导市场提供，还可以由政府与市场联合提供，具体的供给形式与经济发展水平以及公共产品或服务本身的价值构成有关。

故而，马克思的公共经济思想为本书在药品的商品属性基础上进一步探讨药品、集中带量采购药品以及集中带量采购的公共性特征提供了基本遵循。

（四）公共产品相关理论

1. 西方公共产品理论的主要内容

西方公共产品理论经过不断发展已经自成体系。它始于对政府职能和国家政策等关系"公共性"问题的讨论，最早可以追溯到霍布斯在《利维坦》一书中基于社会契约视角体现的公共产品思想、休谟在《人性论》中阐述的"搭便车"思想，以及斯密在《国富论》中关于政府职能的界定和"守夜人"思想。而后李嘉图、帕累托、庇古、凯恩斯等经济学家也涉足公共产品理论领域（刘佳丽和谢地，2015）。公共产品理论以界定公共产品、私人产品和混合产品为出发点，重点研究了政府和市场的职责和权力范围。公共产品理论思想丰富、内容庞大，其主要内容如下。

第一，公共产品的定义和特点。公共产品的基本概念在经济学中早已广泛运用，学者们从不同视角对公共产品进行解释。1954年，萨缪尔森（Paul Samuelson）在《公共支出的纯理论》中提出，公共产品是："所有成员集体享用的集体消费品，社会全体成员可以同时享用该产品。而每个人对这种物品的消费，都不会导致其他人对该种物品的消费的减少。"在这个定义里萨缪尔森揭示了公共产品的两大特性，后来学者将之修订为消费的非竞争性和受益的非排他性。前者是指一个人消费某一公共产品，并不会减少或妨碍其他人对该产品的消费；后者指对于某一公共产品，由于技术或者排除成本限制，无法主观将任何人排除在它的受益范围之外（彭翔，2012）。而后奥尔森（Mancur Olson）将集团概念引入公共产品定义中来，强调公共产品应该是集团成员共同消费的产品。奥尔森（1995）在《集体行动的逻辑》一书中强调公共产品是"如果一个集团的任何个人都能够消费它，它就不能适当地排斥其他人对该产品的消费"的物品。后来布坎南（James M. Buchanan，1993）从公共产品供给方视角出发，认为公共产品或服务指"任何集团或社团因为任何原因通过集体组织提供的商品或服务"。

综上，三种定义方法各有侧重，但是最经典的定义来自萨缪尔森，学者们在其定义的基础上，增加了效用的不可分割性这一新特性。效用的不可分割性是指公共产品由全体社会成员共同受益或联合消费，而财政制度和个人选择不能将其拆分。因而，现代经济学普遍认为公共产品具有消费的非竞争性、受益的非排他性和效用的不可分割性三个特性。

第二，公共产品的分类。公共产品主要包括纯公共产品和准公共产品两类。在萨缪尔森概念的基础上，布伦德尔（Richard Blundell）以一个数理公式构建了囊括纯公共产品、准公共产品以及私人产品的定义，即：

$$g_i = \frac{g}{N^\theta} \qquad\qquad (1-13)$$

其中，g_i 为某单一消费者的产品总消费，g 为该产品的总供给，N 为全社会的总人口，θ 为该产品的拥挤系数。如果该产品为纯公共产品，则 $\theta = 0$，产品使用非竞争且不可排他；如果该产品为纯私人产品，则 $\theta = 1$，产品使用具有严格的竞争性和排他性；如果该产品为准公共产品，则 $\theta \in (0, 1)$，意味着该产品具有一定的拥挤性（Blundell，1988）。

斯蒂格利茨（2013）在《公共部门经济学》中指出，"消费上没有竞争性、排他又不可能的产品是纯公共产品"；布坎南在《俱乐部的经济理论》中指出萨缪尔森定义的公共产品就是纯公共产品。现实生活中，满足纯公共产品定义的很少，大量存在介于公共产品和私人产品之间的"准公共产品"，即在拥挤点之前，满足非排他性和非竞争性条件之一的公共产品（董礼胜等，2006），布坎南提出的"俱乐部产品"就是准公共产品。"俱乐部"内部成员之间消费产品是平等的，但是排斥其他非俱乐部成员。"俱乐部"实际上是一种所有权和消费在会员间的制度安排（Buchanan，1968）。准公共产品与私人产品相比具有一定的非竞争性与非排他性，与公共产品相比又具有部分的竞争性与排他性，准公共产品的"集团公共性"本质让它们在"俱乐部"的内外部呈现一定的差异且属性也会发生对应的转换，在外部准公共产品呈现向私人产品转换的趋势，而在内部却又呈现向纯公共产品转换的趋势（肖卫东和吉海颖，2014）。

第三，公共产品供求、运行和评价激励机制。公共产品的供求机制涉及公共产品最优供给理论、均衡理论、公共产品生产效率和定价理论、"搭便车"、公共选择、溢出效应等（王爱学和赵定涛，2007）。公共产品的供求机制力图回答供给对象为谁、供给最优数量以及如何融资和定价的问题，其中公共产品的定价方法包括线性定价、非线性定价和激励定价等（王利娜，2012）。公共产品的运行机制主要研究如何保障公共产品供给的公平与效率。公共产品的评价激励机制侧重通过制度来构建效率评估与激励机制。公共产品的有效供给问题是公共产品供求关系中的关键问题，即消费者作为理性经济人毫无保留地暴露自己对公共产品的使用需求，生产者具备在满足消费者需求的同时获得利润的供给动机，因此生产者实际满足消费者需求的供给即有效的供给（余斌和徐敏，2014），公共产品的有效供给是关于政府与市场关系的重要命题。

2. 准公共产品的属性及供给问题

相比纯公共产品而言，准公共产品更加普遍、属性更加多元，其供给机制相较政府提供而言也更加复杂。准公共产品的定价既要充分考虑满足消费者的必要需求，保证消费者对准公共产品使用价值的可及性，又要充分考虑企业的经济效益，支持企业合理扩大再生产，同时还需要考虑社会效益的最大化，实现个人、企业、政府多方利益的协同。从准公共产品的公共性以及市场机制供给公共产品的失灵来看，政府的公共产品供给机制有其合理性和必要性。政府提供准公共产品一方面节约了市场交易成本、提高了效率，另一方面满足了社会的需要，促进了公平与正义。公平与效率是政府提供公共产品以及公共服务的逻辑起点（李盼道和徐芙蓉，2019）。

要厘清准公共产品的有效供给问题，还需要在非竞争性、非排他性、正外部性、自然垄断性的基础上对准公共产品的属性进一步深化认识。雷诺兹（1994）认为外部性才是准公共产品的本质属性，巴泽尔（2006）则认为部分产权是准公共产品的本质属性，

任俊生（2002）总结认为典型的准公共产品具备拥挤性、消费数量非均等性、局部排他性三个本质特征。肖卫东与吉海颖（2014）认为基于某些技术条件设定排他性而确定的准公共产品可以定义为技术性

准公共产品。陈其林和韩晓婷（2010）认为除了技术条件之外，"公益目标"也是决定公共产品属性的重要因素，政府可以基于产品的"公益目标"而通过设置或取消排他技术条件来实现准公共产品向公共产品或私人产品向准公共产品的转换，而效率因素则推动了这一转换的反向流程。马克思在论述金属货币的材质时指出，"一种物质只有分成的每一份都是均质的，才能成为价值的适当的表现形式"[①]。这在本质上强调了产品的匀质性，产品匀质性是消费匀质性存在的自然基础，准公共产品往往具有消费上的非匀质性特征，因此准公共产品极可能出现消费不足或者过度消费情形（陈其林和韩晓婷，2010），这对准公共产品的供给机制提出了要求。

政府提供准公共产品具有其合理性和必要性，但是政府提供准公共产品也需要进一步考虑若干问题：一是政府提供准公共产品的范围是否与该国的财政条件相匹配；二是政府提供准公共产品是否会对市场中的私人产品形成挤占，弱化市场竞争；三是政府提供准公共产品是否会排除市场机制，从而带来缺乏竞争下的效率损失，导致更大范围的不均衡、不平等问题。准公共产品的供给不应该局限于政府，市场同样是准公共产品供给的重要主体，核心在于处理好政府与市场在准公共产品供给中的关系。

3. 公共产品相关理论在药品集中带量采购价格机制中的运用

西方公共产品理论在一定程度上与马克思的公共经济思想存在契合之处，马克思公共经济思想从政府职能探讨延伸出公共物品的范畴，西方公共产品理论从产品本身以及市场失灵延伸出政府在公共及准公共产品供给中的角色，二者都强调政府在公共产品供给中的职能定位；同时，二者对公共产品的属性及范围进行了界定，甚至可以说马克思所强调的满足社会发展共同需要的部分，如铁路、教育、供水、医疗服务、管理费用等为西方经济学的公共产品提供了分析的范畴。此外，关于公

---

① 《马克思恩格斯文集》（第五卷），人民出版社，2009，第 109 页。

共产品的提供方式上，马克思与西方经济学都认可应该由政府以及市场共同提供（姜鑫和罗佳，2012），具体的提供方式则与社会生产力发展水平以及政府的"公益目标"相关。

公共产品理论所坚持的公共产品的"公益性"本质和满足人的全面发展的目的，以及坚持公共产品供给的政府主导型原则与公立医疗机构定位、药品以及集中带量采购的属性十分吻合。因此，本书拟基于马克思的公共经济思想以及公共产品理论，尤其是关于准公共产品的理论研究成果，分类探究药品、集中带量采购药品、集中带量采购的属性问题，以相关结论为基础进一步分析构建和完善药品集中带量采购价格机制的必要性和紧迫性。

（五）均衡价格理论

1. 均衡价格理论的主要内容

均衡价格理论主要包括马歇尔的局部均衡价格理论、瓦尔拉斯的一般均衡价格理论和舒尔茨的动态均衡价格理论等。典型代表是马歇尔的局部均衡价格理论（洪远朋，2010），其内容丰富、体系庞大，在西方价格理论中占据重要地位。均衡价格理论的主要内容如下。

第一，一般均衡价格理论。一般均衡价格理论假定各种商品的价格、供给和需求是相互作用、相互依存的。只有当市场上所有的商品供求均衡时，才能确定商品的价格，即各种商品价格的形成与供求均衡是同步实现的（吴遵杰和陈勇，2016）。瓦尔拉斯（1989）强调"市场，它不断地走向平衡"，他提出的一般均衡价格模型一共包含四套方程式，即商品的市场需求方程式、资源的需求方程式、商品的供给方程式和资源的供给方程式（吴易风等，2009）。后来，帕累托创立了序数效用论，认为商品的效用无法用具体数字计量，但可以用第一、第二、第三等序数进行排序来比较两种商品的效用大小，同时帕累托还推演出"无差异曲线"等内容，进一步发展了一般均衡价格理论（洪远朋，1989）。

第二，局部均衡价格理论。局部均衡价格理论的主要观点包括需求价格理论、供给价格理论、均衡价格理论和市场机制等。马歇尔的均衡价格理论强调"商品的价格是由商品的需求和供给决定的"（黄海天和尹伯成，2009）。一方面，马歇尔在研究需求价格理论时，运用效用函数、商品需求价格递减规律、需求规律和需求曲线、需求的价格弹性、消费者均衡和消费者剩余等内容进行分析（李翀，2000），他指出买方的边际效用决定商品需求价格。另一方面，马歇尔在研究供给价格理论时，主要通过真实成本和货币成本，供给规律和供给曲线、供给弹性、短期和长期，固定成本和变动成本等方面进行研究（洪远朋，1989；吴易风等，2009），他指出"生产费用就是商品的供给价格"（马歇尔，1981），

马歇尔的均衡价格理论建立在完全竞争市场的前提假设下，强调商品的均衡价格由商品的供需双方共同决定，"当需求价格等于供给价格时"（马歇尔，1981）的产量即均衡产量，均衡点对应的价格即均衡价格。一旦供给曲线或者需求曲线产生移动便会出现新的均衡点。马歇尔根据时间的长短，将均衡分成三种情况：一是暂时均衡，这个阶段时间过于短暂以至于厂商来不及调整自己的产量，因而均衡价格主要取决于需求；二是短期均衡，这个阶段厂商可以调整自己的可变生产要素，消费者也可以改变自己的需求量，因而均衡价格由供给和需求共同决定；三是长期均衡，厂商可以改变厂房、机器设备等来调整生产规模，因而均衡价格主要由供给决定。马歇尔提出了产量调节机制，他将产量视为自变量、价格当作因变量，认为市场失衡的根源在于产量失衡。希克斯（John R. Hicks，1937）提出 IS−LM 模型，探讨产品市场和货币市场失衡的原因以及它们如何走向均衡。1939 年，希克斯出版《价值与资本》一书，重点阐述了"序数效用"和"无差异曲线"并对均衡价格理论进行了修正，这在西方经济学中影响重大。

2. 均衡价格理论在药品集中带量采购价格机制中的运用

首先，均衡价格理论中商品价格如何由供求均衡决定的理论，对于研究药品集中带量采购价格运行机制具有重大的指导意义。本书坚持以

马克思的劳动价值论为基础，并积极吸纳均衡价格理论的合理部分，认为药品集中带量采购价格运行机制是一个动态的机制，如果出现运行障碍首先表现出来的便是药品供需失衡。因此，书中建立了行之有效的药品供给量、需求量的动态调整机制去修正供需结构的失衡。其次，均衡价格理论中的序数效用理论，为研究药品集中带量采购价格机制中四元价格主体的行为选择逻辑和实施"激励相容"的多方利益协同机制提供了理论支撑。

（六）利益相关者理论

1. 利益相关者理论的主要内容

"利益相关者"一词最早出现在 20 世纪 20 年代一位经理的就职演讲中，而利益相关者理论是从 20 世纪 60 年代的西方国家逐步建立起来的，在 80 年代后真正发展壮大。利益相关者理论突破了传统"股东至上主义"企业主流管理理论的限制，倡导研究利益相关群体在企业中的重要地位和作用（盛亚和鲁晓玮，2021）。利益相关者理论认为企业发展需要所有利益相关者的共同参与，利益相关者在分担企业经营风险、监督企业生产经营过程、约束企业行为等方面发挥了重要作用，因此企业在做出经营决策时应该综合考虑整体利益，而非片面追求股东利益最大化。随着市场经济的快速发展，利益相关者理论逐渐被社会治理、管理学等学科吸收和借鉴，成为研究组织行为目标和公共政策的重要理论（乔大丽，2020）。利益相关者理论的主要内容如下。

第一，利益相关者的定义和特点。"利益相关者"的经典定义由 R. Edward Freeman 于 1984 年提出，他认为"利益相关者指能够影响组织目标的实现或被组织目标的实现所影响的个人或群体。"Freeman 除了对其基本概念、主要特征做了详细的论述之外，还从战略管理视角分析了利益相关者对企业可持续健康发展的重要作用。后来 Jones 和 Collins 等在利益相关者理论研究过程中普遍同意企业是由利益相关者共同组建的以营利为目的的经济组织，因而企业发展目标应该是为所有利益相关者增加利益，企业和利益相关者之间是一种利益共享、责任共担的关系。

第二，利益相关者的分类。早期学者主要采用"多维细分法"，代表人物有 Freeman 和 Clarkson 等。Freeman（1984）从所有权、经济依赖性和社会利益三个角度将利益相关者细分为三类：企业的股东、雇员、消费者等交易伙伴；政府相关部门、环保主义和媒体等压力集团；自然环境和子孙后代等受到直接或间接影响的客体。Clarkson 于 1994 年和 1995 年先后提出过两种代表性的分类方法：一是根据参与者意愿分为自愿的利益相关者和非自愿的利益相关者，二是根据相关群体和企业的密切联系程度分为一级利益相关者和二级利益相关者（王立君，2009）。这一时期的分类方法虽然丰富了利益相关者理论，但实际操作性不强。Donaldson 和 Preston（1995）主张的工具性研究、描述性研究和规范性研究则进一步丰富了利益相关者理论的研究范式和方法。直到20 世纪 90 年代，"米切尔评分法"的出现弥补了实际操作性不强这一缺陷。Mitchell 等（1997）根据合法性、紧急性和权力性三个属性给潜在的利益相关者打分，然后根据分值高低进行分类。"米切尔评分法"由于逻辑清晰，操作简单，成为目前利益相关者分类最常用的方法之一（陈宏辉和贾生华，2004）。

第三，利益相关者理论的主要运用领域。20 世纪 90 年代，国内学者开始关注和研究该理论。杨瑞龙和周业安（1998）认为一个有效率的企业治理机构应该摆脱"股东至上"逻辑，建立权责统一前提下的利益相关者之间的长期合作关系。陈宏辉和贾生华（2004）从主动性、重要性、紧急性三个维度对我国企业的利益相关者进行研究，并将它们划分核心、蛰伏和边缘利益相关者三类。王立君（2009）从利益相关者视角出发，研究如何构建企业社会责任体系。近年来，学者们开始将利益相关者理论引入医药领域研究之中。许光建和苏泠然（2019）认为药品价格涉及药品生产企业、流通企业、医疗机构、医保部门和患者五大利益主体，并利用利益相关者理论的分析方法研究了新时代药品价格形成机制。乔大丽（2020）在利益相关者理论视域下重点研究了我国药品安全社会共治问题。于良春和刘慧敏（2020）基于利益相关者理论分析了医疗公平和中国医疗体制改革问题。

2. 利益相关者理论在药品集中带量采购价格机制中的运用

利益相关者理论的核心要义是企业发展需要利益相关者的积极参与，因而企业在做决策时应该综合考虑利益相关者的整体利益而非自身利益。药品集中带量采购价格机制需要在利益相关者的密切配合、通力合作下，实现社会资源的有效配置。因此，利益相关者理论所倡导的利益共享、责任共担、合作共赢思想，以及搭建利益相关者参与企业经营管理的平台等建议与药品集中带量采购价格机制高度契合。药品集中带量采购价格机制涉及的利益相关者的利益诉求复杂，多方博弈势必会影响价格机制的科学合理构建。利益相关者理论为本书破解药品集中带量采购价格机制中利益相关者的利益博弈和行为决策问题提供了一个可供借鉴的理论框架和分析范式。本书根据药品集中带量采购价格机制中利益相关者价值取向和利益诉求的不同，将之分为政府、企业、医院和医生、患者四类，并以此为基础寻求利益相关者在利益诉求上的共通性、关联性，发挥政府和市场的作用，探索构建合作共赢、激励相容的良性药品集中带量采购价格形成机制和运行机制。

第二章 药品集中带量采购价格机制的
逻辑起点和分析框架

本书研究的是药品集中带量采购价格机制，但立意的核心是药品以及与药品关联的生产关系及其价格表现。在药品集中带量采购走向制度化、常态化的新背景、新形势下，要进一步解决我国医疗资源发展不平衡不充分问题、促进劳动力再生产、助力实现共同富裕，找准新痛点、破除新难点、促进新发展，我们必须回归到药品、集中带量采购的本质属性。因此，从源头上把握药品的属性构成了研究药品集中带量采购价格机制的逻辑起点，只有把握了药品、集中带量采购药品以及集中带量采购的本质属性，才能充分认识到集中带量采购药品定价的特殊性，才能准确把握集中带量采购对药品价格机制的作用机理，才能构建起集中带量采购制度设计下药品价格机制的理论分析框架（如图 2-1 所示）。

一 基于马克思主义劳动价值论的药品商品属性分析

药品作为一种商品，既具有普通商品的共性，即使用价值和价值；又因极强的生命关联性，具有普通商品不具备的特性。药品的特性不仅在于药品独特的使用价值，即能够预防和治疗疾病，帮助人民群众维持或回归健康状态的特殊功效；而且在于药品价值和价值量独特的形成方式。

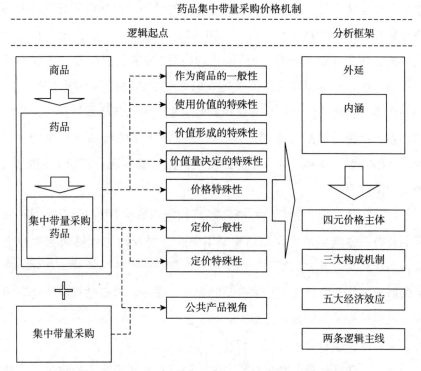

图 2-1　药品集中带量采购价格机制的逻辑起点和分析框架

（一）药品作为商品的一般性

《资本论》第一卷开篇就介绍了商品的二因素：使用价值和价值。马克思指出任何商品都是使用价值和价值的统一体，那么药品作为一种商品，自然具有使用价值和价值双重属性。

1. 药品具有使用价值属性

"物的有用性使物成为使用价值。"① 马克思强调使用价值依赖于物本身而存在，不能脱离商品体，使用价值必须在使用或消费中才能得到实现。由于商品的使用价值是能够满足人们的某种需要，而人类的需要具有不同的层次，生产和生活必需品和非必需品在满足人们需要的过程

---

① 《马克思恩格斯文集》（第五卷），人民出版社，2009，第48页。

中重要性显然不等。也就是说，不同商品的使用价值具有差异性，并不能够相互替代（刘凤义和陈胜辉，2018）。马克思曾明确指出"作为使用价值，商品首先有质的差别"①。这种质的区别主要体现在不同商品使用价值在不同环境和阶段下满足人们需要的紧迫性和必要性差异上。药品作为一种商品，必然具有使用价值属性。由于药品是具备一定的物质形态，严格遵照配方比例和生产流程生产出来的具备疾病预防、治疗、诊断功效的物品，因此药品的使用价值主要体现在满足人们防病、治病的需要上。

作为商品，和普通商品一样，药品的使用价值具有一般性。第一，药品具有质量高标准性。药品安全事关人民群众的身体健康和生命安全，因此药品应具有高质量、高标准，这是社会对药品的基本认知。药品的质量高标准性客观上要求药品的生产、流通、消费过程中每个环节都应该遵循相关的国家质量标准，确保药品在进入市场时必然符合安全性、有效性和质量可控性三个标准。

第二，药品具有品种多样性。随着医疗技术手段的不断进步，全社会健康意识的不断强化，更多的疾病在初期已经可以实现"早发现、早预防、早治疗"，同时对于一些疑难杂症及重症，治愈率也显著提高，其中很大一部分原因有赖于药品的多样性不断得到扩展。药品品种的有效丰富有助于全社会医疗服务的不断升级迭代，越来越多的药物品种、更多的药物性质、更加多元化的药品规格都是对药品使用价值的极大增益。我国药品种类繁多，即使是同通用名的药品，生产厂家、价格也可能不同，药品品种的多样性背后是使用价值及价值的差异，是品牌知名度、销售渠道定位、销售广告、包装等多重因素的交织叠加。

第三，药品使用具有时限性。药品的使用时限性指药品使用有特定的时间限制。药品使用时限包括有效期和使用期两种，前者指在指定的存储条件下，能够确保药品质量不变的期限，通常清楚明了地标注在药

---

① 《马克思恩格斯文集》（第五卷），人民出版社，2009，第50页。

品外包装上；后者指药品在开启后有使用期限制，使用期多是针对多剂量包装药品。多剂量包装药品包含多次给药剂量，无法一次性使用完全，但这类药品一旦开启，药品的稳定性便会受到破坏从而需要在较短的期限内使用完毕。如珍视明四味珍层冰硼滴眼液的有效期是两年，但开盖后使用期只有 15 天。所有的药品都要在使用时限内使用，才能确保药品的安全性和有效性。一旦过期就很可能引发药品质变，导致"治病药"演变成"致病药"，坚持贸然使用可能危及人们的身体健康和生命安全。因此，要真正体现药品的使用价值需要遵循严格的用法和用量标准。

2. 药品具有价值属性

商品价值实体是凝结在商品中无差别的抽象人类劳动。商品价值量"是用它所包含的'形成价值的实体'即劳动的量来计算"[①]。商品的价值量与实现在商品中劳动的量成正比，与这一劳动的生产力成反比。[②]药品作为一种商品，凝聚了劳动者大量的劳动时间。但不同类型药品耗费的社会必要劳动时间不同，其价值量也就存在差异。对于创新药而言，由于需要极长的时间反复试验、试错、验证才能最终面世、投入临床使用，因此这类药品需要极大无差别的抽象人类劳动投入，其价值量往往较高。对于大部分仿制药而言，生产技术比较成熟、市场接受程度比较高，所需要的无差别人类劳动时间相对较少，价值量也较低。

价值是交换价值的基础，使用价值需要通过商品交换在消费过程中得到实现。那么作为一种商品，药品的生产企业需要通过参与市场交换让渡药品的使用价值才能最终获得药品的价值。在交换发生之前，药品只能算成一种潜在的商品，当通过交换产生消费时，药品才真正成为商品。"交换价值首先表现为一种使用价值同另一种使用价值相交换的量

---

① 《马克思恩格斯文集》（第五卷），人民出版社，2009，第 51 页。
② 《马克思恩格斯文集》（第五卷），人民出版社，2009，第 53~54 页。

的关系或比例"①，"作为交换价值，商品只能有量的差别"②。因此，不同疗效的药品有不同的交换价格。疗效越好的药品往往具有越高的交换价格，疗效越差的药品其交换价格越低（陆瑜，2011）。

（二）药品使用价值的特殊性

由于药品具有极强的生命关联性，药品的使用价值对于维护人们的身体健康和生命安全，以及劳动力再生产具有至关重要的作用，因此和普通商品相比，药品的使用价值具有极大的特殊性。

第一，功效专属性。药品使用价值的特殊性首先表现为药品的功效专属性。药品的使用价值主要体现为满足人们治病救人、恢复健康的需要。但是不同种类的药品主治功能和适用症状并不相同，只有对症下药才有可能达到预防、治疗疾病的功效。药品的功效专属性是指每种药品因成分、结构、性状、规格、剂量等自然特性不同，主治功能和基本疗效也会出现显著差异，不同疾病需要不同的药品进行治疗。药品功效专属性是相对于药品功效万能性而言，世界上并没有包治百病的万能药，只有分门别类、专治特定疾病的专属药品。同时，药品发挥药理疗效的机制十分复杂，除了参考药品的自然特性以外，还需考虑药品使用过程的科学合理性。药品的科学使用离不开医生作为专业技术人员对患者症状的综合评判，医生最终确定的治疗方案与药品功效专属性的作用紧密相连。患者在经医生诊断后，遵照医嘱按时按量使用药品，方可能实现药到病除。

第二，信息不对称性。在医药市场中，由于医学和药学具有较高的知识壁垒，医患双方所获取的疾病诊断和治疗方面的药品选择和配置方案等相关信息是有差异的，这种医患间的信息不对称是药品使用价值的重要特征。相较于普通商品的选择权在消费者自己手中，药品并不是一种可供消费者独立选择使用的商品，药品选择背后是专业医

---

① 《马克思恩格斯文集》（第五卷），人民出版社，2009，第49页。
② 《马克思恩格斯文集》（第五卷），人民出版社，2009，第50页。

学和药学理论知识的支撑。每种药品的药理、化学、生物等特性极其复杂，处方药的组合搭配、用药时间和数量标准具有很强的专业性和技术性，需要综合考虑年龄段、病情程度、过往病史等众多因素。信息掌握匮乏的患者仅凭药品使用说明书或者简单信息检索很难实现自行开药配药，因而只能委托信息掌握充分的执业医生或药师代理选择药品和治疗方案（孙利华，2013）。因此，药品使用价值的信息不对称催生了药品的选择代理性。患者作为委托人，由于医药知识不足，往往无法判断治疗方案是否最优，只能被动地成为付费者，处于不利地位。而执业医生或药师作为代理人掌握了绝对信息优势从而处于有利地位。医患之间的信息不对称和委托代理关系在现实中极易引发过度医疗和不尊重患者"知情权"等行为。过度医疗是指医生为了自身利益，提供和推荐给患者的医疗服务超过信息对称时的医疗服务。不尊重患者"知情权"指医生由于长期拥有关于医药信息的绝对垄断优势，形成"以医为尊"思维，对患者的咨询十分敷衍，不详细交代具体的治疗方案。过度医疗和不尊重患者"知情权"是导致医药资源浪费和诱发医患纠纷的重要动因。

第三，需求迫切性。药品使用的需求迫切性是由药品使用价值延伸而来的一种特殊属性。药品使用的需求迫切性指在药品供给、使用上具有紧迫的时间要求，患者疾病症状缓解或治愈与及时获取药品使用价值高度关联。当人们健康受损时，是否需要紧急用药以及能否做到紧急用药既取决于医生的诊疗，也取决于药品生产企业与医院的药品供应关系。如果药品生产企业与医院及医院与患者之间未就使用价值的交换达成一致，则需求迫切性受到影响。尤其是在急救、中毒、疫情等紧急情况下，医生的科学救治和药品的及时、精准使用，往往能使患者转危为安；相反，若是急需药品缺乏则极有可能使患者再度陷入险境，危及生命安全。因此，"药品等人"应该成为一种常态，"人等药品"不符合医药卫生体制改革深化的目标要求。药品使用的需求迫切性客观上要求医疗机构实时储备临床迫切需求的各类药品，也要求药品生产企业应做到保质保量供应，这已经超越了商品使用价值的范畴，而是由使用价值的特殊性延伸出的独特社会关系。

第四，作用双重性。药品的作用双重性是指药品的使用价值是一把"双刃剑"，科学、合理、精准地使用药品可以顺利发挥药品防病、诊病、治病的作用；滥用、乱用、错用药品则可能引发不良反应，不但无法治愈疾病，甚至可能引发新疾病。相较于可替代性较强的食品和服装等普通商品，药品的使用价值替代性较弱，加之药品功效专属性的特征，对治什么病用什么药有严格的要求，不能随意更替，因此在药品选择过程中要充分考虑药品使用中大概率出现的毒副作用，并尽可能避免。

（三）药品价值形成的特殊性

药品是包含大量医学和药学知识的技术商品，每一种药品的成功上市背后既有数十年艰辛探索、反复实验不断试错的科研技术支撑，又有按照一定的配方和生产工艺组织生产的生产技术支撑。因此，药品价值形成过程是药品创造研发过程和药品批量生产过程的统一，两者相辅相成、密不可分。药品价值形成的特殊性便在于此。

1. 药品价值形成是复杂劳动和简单劳动的统一体

药品是研发和生产过程相结合的产物。首先，药品的创造研发过程涵盖大量的高级复杂劳动，其价值形成需要倍加的简单劳动。马克思认为，高级复杂的劳动"是这样一种劳动力的表现，这种劳动力比普通劳动力需要较高的教育费用，它的生产要花费较多的劳动时间，因此它具有较高的价值"[1]。对于药品尤其是专利药、原研药等创新性药品来说，参与研发的科研工作人员需要较高的教育培养费用，而不是基于简单、短期的技能培训就能培养出来的；这些科研工作人员的劳动力价值极高，在从事高级的复杂劳动时能够在相同的时间内创造数倍于一般生产

---

[1] 《马克思恩格斯文集》（第五卷），人民出版社，2009，第230页。

劳动创造的价值。同时，药品价值蕴含大量相关劳动的价值转移。不仅如此，一种新型药品尤其是具有重大科研突破的药品诞生，是建立在前人相关基础研究和多次应用研究失败基础上的结果，这些前人在药品研发中所有的劳动耗费，都可能包含在最后的新药价值之中（杨继瑞，2006）。其次，药品的批量生产过程包括大量的简单劳动。对于已经研发成功且生产工艺成熟的仿制药来说，药品是工业化、流水线作业的产物，这一过程并不复杂，而是同一劳动的多次重复。

综上，药品价值形成过程既包括药品研发过程凝结的大量脑力劳动和体力劳动这类复杂劳动，又包括药品生产过程中耗费的一般人类劳动这类简单劳动。

2. 药品价值形成过程具有高风险性

药品价值的实现相较于一般商品价值的实现具有较高的研发风险和市场风险。一方面，药品价值实现的研发风险指在新药研发过程中，研发机构已经投入巨额研发费用和人力资本，但由于现有技术水平、科学知识水平等条件限制而不能攻克技术难题，导致新药研发失败的风险。众所周知，新药研发是一项周期长、技术难度大、投入费用高的系统工程，研发企业不仅需要在研发过程中投入大量的研发费用，而且要承担政策风险等不确定性风险。美国发布的统计数据显示，每种新药的研制上市周期平均达到13年左右，投入的直接成本在1.1亿美元左右，加上研究和开发的时间成本，可能高达2.3亿美元（胡善联等，2006）。2020年新华网对新药研发的时间和成本进行了专题研究报道，清华大学药学院院长丁胜指出整个新药研发过程需要10～15年的时间，需要投入的成本在10亿和15亿美元之间。[①] 另一方面，药品价值实现的市场风险指在新药研发成功并进入市场后，新药不被消费者接受、疗效不达预期，导致新药价值无法顺利实现的风险。也就是说，新药在研发成功后仍然需要经受市场的考验，能否被患者接受从而收回成本还是未知

---

① 《人工智能助力有望减少新药研发成本和时间》，新华网，http://www.xinhuanet.com//tech/2020-01/23/c_1125498414.htm，2020年1月23日。

数。因此，药品价值形成过程中的高风险性，客观上要求在药品价格中体现相应的风险补偿。

（四） 药品价值量决定的特殊性

商品的价值量是由生产商品所需要的社会必要劳动时间决定的。"社会必要劳动时间是在现有的社会正常的生产条件下，在社会平均的劳动熟练程度和劳动强度下制造某种使用价值所需要的劳动时间。"①因而，作为一种商品，药品的价值量是由生产药品所需要的社会必要劳动时间决定的（宣亚南等，2000）。但是由于药品是一种技术商品，其价值量的决定和普通商品不同，在此根据药品是否具有独创性来分别探讨药品价值量形成的特殊性。

第一，专利药和独家药价值量决定的特殊性。首先，由于专利药具有独创性，即使多家药企同时进行研发，最终也只能由最先研发成功并拥有专利的药企向市场独家销售。同理，独家药也具有独创性。由于专利药和独家药等独创性药品没有替代品，故而决定独创性药品价值量的社会必要劳动时间就是市场认同的个别劳动时间。市场认同的个别劳动时间指最先研发成功并拥有专利或者独家上市的药企生产该药品所需要的全部时间（周春和蒋和胜，2006）。也就是说，专利药和独家药的个别劳动耗费决定其价格的高低，否则药品研发的大量前期投入得不到补偿，药品研发技术将停滞不前，在长期中对人类的身体健康和生命安全以及劳动力的再生产造成不利影响。

第二，非独创性药品价值量决定的特殊性。虽然原研药、首仿药以及其他的仿制药也具有一定的研发费用投入。但由于这些药品在医药市场上同通用名的生产企业众多，市场进入壁垒较低，各个药品间成分和质量差异较小且替代性较强，因此决定非独创性药品价值量的社会必要劳动时间仍是社会平均劳动时间。通常而言，非独创性药品

---

① 《马克思恩格斯文集》（第五卷），人民出版社，2009，第 52 页。

在价值规律的作用下，竞争越充分，生产效率越高，价格越低。

二　基于马克思公共经济思想的药品公共属性分析

药品作为商品具备商品的一般性，同时也具备使用价值、价值形成等方面的特殊性，这种一般性与特殊性同样适用于从马克思公共经济思想视角对药品的公共属性的分析。药品作为普通商品，适用于公共属性的一般分析框架，但由于药品使用价值的特殊性以及医疗保障制度的介入，药品的公共属性具有特殊性，加之集中带量采购这一特殊服务形式的应用，使集中带量采购药品的公共属性更加典型。

（一）医保制度外药品公共属性的一般性

将药品作为普通商品置于一个无医保制度的市场环境下，药品所具备的公共属性具有一般性。

1. 药品的私人产品属性与政府购买药品的公共产品属性

在不考虑医疗保障制度的情况下，消费者想要获取药品的使用价值必须自行付出相应的货币给药品卖方。因而，单从消费者需要自费的角度来看，药品便不属于布坎南所定义的公共产品，同时药品的自付费机制可以轻易地将支付能力不足的消费者排除在外。由于药品是一次性使用商品，一旦被某一消费者购买并使用，就不可能被其他人再次消费，所以药品在消费上具有竞争性（李洪超，2009）。购买的药品所产生的治病、防病、诊病效用，往往也归消费者单独所有（治疗传染病、流行性疾病的药品除外），能够产生社会效用的药品很少，也就是说大多数药品在效用上是可分割的（彭翔，2012）。因此，在不考虑医疗保障制度的前提下，就药品本身而言它不具有公共产品特性，反而更倾向于私人产品。

在不考虑医保制度的前提下，药品具有明确的私人产品属性，但从政府履职担责的角度来看，为了强化疾病防控、提高基础健康水平，出于公共卫生管理的需要，由国家或者地方政府财政统一支付并免费发放给特定群体的药品又带有很强的公共产品特性。首先，从供给主体来看，政府免费发放的药品在研发、生产、储存、运输的过程当中都会有成本，企业可根据自身定价策略自主定价。政府相关部门也会在尊重市场交易规则的基础上，按照相应程序向企业采购，然后统一免费发放给适宜群体，可见企业自主定价和政府免费发放是不矛盾的。这符合布坎南（1993）提出的公共产品应该是"任何集团或社团因为任何原因通过集体组织提供的商品或服务"的定义。其次，政府免费发放药品的供给数量在绝大多数情况下十分充足，能够满足社会成员的需要，即使是存在阶段性供需结构失衡也能在短时间内解决问题，不存在使用上的竞争性问题。再次，政府免费发放药品的消费成员在使用时往往彼此独立、互不干涉，符合药品发放条件的对象均可以领取，也不存在排他性问题。最后，政府免费发放的药品往往对于流行性、传染性疾病的预防、治疗，保障公民的健康水平有显著效用，在全社会具有正外部性，具有效用的不可分割性。因此，政府免费发放的药品可以定义为公共产品。

综上所述，从供给主体（付费对象）、受益的排他性、消费的竞争性、效用的不可分割性角度分析，在不考虑医疗保障制度的前提下药品属于私人产品，其中政府出于公共卫生管理的需要，统一采买、免费发放的药品是不折不扣的公共产品。

2. 药品使用价值的特殊性与"公益性"推动药品的属性转换

药品在使用功效、使用时效等方面均具有极强的特殊性，更为重要的是药品的可及性与可负担性直接关系劳动力再生产过程，因此虽然从竞争性、排他性以及效用性来看，药品本身具备私人产品的属性，但是药品的"公益性"以及社会发展的公平性要求药品从私人产品属性向准公共产品属性转换。

马克思的公共经济思想中体现的商品的公共性与其本身属性的关联性在本质上要求我们要高度关注、充分审视药品作为商品的一般性与特殊性，正是因为它作为商品的一般性与特殊性决定和影响着其公共属性。同时，从政府职能的角度来看，药品的"公益性"要求政府更加有为地关注社会公共利益。肖卫东和吉海颖（2014）在研究了准公共产品的竞争性、排他性条件之后，认为"社会性"才是准公共产品的本质属性，即准公共产品的本质是消费者福利的持续改善和增进，在此基础上定义了包容性增长视角下准公共产品的三个方面内涵，即准公共产品"核心是机会平等和成果共享""供给重点是创造大量就业和发展机会""排他性机制设计必须以社会公平与机会平等为基础，努力革除低收入、弱势群体在准公共产品消费时的非包容'排斥性'"。笔者高度认可他们所倡导的准公共产品三个层面的内涵，认为其本质是对准公共产品"公益性"的延伸，是对党和政府为人民服务宗旨的一种呼应。从药品领域来看，充分理解并推动三层内涵的实现，更是实现持续减轻群众负担、促进企业创新发展、净化医药行业环境、提高医保基金使用效能、助力医药卫生体制改革目标的应有之义。陈其林和韩晓婷（2010）分析认为，医疗产品属于经营型准公共产品，但医疗产品的排他性与竞争性与私人产品并无差异，这实际上也符合前文在不考虑医保制度的前提下药品属于私人产品的论断；医疗产品因与健康及生活水平的关联而更容易由于消费的非均质性而带来消费不足：一方面是因优质资源不足而导致的"看病难"，另一方面是因价格排他而导致的"看病贵"。这也体现了推动药品属性转换的难点所在。

不容否认的是，马克思客观指出了公共物品的实际供给主要与社会生产力的发展水平有关，同时马克思也描绘了教育、保健等需求随着社会生产水平提高逐步扩大的趋势，这意味着药品作为特殊的商品发生属性转换具有迫切性，但实施过程具有渐进性。通过前述分析，我们可以明确，从实现药品"公益性"、促进社会公平正义、增强劳动力再生产的机会均等性等多个角度来看，促进药品从私人产品属性向准公共产品属性的转换都极为必要，而且我们所需要的是真实的转换，而非是概念的转换。考虑到推动药品的属性转换可能面临的消费不足、过度消费、财政超支等现实问题，采用逐步转换的策略是当前的现实选择，医保制度的不断完善便是推动这一转换的重要方式。

（二）医保制度内药品公共属性的特殊性

医疗保障制度是减轻社会公众就医负担、提升人民幸福指数、维护社会和谐的一项重大制度安排，是一项基础性的公共服务事业。基本医疗保险制度作为医疗保险制度的一部分，为补偿疾病给人们带来的直接经济损失做出了重要贡献。截至 2021 年底，我国基本医疗保险参保人数达 13.64 亿人，参保覆盖面超过 95%，基本实现全民参保。[①] 基本医疗保险对药品的影响，主要是将部分药品加入《国家基本医疗保险、工伤保险和生育保险药品目录（2021 年）》（以下简称"医保药品目录"），通过改变药品的付费主体和支付方式，促进药品从私人产品属性向准公共产品属性的转换。

医保药品目录实行动态管理，最新版医保药品目录覆盖的药品达到2860 种，基本覆盖常见疾病用药。医保药品目录内药品分为甲类药品和乙类药品，两者的支付方式有所区别。[②] 虽然不同省份医保基金的承受能力有一定差距，但绝大多数省份的乙类药品由医疗保险主要承担支付费用（彭翔，2012）。比如 2021 年 3 月，云南省医疗保障局规定："'乙类药品'个人先行自付比例全省统一为 5%，全省城镇职工和城乡居民统一执行。协议期内谈判药品个人先行自付比例全省统一为10%。"[③] 医保药品目录外药品的费用仍是由消费者全额支付。但是药

---

① 数据来源：国家医疗保障局发布的《2021 年医疗保障事业发展统计快报》。
② 《基本医疗保险用药管理暂行办法（2020 年版）》指出："'甲类药品'是临床治疗必需、使用广泛、疗效确切、同类药品中价格或治疗费用较低的药品。'乙类药品'是可供临床治疗选择使用，疗效确切、同类药品中比'甲类药品'价格或治疗费用略高的药品。协议期内谈判药品纳入'乙类药品'管理。"另外规定，参保人使用甲类药品不需要设置自付比例，可以直接按照基本医疗保险规定的支付标准及分担办法支付；而使用乙类药品，省级或统筹地区医疗保障行政部门需要根据医保基金的承受能力，设定个人先行自付比例，再遵照基本医疗保险规定的分担办法支付。
③ 《3 月 1 日，2020 新版国家医保药品目录正式启用！》，云南省医疗保障局网站，http：//ylbz. yn. gov. cn/index. php？c = show&id = 1268，2021 年 3 月 1 日。

品一旦进入医保药品目录，药品的实际支付价格可按规定由医保（统筹）基金分担一定比例，即药费由参保消费者和医保基金联合支付。医保基金的资金来源较为复杂，根据 2020 年 3 月中共中央、国务院发布的《关于深化医疗保障制度改革的意见》的要求，我国基本医疗保险实行筹资分担和调整机制，就业人员参加医保由用人单位和个人共同缴纳费用，非就业人员加入医保则由个人缴纳费用，中央和地方政府按规定标准给予补助。因此，医保药品目录内药品由于医疗保险资金在消费环节的加入，其原本个人全额支付的私人产品属性发生转换；而医保药品目录外药品未受到基本医疗保险制度调节仍属于私人产品。

药品的"公益性"以及"社会性"是其一般特征，是它们从私人产品向准公共产品转换的本质要求，对于纳入医保药品目录的药品，竞争性以及排他性条件则可以通过机制设计的方式实现。

第一，在企业稳定供应的前提下，医保药品目录内药品（在医保基金承受范围内）具有消费的非竞争性。由于医保药品目录内药品由医保基金与个人联合支付，因此一般情况下药品是否存在于医保药品目录及医保支付标准、医保报销比例会对药品的销售数量产生影响。正常情况下，医保药品目录内药品的生产技术及流程比较成熟，供应能力比较稳定，在各地医保基金的承受能力达到极限之前，一个参保人消费使用医保药品目录内药品，不影响其他参保人消费，增加一个参保人消费并不会导致其他参保人在消费时福利受损，因而在这个前提下医保药品目录内药品具有消费的非竞争性。但是若出现超过医保基金承受能力的情况或者药品达到供给上限（或供给严重不足），随着使用人数的增加，医保药品目录内药品消费会呈现一定的拥挤性。因此，医保药品目录内药品消费的非竞争性又带有条件限制。

第二，同一参保体系下，医保药品目录内药品具有受益的排他性，但不排除医保体系覆盖范围及支付水平的差异。医保药品目录内药品对于同一参保体系的患者而言，具有相同的支付标准，药品作为单体供应的商品，通常只有购买药品并且使用药品的消费者才能获得药品价值，未购买者或者未参保消费者无法享用。同时，医保药品目录内药品也需要由医保基金及个人按照特定的比例分摊支付，个人自付比例制度可以排除不能负担自付比例的患者。比如，2018 年通过谈判进入医保药品目录的安罗替尼价格高达 3409 元/盒，能够轻易地将支付能力不足的患者排除在外，可见医保药品目录内药品在消费上具有排他性。

第三，医保药品目录内药品适用于所有参保人员，其效用具有不可分割性。医保药品目录内药品是为全体社会成员提供的，呈现共同受益性，不能直接将其拆分。在药品供应十分充足的情况下，参保消费者可以按照统一的规则及标准同时使用药品，既不会互相阻碍，也不会产生相互影响。毕竟药品不同于一般的商品，药品不是社会公众愿意主动消费的产品，即使药品纳入医保药品目录，一般也并不会产生社会大众对药品的竞争性购买行为。

综上，基本医疗保险进入消费环节后，药品的付费对象和支付方式被改变，由于基本医疗保险资金来源于社会统筹，用于保障全体参保人员的健康，因此医保药品目录内药品具备马克思所论述的"社会保障"功能，符合公共服务的范畴。但同时，医保药品目录内药品仍需患者自付一部分费用，在受益上具有排他性，因而它们不能当作纯公共产品而是准公共产品。

（三）集中带量采购药品公共属性的特殊性

根据前文的分析，本书已将药品分为政府免费发放药品、医保药品目录内药品、医保药品目录外药品三类，其属性分别对应为公共产品、准公共产品和私人产品。本书强调医保制度的实施是推动药品从私人产品属性向准公共产品属性转换的重要方式，而药品集中带量采购是加快实现药品属性转换的创新手段。要厘清集中带量采购药品的公共属性，需要对带量集采药品进行归类分析。

首先，带量集采药品不是政府免费发放药品。导论中文献综述部分对药品集中采购性质的探讨指出，药品集中采购的采购主体是公立医疗机构而非政府、采购资金不是完全由财政承担而是大部分来自社会统筹和私人支付、集中采购药品不在政府采购目录中不适用《政府采购法》（刘颖和王岳，2015）等特征，证明药品集中采购本身不是政府采购，那么由它延伸出来的药品集中带量采购也符合这一性质。同时，结合带量集采药品并非政府免费发放，而需要患者支付一定比例费用的事实，也可以将带量集采药品排除在政府免费发放药品范围之外。

其次，带量集采药品绝大部分属于医保药品目录内药品，但也存在小部分医保药品目录外药品。从顶层设计来看，《关于推动药品集中带量采购工作常态化制度化开展的意见》（国办发〔2021〕2号）划定了带量集采药品的范围："重点将基本医保药品目录内用量大、采购金额高的药品纳入采购范围，逐步覆盖国内上市的临床必需、质量可靠的各类药品"。《关于印发"十四五"全民医疗保障规划的通知》（国办发〔2021〕36号）下达了到2025年每个省区市药品带量集采（包括国家和省级带量集采）品种要超过500个的指标要求。可见，带量集采药品与医保药品目录内药品存在较大的重叠，但对于医保药品目录外但又具有极强"公益性"和"社会性"的产品，药品集中带量采购也要求做到应采尽采。因此，对于带量集采药品的属性要分为医保药品目录内和医保药品目录外两类分别进行探讨。

患者对带量集采药品的过度需求可能导致带量集采药品在消费上出现竞争和拥挤现象，这一现象最有可能出现在医保支付需求超过医保支付供给能力的时候，也即意味着在医保的可负担水平下，患者的增加不会影响到其他患者的药品需求。在此基础上，进一步扩充医保政策的覆盖面、增强医保的支付能力，也是降低产品拥挤度的一种尝试。但是一旦医保支付需求超过医保实际支付供给能力以及社会经济发展水平，药品使用上的拥挤成为必然，同时也说明带量集采药品具有消费上的竞争性。药品集中带量采购是政府基于现实需要和政府职能而开展的一项主动服务，医保政策是促进药品由私人产品向准公共产品转换的制度性安排，而药品集中带量采购则是进一步推动药品属性转换的关键举措。显然，医保制度内药品具有准公共产品属性，在医保药品目录内的带量集采药品也均属于准公共产品。

针对医保药品目录外的药品，无论是从药品的"社会性""公益性"来看，还是从药品集中带量采购来看，都不能将它们简单地定义为私人产品。从供给来看，虽然集中带量采购药品的直接供给方是药品生产企业，但集中带量采购的组织主体往往是政府相关机构或者政府委托的第三方机构，这些机构组织药品集中带量采购的过程其实也是政府履行职能或者落实政府职能要求的过程，其本身的目标就具有"公益性"和"社会性"。从需求来看，集中带量采购药品满足的是广大人民群众的一般性用药需求，需求具有广泛性，药品消费的非匀质性并不影响相同患者对药品的共性需求，因此集中带量采购药品在需求上具有"民本性"。从技术来看，集中带量采购以需求报送为前提，在真实的需求报送基础上具有非竞争性，而除了价格水平本身之外，在技术上或者受排除成本限制，主观排除任何人使用医保药品目录外的带量集采药品具有现实的难度，排他性较弱。从实践来看，药品集中带量采购与医保药品目录之间并不完全重叠，但二者在实践中有明显的趋同性：一方面集中带量采购的医保药品目录外药品往往较快便能纳入医保药品目录，另一方面医保药品目录内的药品原则上也都将被逐步纳入带量集采范围，因此药品集中带量采购与医保药品目录管理在对药品的属性影响上具有一致性。因此，医保药品目录外带量集采药品同样也具备准公共产品属性。

因此，我们认为带量集采药品无论是在医保药品目录内还是在医保药品目录外都可以定义为一种准公共产品。需要强调的是，医保药品目录内药品本身具有准公共产品属性，集中带量采购对于医保药品目录内药品而言是进一步强化了其准公共产品属性，从长远来看是加速了它们向公共产品的转换，集中带量采购对于医保药品目录外的药品而言是实现了它们从私人产品向准公共产品的属性转换，因此集中带量采购药品的公共属性具有双重性。

三　基于马克思主义价格理论的药品
定价共性和特性分析

药品定价行为是药品集中带量采购价格机制的重要组成部分，定价行为是否合理、规范直接影响价格形成机制的科学构建与否，影响价格杠杆的资源配置作用发挥与否。本节主要研讨药品定价的一般性和集中带量采购药品定价的特殊性。

（一）药品定价形式的一般性

在社会主义市场经济环境下，药品定价既需要像普通商品定价一样遵循价值规律、供求规律和竞争规律，又需要发挥政府在药品定价中的监督指导作用。在我国药品定价和普通商品定价一样，主要包括政府定价、政府指导定价和企业自主定价三种形式。

第一，政府定价。政府定价是指政府价格相关管理部门在遵循法律规定的基础上，根据定价权限和定价范围针对特定商品制定价格。政府定价带有明显的指令性、计划性和稳定性特点。在计划经济时期，医药市场实行统购统销，药品出厂价格、批发价格、销售价格都由政府统一决定。2009 年，政府定价仅针对国家免疫规划涉及的药品和计划生育药具。2015 年药品价格改革启动后，政府定价的麻醉药品和第一类精神药品，实行最高出厂价格及最高零售价格管理。一般而言，政府定价药品不区分生产企业而是根据通用名统一定价，并且以社会平均成本为定价基础，综合考虑社会经济发展水平、患者经济承受能力和药品价值等因素。

第二，政府指导定价。政府指导定价是指政府价格相关管理部门在法律授权的范围内，以规定基准价和浮动范围、差价率、利润率、最高和最低限价等方式，指导商品经营者制定价格。2009 年后，政府指导价格管理的范围调整为国家基本医疗保障用药、国家基本药品和部分生产经营具有垄断性的特殊药品，其他药品的价格逐渐转向由市场调节形成。2014年，国家发展改革委决定取消低价药政府制定最高零售价格。截至目前，药品领域仍采用政府指导定价的药品仅包括麻醉药品和第一类精神药品两类。我国药品政府指导定价在合理衡量社会平均成本的基础上，限定药品的最高零售价。

第三，企业自主定价。企业自主定价是指企业在遵守相关法律的前提下，可根据自身的成本耗费、市场供求情况和产品定位等多方因素自行决定和调整商品的价格。自2015年5月《关于印发推进药品价格改革意见的通知》（发改价格〔2015〕904号）发布以来，政府取消了绝大多数药品的政府定价，药品价格主要由市场竞争形成。此后市场逐渐在药品价格的形成中起到决定性作用，以市场为主的药品价格形成方式逐渐成形。国家医疗保障局于2019年下发的《关于做好当前药品价格管理工作的意见》则对这一系列思路明确了实施路径，强调企业定价应该坚持质价相符，使药品价格既能体现生产成本，又能反映市场供求关系。上述通知与意见为除了麻精药品之外的其他药品，提出了药品价格形成的市场化思路，指明了市场主导的药品价格形成机制的方向。在如何引导药品实际交易价格主要由市场竞争形成、支持企业自主定价方面，《关于印发推进药品价格改革意见的通知》给出了几条参考思路（如图2-2所示）。企业自主定价打破了国家统一定价的单一模式，增加了企业间的竞争机制，为发挥价值规律的调节作用创造了有利条件。

（二）药品定价方法的一般性

药品价格改革后，政府将绝大多数药品的定价权交还给企业。由于所面临的内外部环境和生产经营目标不同，各个企业的药品定价方法并不一样。目前，国内外广泛使用的药品定价方法主要包括以下三种（如表2-1所示）。

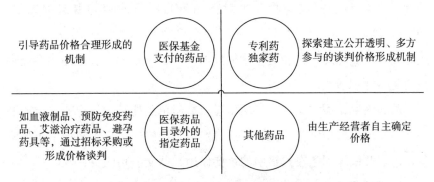

图 2-2　关于药品定价方式的思路

资料来源：《关于印发推进药品价格改革意见的通知》。

表 2-1　药品的主要定价方法

定价方法类别	具体定价方法		
成本导向定价法	成本加成定价法	利润控制定价法	边际成本定价法
需求导向定价法	需求差异定价法	认知价值定价法	
竞争导向定价法	通行价格定价法	国际参考定价法	

1. 成本导向定价法

药品成本导向定价法以药品成本作为定价基础。药品成本指药品生产、经营过程中所产生的所有费用，包括研发成本、固定成本、流通成本等。药品成本导向定价法可以进一步细分为成本加成定价法、利润控制定价法、边际成本定价法等（周春和蒋和胜，2006）。其中，成本加成定价法以药品单位成本为依据，加上一定比例的利润来制定药品价格，过去我国政府定价的药品大多采用此方法定价。成本加成定价法的基本公式为：

$$P = uc(1+r)$$

其中 P 为药品价格，uc 为单位药品成本，r 为预期利润率。

利润控制定价法通过规定药企的总利润来调节药品的价格。若药企的净利润不超过目标利润率限定的浮动范围，就可以维持原先的药品价格不变；相反，若超过就需要降低药品价格或者上缴利润超出部分。英

73

国就是利用利润控制定价法来对药品价格实行间接控制（许军等，2016）。边际成本定价法是让药品价格等于边际成本的一种定价方法。边际成本定价法对于创新药等初期投入大、边际投入小、产品生命周期长的药品并不适用。

总的来说，成本导向定价法由于核算简单且能够保障企业一定的利润空间，因此使用较为普遍，但这种定价方法的缺点在于忽视了市场竞争、供求关系等因素在价格中的重要作用，凸显一定的盲目性。

2. 需求导向定价法

药品需求导向定价法是以人民群众对药品的需求强度和药品价值评价为依据来制定药品价格的一种定价方法（唐圣春和张新平，2009a）。这种定价方法主要以药品在市场中的需求强度作为定价依据，一般而言需求越大，药品的价格越高；需求越小，药品价格越低。需求导向定价法可以细分为需求差异定价法、认知价值定价法等。

需求差异定价法指药企在细分市场的基础上，根据不同市场需求强度和需求弹性的差别，将同一药品以不同的价格进行销售，比如会员和非会员差别定价、批量差别定价和区域差别定价等。认知价值定价法是将消费者对药品价值的认知和价值判断作为定价基础。按认知价值定价的关键是树立良好的企业形象，提升药品的知名度，这样才能提高消费者对企业药品的认知价值。

药品需求导向定价法的优点在于充分展现市场需求状况，制定的价格也符合消费者预期并能获得消费者认可，但其实际操作难度大，需要定价决策者充分把握市场状况和自身产品定位，而一旦对消费者的需求动向预估错误就会面临失去市场或者收益锐减等严重后果。因此，使用药品需求导向定价法对企业的风险防范能力要求较高。

3. 竞争导向定价法

药品竞争导向定价法以同种药品市场竞争者的价格作为定价基础，综合考虑替代品质量、信誉、成本等因素制定药品价格。药品竞争导向定价法可细分为通行价格定价法、国际参考定价法。

通行价格定价法指将药品价格与行业同类药品一般或者平均价格保持一致的定价方法（周春和蒋和胜，2006）。国际参考定价法主要指选取一组参考国家，而后以已选中的参考国家里同类药品的平均价格、最低价格或者中位价格作为本国药品定价的参考标准（许军等，2016）。国际参考定价法在国际上已经得到广泛使用，该定价法对于创新药和仿制药都可适用，但在这一方法实施中需要注意以下两个方面。首先，注重国际参考定价法和其他药品定价方法的有机结合，构建一套完整、科学合理的药品定价策略。其次，选择合适的国家作为参考国家，在选择参考国家时需要充分考虑参考国家的经济发展水平、居民消费水平、药品价格体系、药品需求数量、药品购入的真实价格等。不同国家选择参考国家的标准不同。国际上普遍选用欧盟五个发达国家（英国、法国、西班牙、德国和意大利）。但部分国家以地理位置相邻和经济水平相似为选择参考定价国家的标准，比如哥伦比亚就选择了巴西、阿根廷、智利等邻近国家（胡善联，2013）。

药品竞争导向定价法的优点在于充分尊重市场，发挥价值规律的调节作用，这种定价方法是以市场中竞争的同类药品价格为定价的主要依据，适用于市场竞争比较激烈且多家药企同时生产的药品。但是这种方法需要全面调查竞争者的定价策略和定价信息，而且每个企业生产成本存在差异，高生产成本企业在激烈的市场竞争中处于劣势。

（三）集中带量采购药品定价的特殊性

带量集采药品定价是一种在公平公开充分竞争的市场环境中，由政府引导、市场主导的企业自主定价模式，因而带量集采药品定价具有一定的特殊性。

第一，成本是带量集采药品定价的基点，数量是带量集采药品定价的关键。企业是以营利为目的自主经营、自负盈亏的经济组织。带量集采药品定价首先要考虑的就是能够弥补企业的生产成本，预留合理的利润空间。只有建立在成本和合理利润基础上的定价才能维持企业生产和扩大再生产的动力。同时，由于药品集中带量采购价格机制是"招采合一、量价挂钩"的价格机制，企业为了获得远远超过分散采购销量的订单，在协议采购周期内通过提高产能来发挥规模经济效应和边际成本递减效应，愿意以低价换取批量。也就是说，带量集采药品的约定采购基数越大，企业越会在价格上让步。

第二，带量集采药品存在价格上下限。虽然在药品集中带量采购中，企业可以自愿参加、自主报价，但是为了增强全社会成员用药的可及性和可负担性，维护人们的健康权，政府这只"有形的手"需要对带量集采药品的定价进行价格监测与管理。政府的监测与管理主要通过设置带量集采药品价格上下限的方式来进行。一方面，带量集采药品的价格上限指带量集采药品定价不能超过药品带量集采文件中公开公布的最高有效申报价。对于最高有效申报价，部分省份根据全国带量集采最低中选价格和最低挂网价两者之间的低值确定，部分省份通过在测算药企平均生产成本后加上合理利润确定。可见，带量集采药品价格上限的设置有利于防止药价虚高，保障带量集采药品能够获得一定的降价空间。另一方面，带量集采药品的价格下限是带量集采药品的生产成本。正常情况下，企业不可能低于生产成本定价，但不排除部分企业为了击败竞争对手恶意降价。带量集采药品价格下限的设置有利于防止不正当竞争行为的发生，同时也能够为企业保留合理的利润空间，确保带量集采药品的质量和供应稳定，避免断供情况的发生。

第三，带量集采药品定价需综合考虑"三价合一"特性。在药品集中带量采购价格机制中，带有公共产品特性的带量集采成为连接药品需求方和供给方的纽带，药品中选后药企即可直接按照中选价与医疗机构签订采购协议，不需"二次议价""带金销售"和额外公关，因此中选价就成为医疗机构的采购价。在 2017 年我国取消了药品价格加成政策后，公立医疗机构销售药品不得再次加价，即公立医疗机构需按照采购价销售药品。综上，在药品集中带量采购价格机制中，带量集采药品中选价、采购价、零售价实现"三价合一"。因此，企业在定价时要充分考虑带量集采药品"三价合一"的特殊性，测算好药品的生产成本、销售费用、配送费用并加上适当的税收和利润来制定更加科学的申报价，而不能为了顺利中选、抢占市场而不顾及生产成本、盲目报价。

第四，同批次带量集采药品定价不允许区域间价格歧视。价格歧视指商品生产者在向不同的消费者销售同样质量、同样等级的商品或服务时，实行不同的销售价格。药品集中带量采购价格机制的一大特点是"联盟采购"，即联合多个省域的所有公立医疗机构的需求量形成垄断购买力来获取批量采购的规模优势。药品集中带量采购价格机制"化零为整"的思路客观上要求在药品定价时，对联盟区域内所有公立医疗机构一视同仁，不得因为医疗机构的采购数量多寡、配送距离远近而实行"三级"价格歧视。带量集采药品定价拒绝区域间价格歧视大幅增强了偏远地区群众用药的公平性和可及性。

四　集中带量采购在药品价格机制中的作用机理

（一）集中带量采购的公共服务属性分析

1. 基于马克思公共经济思想的集中带量采购属性分析

马克思关于"公共"物品的论述已经涉及政府提供公共服务的理论雏形。马克思指出国家的一个重要职能就是为全体居民提供各种公共服务。他认为公共物品由于直接创造收益的能力较弱，因此更适合由"国家承包商来经营"（但他也没有否认私人部门提供公共物品的权力）。随着社会生产力的不断发展，公共利益问题和社会矛盾不断凸显，需要政府提供某一项公共服务或者强化某一项公共服务来解决社会矛盾和问题的需求不断增加（高健，2014）。药品集中带量采购便是政府为了有效解决药品价格虚高问题、保障群众用药的安全性和可及性、净化医药行业市场环境、提高医保基金使用效能而提供的一项服务。

早期，药品集中采购施行的效果并不尽如人意，药品招而不采、医药腐败、药品供应不足、药品款项拖欠等问题屡屡出现，以至于药品集中带量采购长期以来并未真正发挥促进药品价格科学合理形成的作用。政府管理部门多头以至于权力越位与缺位并行、国家资源分散以至于不能统筹议价、公立医院垄断以至于招标沦为"空架子"等一系列问题都直接或间接地导致药品集中带量采购未能达成预设目标。随着我国"新医改"的不断推进，相关配套措施不断出台，尤其是国务院机构改革后国家医疗保障局整合原有分散的医疗保障资源，促进国家集中带量采购政策的落地试点及推广，药品价格形成不断向着预设目标迈进。因此，药品集中带量采购是政府基于职能和现实困境而开展的一项主动服务。

2. 基于西方公共产品理论的集中带量采购属性分析

在西方经济学中，一般将公共服务看作以服务形式存在的公共产品，具有非竞争性以及非排他性。同时，按照布坎南等学者的观点，若是只具有消费的竞争性，而不具有受益的排他性，我们就可以称之为准公共服务（Sandler, 2006）。但是单纯通过西方经济学中公共产品的非竞争性与非排他性来界定公共服务混淆了公共服务供给主体和责任主体，也忽视了公共主体多元化的现实。姜晓萍和陈朝兵（2018）将特定语境下的公共服务定义为政府履行的基本公共服务职能；主张通过"过程—结果"二维框架把握公共服务的形式属性，指出公共服务既包括活动、行为等公共服务的过程，也包括产品、服务、福利等静态的结果。在此结合西方公共产品理论再次对药品集中带量采购进行属性分析。

首先，药品集中带量采购是一项政府提供的服务，这个国家的每个公民都有权利享用，在基本实现全民医保的我国，在技术上很难将任何人排除在这项公共服务的受益范围外，也就是说我国的每个公民都可以从药品集中带量采购中受益（李洪超，2009），因而药品集中带量采购带有明显的受益的非排他性特征。其次，只要集中带量采购药品的供给数量和需求数量实现供需均衡，或者集中带量采购药品的供给数量大于需求数量，那么一名患者对集中带量采购带来的药品降价实惠的享受就并不影响他人享受集中带量采购带来的实惠，因此药品集中带量采购具有消费的非竞争性。再次，药品集中带量采购具有明显的正外部效应，即集中带量采购不仅能够显著降低集中带量采购药品的价格，还能产生溢出效应，促使集中带量采购外同通用名药品也适度降价。因此，药品集中带量采购在产生社会效用的同时，具有效用的不可分割性。最后，不同于美国，我国的药品集中带量采购既不需要药品供应企业缴纳合同管理费，也不需要参与的医疗机构缴纳会员费，而是由国家或者地方财政来负担它产生的全部费用。

综上所述，按照马克思的公共经济思想，药品集中带量采购是政府基于职能和现实困境而开展的一项主动服务；按照西方公共产品理论，药品集中带量采购具有受益的非排他性、消费的非竞争性、效用的不可分割性和成本耗费的财政补助性，因此我国药品集中带量采购应当被界定为公共服务，是以服务形式存在的公共产品。

（二）集中带量采购对药品价格机制的作用机理分析

如前文所述，集中带量采购是在集中采购基础上延伸和创新而来的"招采合一、量价挂钩"的采购模式，是政府基于职能和现实困境主动提供的一项公共服务。集中带量采购通过科学、精准地整合公立医疗机构分散的药品需求量，以契约形式约定采购周期和采购数量，并配合一系列支付、结算政策，在保证公平公正竞争的前提下通过"以量换价"的方式推动企业主动降价。集中带量采购是在新时代坚持以人为本、探索发挥医保基金战略性购买作用的基础上，实施的全新战略性采购模式。集中带量采购作为一种战略性采购模式并不以追求某一药品的降价为核心目标，而是在保证药品质量和疗效的前提下，通过在药品生产、分配、交换、消费等环节发挥规模经济效应、替代效应、专利悬崖效应、价格溢出效应和资源配置效应这五大经济效应来作用于生产关系，从而影响药品价格机制。本部分将围绕五大经济效应深入探讨集中带量采购对药品价格机制的作用机理。

1. 规模经济效应

规模经济效应指在一定时期内，在生产要素价格不变的前提下，单位生产成本随着企业生产经营规模的扩大而不断下降的现象。马克思曾强调："生产的规模越是随着预付资本量一同扩大，生产的全部发条也就运作得越是有力。"[1] 一般而言，企业生产经营规模的大小受到企业所占市场份额的影响，市场份额越大则越有动力扩大生产经营规模（Krugman，1980；张永峰等，2021）。

集中带量采购中规模经济效应的发挥是利用价格和产量反向关系原理和边际成本递减规律来实现的。第一，根据边际成本递减规律，集中带量采购通过整合分散的需求形成规模化订单，引导企业"以价换量"。即集中带量采购以公立医疗机构巨大、明确的采购份额为筹码，引导中选企业主动将因边际成本递减而带来的经济效益增长，以降价的形式让利一部分给消费者，最终让药企和患者都受益。第二，集中带量采购给予药品生产企业一个明确的采购周期和采购数量。中选企业在获得巨额采购订单后，能够快速分摊高额的研发成本、机器设备、厂房等固定成本；同时，采购数量和供应时间的明确，有助于企业制订更加科学的生产计划和建立更加智能的库存管理制度，实现单位药品储存及流通成本的最小化，从而促使企业在边际成本递减中提高经济效益（何锐等，2020）。第三，集中带量采购打通了流通环节的层层堵点，极大地降低了流通成本、交易成本和财务费用。集中带量采购有效连通招标、采购、供应、使用、回款等环节，企业在中选后便可直接按照约定价格和约定数量与医疗机构签订采购协议，不需要进行额外的营销。因此，集中带量采购减少了大量的中间环节，降低了流通成本和交易成本。同时，集中带量采购对药价回款有明确的时间要求，回款时间的保证能够大大减轻中选企业的财务负担。

---

① 《马克思恩格斯文集》（第五卷），人民出版社，2009，第703页。

2. 替代效应

替代效应指在收入水平不变的情况下，某种商品价格上升或者下降引起其替代商品需求量的变化。由于原研药价格高昂而仿制药价格相对较低，为了减轻患者负担以及倒逼原研药生产企业为争夺市场而降低药价，全世界大多数国家已启动仿制药替代原研药计划（de Jager and Suleman，2018）。2016 年，欧美国家仿制药替代率平均已经达到 75%，而我国仿制药替代率仅为 38% 左右（陈志洪和张洲驰，2019；陈烨等，2020）。集中带量采购利用价格机制和竞争机制推动了等效仿制药对原研药的替代。

国家组织的集中带量采购坚持降价不降质原则，对药品质量设置严格的入围门槛，所有申报药品须是原研药或者通过一致性评价的仿制药。入围后申报企业的药品不再划分质量层次，原研药也不再享受特殊待遇，原研药和仿制药平台竞争时价格竞争成为唯一竞选方式，而仿制药在价格竞争中无疑更占优势。不仅如此，药品集中带量采购还通过加强约定采购量、保证使用等配套措施，激励企业积极参与到带量集采中来。虽然，目前由于一致性评价进度缓慢等客观原因，并非所有区域联盟、省级联盟带量集采都将一致性评价作为质量门槛，但通过一致性评价的仿制药在带量集采中总有入围优势和评比加分。

综上，集中带量采购的一个重要功能便是将原研药和通过一致性评价的仿制药放在同一平台竞争比价，并通过将竞争结果直接挂钩销售数量的方式，加速等效仿制药对原研药的替代。同时，集中带量采购也可以利用价值规律，倒逼企业提高生产技术和创新能力，加速我国仿制药一致性评价进程。

3. 专利悬崖效应

专利悬崖指药品专利保护到期后，竞争企业开始销售该专利药的仿制药，从而导致专利药销售份额或市场利润下降的现象（刘友华等，2015；李瑞丰和陈燕，2017）。专利悬崖效应在制药市场中比较常见。欧盟委员会的一份报告曾预测，仿制药第一年的上市价格比专利药价格平均低 25%，其市场份额可达到 30%；入市两年后仿制药价格进一步下降到专利药价格的 40%，此时市场份额可达到 45% 左右。[1] 在欧美发达国家的处方药市场中专利悬崖效应比较明显，致使仿制药的销售数量占比高达 80%，专利药的销售数量仅为 20%。[2] 然而，在我国部分（非专利保护的）原研药仍保持较大的市场份额，其价格水平也一直居高不下，带量集采前并未形成有效的专利悬崖效应。如辉瑞制药生产的立普妥，2018 年在我国的销售额超过 100 亿元，市场份额达到 70% 以上（李蕴明，2019）。

集中带量采购通过整合市场需求形成买方垄断购买力，在约定购买数量、确保质量、保障回款的前提下与卖方进行价格博弈，试图以规模性的"团购"换取卖方在价格上的让步。由于集中带量采购取消了原研药的"超国民待遇"，原研药想要进入公立医疗机构销售需要和仿制药在同一平台竞争比价。故而，集中带量采购以庞大的采购份额为筹码，引导原研药生产企业为争夺公立医疗机构市场而主动降价。在实践中，国家先后组织的前 5 批药品集中带量采购中专利悬崖效应已初显，原研药价格最高降幅达到 91.71%，最低也实现了 42.86% 的降价幅度。[3]

4. 价格溢出效应

溢出效应指一个机构或者组织在从事某项活动时对外部事物产生的影响（丁存振和肖海峰，2019）。在集中带量采购中，公立医疗机构绝大部分的采购量将被中选企业分摊，而公立医院是我国药品最主要的销售渠道，占据了全国 80% 以上的药品零售额。这就意味着未中选企业只能主动降价去争夺小部分剩余市场以避免被淘汰。但是无论是民营医疗机构、零售药店还是公立医疗机构在采购药品时都将参考网上公示的带量集采中选价格。如果未中选企业的同种药品价格与中选药品价格差距

---

[1] Pharmaceutical Sector Inquiry Preliminary Report（https://ec. europa. eu/competition/sectors/pharmaceuticals/inquiry/preliminary_ report. pdf）.

[2] 《国家组织药品集采的逻辑原理和进展》，中国医疗保险网站，https://www. zgylbx. com/index. php? m＝content&c＝index&a＝show&catid＝10&id＝38923，2022 年 1 月 5 日。

[3] 根据上海阳光医药采购网公示中选结果表和公开出版物整理。

过大，它们就很难在激烈的剩余市场争夺中获胜，这便在无形中倒逼未中选企业降价，从而产生价格溢出效应。不仅如此，集中带量采购药品中选价格和医保支付标准协同的要求对未降价药品形成压力（胡善联，2021）。因为在收入水平有限的前提下，患者会优先选择价格和医保支付标准差距不大的等效药品，而非价格远超医保支付标准的药品。此外，目前全国大多数省份实行了集中带量采购药品价格联动政策。以四川省为例，如果在药品集中带量采购中已经挂网的药品产生新的全国最低挂网价或者中选价，则药品生产企业需要同步在四川省药械集中采购及医药价格监管平台上提交最新价格。可见，集中带量采购中价格联动政策的实施，增强了区域间中选价格的溢出效应。

综上，集中带量采购不仅会直接推动中选药品价格的大幅度下降，而且能够对未中选药品的价格产生溢出效应，从而推动药品价格总水平的降低。

5. 资源配置效应

资源配置效应是通过某种组织方式或者经济手段，使社会资源在各个经济部门之间根据社会的需要按照一定的比例进行分配，并使资源得到充分利用的经济效应。在社会主义市场经济条件下，生产资料和劳动力的分配比例主要依靠价格波动来调节，因而价格机制是调节资源有效配置的重要手段（周春和蒋和胜，2006；武士杰和李绍荣，2020）。集中带量采购促使资源在不同生产部门之间发生转移，通过鼓励和支持药品生产企业，去除中间环节，来调整不合理的层层批发结构；通过创造更加稳定的预期影响供求过程，促使投入集中带量采购药品的社会劳动总量和社会需要在该种药品中投入的劳动量保持大致一致，即推动社会生产结构和社会需要结构基本平衡。

第一，集中带量采购调节企业生产。在社会主义市场经济中，药品生产企业是具有自身经济利益的经济组织，在集中带量采购模式下每个药品生产企业都可以根据是否中选、中选后获得的市场份额来自动地配置资源，自发地调节生产，以实现供需平衡。集中带量采购以更加稳定的需求预期，引导企业围绕价格和质量展开竞争，在倒逼企业转型升级、提高药品质量的同时减少重复生产和经营。

第二，集中带量采购调节商品流通。商品流通需要以货币为媒介来进行商品交换，用公式表示为 W—G—W。集中带量采购既包含 W—G 药品卖的过程，又对 G—W 药品买（使用）的过程有引导作用。一方面，集中带量采购作为一座连接公立医院和药企的桥梁，挤压了流通环节的灰色费用空间，根治了"带金销售"的顽疾，帮助中选企业实现"药品的惊险的跳跃"。另一方面，又通过医保基金结余留用政策、公立医疗机构绩效考核等方式引导带量集采药品的使用。

第三，集中带量采购调节经济利益关系。集中带量采购药品价格的高低直接关系买卖双方的经济利益，它的变动会引起医保部门、医疗机构和医生、药企和患者之间经济利益的重新分配。药品价格过低，既会影响企业生产的积极性，又会影响医药行业的可持续发展；而集中带量采购药品价格过高，不仅会加重群众的负担，而且会影响医保基金的承受能力，故而药品价格过高和过低都不符合人民的长远利益。集中带量采购以战略性采购模式促进药品价格回归合理水平，并运用价格杠杆调节各个价格主体的经济利益关系。

五　药品集中带量采购价格机制的分析框架

药品作为商品在使用价值和价值上的特殊性，集中带量采购的公共服务属性和集中带量采购药品的准公共产品属性，以及集中带量采购药品定价和价格构成的特殊性已经隐含对药品集中带量采购价格机制属性的前提假设及判断，也决定和影响了其价格机制的基本逻辑和分析框架。本节进一步深入探究并构建药品集中带量采购价格机制的分析框架。

（一）内涵与外延

1. 药品集中带量采购价格机制的内涵

基于第一章对价格机制、药品集中带量采购相关概念的界定，本书将药品集中带量采购价格机制定义为在某一特定经济体制下，决定和影响带量集采药品价格形成、价格运行的内在规律和机理以及人们自觉运用这些规律调控药品价格、优化医药资源配置、调节社会经济活动的全过程。药品集中带量采购价格机制包括药品集中带量采购价格形成机制、药品集中带量采购价格运行机制和药品集中带量采购价格调控机制三个组成部分。其中，药品集中带量采购价格形成机制和药品集中带量采购价格运行机制是内在机制，药品集中带量采购价格调控机制是外在机制，外在机制需要作用于内在机制才能发挥功效。在社会主义市场经济条件下，我国的药品集中带量采购需要将有效市场和有为政府充分结合，在政府引导、市场主导下构建"招采合一、量价挂钩"的价格机制。

2. 药品集中带量采购价格机制的外延

药品集中带量采购价格机制是药品价格机制以及价格机制的组成部分，既内生于价格机制而又不能完全脱离或者违背价格机制。药品集中带量采购价格机制以药品价格机制为外延，以价格机制为研究范畴，除了符合价格机制的一般性之外，又带有药品价格机制的特殊性。

第一，药品集中带量采购价格形成机制以药品价格为出发点，遵循药品价值决定药品价格，供求关系、竞争关系、政策因素等影响带量集采药品价格形成的理论逻辑。在此基础上，引入医保并使之发挥战略性购买作用，延展招标采购、议价采购和谈判采购等采购形式在价格形成中的作用。第二，药品集中带量采购价格运行机制以药品价格运行为基础，顺应了价格机制运行的一般规律。带量集采药品价格运行过程中，各主体从集中采购的小范畴出发，按照价格机制的大范畴确定各自的价格决策，并通过价格机制的配置效应，进而带量集采药品的接续机制回归到集中带量采购价格机制中来，是一个由小到大再由大到小的过程。第三，药品集中带量采购价格调控机制遵循药品价格机制、价格机制调控的基本原则和一般规律，是药品价格机制以及价格机制优化的一部分。可见，药品集中带量采购价格机制不能独立于药品价格机制而单独存在，只有在价格机制的框架下才具有存在的意义。

（二）四元价格主体

根据利益相关者理论，任何企业的发展都需要依靠利益相关者的参与，那么企业应该追求利益相关者的整体利益而非自身利益。利益相关者指能够影响组织目标的实现或被组织目标的实现所影响的个人或群体（Freeman，1984）。根据这一经典定义，药品集中带量采购价格机制的价格主体便是影响药品集中带量采购价格机制形成、运行或者被药品集中带量采购价格机制影响的所有利益相关者。在药品集中带量采购价格机制中每个价格主体都不是孤立存在的，其市场行为必将对其他利益相关者产生影响，同时价格主体间的利益博弈也会影响药品集中带量采购价格机制的构建。本书根据价格主体价值取向和利益诉求的不同，将它们分为政府、企业、医院和医生、患者四类，在此基础上厘清不同价格主体在药品集中带量采购价格机制中的角色分工和职能定位，解析各个价格主体的利益诉求和行为逻辑，寻求各个价格主体在利益诉求上的共通性、关联性，为构建激励相容、合作共赢的良性机制打下坚实的基础。

1. 价格主体之一：政府部门

政府部门是人民利益的捍卫者，是宏观政策的制定者、调节者和执行者。在药品集中带量采购价格机制中，政府具有多重利益诉求：增进民生福祉，保障群众用药的可及性和安全性；推动"三医联动"改革，为促进医疗机构收入结构"腾笼换鸟"预留合理空间；净化医疗环境，倒逼企业转型升级，促进医药行业高质量发展；节省医保基金，提高其使用效能。

为了实现这几重目标，政府不断提高自身在药品集中带量采购价格机制中的统筹协调和督促指导能力。在药品集中带量采购中政府负责药品带量集采的总体设计、制度安排和统筹协调工作（王高玲，2013）。具体来看，国家药品监督管理局主要涉及药品安全监督和质量管理以及药品监督检查等工作；国家卫生健康委员会主要实施医疗机构管理办法和评价、监督体系构建，药品使用监测、临床综合评价等；国家市场监督管理总局的职能包括市场秩序的维护和监管，公平竞争市场环境的营造，反垄断的统一执法等；国家医疗保障局主要负责医保药品目录和支付标准制定、医疗保障基金监督管理办法制定等（李毅仁等，2020）。

截至 2021 年底，我国基本医疗保险参保覆盖面超过 95%。[①] 为了更好地护卫全民健康，增强群众用药的可及性，医保部门在药品集中带量采购价格机制中的作用日益凸显。为了更好地发挥医疗保障制度在再分配中的重要作用，医保从过去仅作为药费报销的被动付费者，对药品价格不敏感；到如今不仅是一个"买单者"，在按比例分担参保成员的医药费用、减轻参保人员药费负担的基础上，也作为"采购引领者"以整合市场需求来加强买方话语权，并直接代表所有参保人员实施批量团购，帮助患者低价买到优质药品。在整个药品集中带量采购价格形成机制中，从制定方案、组成人员、中选确定、供应监管、价款支付中都能看到医保的身影；不仅如此，还通过制定医保基金结余留用机制和医保基金预付机制等配套措施为药品集中带量采购服务。

综上，在药品集中带量采购价格机制中，政府部门既要负责带量集采的制度安排和统筹协调，又要主导带量集采工作的阶段性目标、实施进程和人员安排等。

2. 价格主体之二：企业部门

企业既是药品的供给方又是追求自身利益最大化的经济组织。根据企业的经营范围不同，药品集中带量采购价格机制中主要涉及原料药企业、药品生产企业和药品配送企业三类。

原料药企业是为药品生产企业提供原料药的企业，这类企业通常以营利为目标，希望通过提升原料药价格来获得高额利润。原料药企业虽

---

① 数据来源：国家医疗保障局发布的《2021 年医疗保障事业发展统计快报》。

然不直接参与到药品带量集采活动中，但由于原料药价格直接决定药品生产成本，供应数量又关系药品数量，因此原料药企业通过影响中选企业供应能力的方式间接参与到药品集中带量采购价格机制中来。药品生产企业是生产药品的企业，是药品集中带量采购活动的关键参与者之一。生产性药企希望拥有持续稳定的客户群体，进而保证生产规模的逐步扩大以增加销售利润；研发型药企希望高额出售药品以尽快收回早期投入的巨额资金和人力成本。对于我国药品带量集采，在大多数情况下只有药品生产企业、药品上市许可持有人或者药品上市许可持有人（为境外企业）指定的进口药品全国总代理有资格进行申报。而申报企业在药品入围后将围绕价格开展竞争。部分企业为了获得中选后的巨额采购订单，往往会以接近生产成本的价格进行申报，因此在集中带量采购模式下具有成本优势和技术领先优势的企业会脱颖而出。药品配送企业是为药品生产企业向指定医疗机构配送药品的企业。药品配送企业以收取配送费用赚取收益，因而争夺药品配送资格，获得药品配送费用是药品配送企业的主要目标。在药品集中带量采购价格机制中配送费用是带量集采药品成本的组成部分，而配送速度、精准度直接关系价格机制的运行效率。

3. 价格主体之三：医疗机构和医生

医疗机构是提供医疗服务，满足人们医疗需求的专业机构。目前，我国药品带量集采的适用范围主要是公立医疗机构。公立医疗机构的出资方是政府，在公益性定位的基础上，其利益诉求是提高人民健康水平，在资源有效配置的前提下追求社会效益的最大化（李玲和江宇，2021）。在医药市场中医疗机构兼具双重身份，既要作为消费者向供应商采购药品，又要作为销售者向患者销售药品。在药品集中带量采购价格机制中，医疗机构又新增委托人身份，即医疗机构将药品带量集采工作全权委托给招采机构。

医生指具备专业医学技术，为患者提供有效、及时和专业救治服务的人。由于医患间的委托代理关系和患者对医学知识的匮乏，患者选择接受医生在药品种类、剂型上的用药指导，即医生通过处方权获得了药品的决定权。一般来说，只要在患者收入的可承受范围内，患者大多就会遵循医生处方。在药品集中带量采购价格机制中，医生的用药权受到一定限制。带量集采前医生可以自由选择药品，但在带量集采实施后，中选药品的使用量开始和科室目标考核、医生个人绩效等直接关联，医生在行政要求和经济激励的双重约束下通常需要优先使用中选药品。

综上，在药品集中带量采购价格机制中，医疗机构是最关键的价格主体，医疗机构报量的准确性、中选药品采购量完成度以及回款进度都直接关系药品集中带量采购价格机制的运行效率；而医生的处方权在一定程度上决定了中选药品能否顺利得到约定采购量。

4. 价格主体之四：患者

患者是带量集采药品的最终使用者和买单者（之一），是药品发挥疾病预防和疾病治疗功效的作用对象。患者的利益诉求是希望以尽可能低的医药费用支出恢复健康。由于医药信息的不对称和医疗服务较高的技术壁垒，大多数患者对自己的病情和适用药品知之甚少，只能将药品的选择决策权让渡给医生（彭翔，2012）。除了一些已经形成用药习惯的慢性病患者或者常见病患者之外，绝大多数患者只是药品的被动接受者。因此，在药品集中带量采购价格机制中，患者往往只能作为药品需求方、付费者而非决策者。

（三）三大构成机制

如前文所述，本书在以马克思主义劳动价值论为基础，并积极吸收均衡价格理论科学部分的基础上，构建了"药品集中带量采购价格形成机制""药品集中带量采购价格运行机制"和"药品集中带量采购价格调控机制"三位一体的药品集中带量采购价格机制（如图2-3所示）。三个机制的基本内涵和主要特征将在第四章、第五章和第六章进行深度研究，在此主要介绍三个构成机制的相互关系。

药品集中带量采购三大价格机制相互联系、相互依存，共同作用于

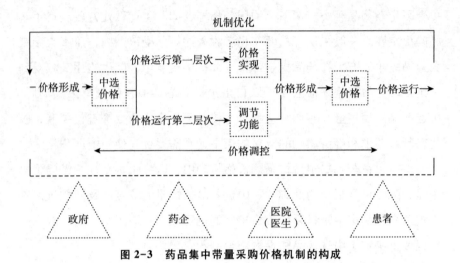

图 2-3   药品集中带量采购价格机制的构成

药品集中带量采购价格机制。其中，药品集中带量采购价格形成机制是先行机制，是整个价格机制的核心，奠定价格机制的性质和基调。价格形成机制决定价格运行机制，价格运行机制反作用于价格形成机制。价格形成机制构建以后，关键在于能够建立与之相适应的价格运行机制；同时，科学高效的价格运行机制也能倒逼价格形成机制不断发展和完善。价格形成机制和价格运行机制是价格调控机制的作用对象和着力点，也就是说，价格调控机制需要通过价格形成机制和运行机制起作用。此外，需要对价格形成、运行、调控三个机制进行动态优化，以最终确保带量集采目标的顺利完成。

（四）两条逻辑主线

本书以马克思主义劳动价值论、价格理论、公共产品理论等基础理论为指导，利用理论和实践两条逻辑主线，构建了药品集中带量采购价格机制的分析框架。

1. 药品集中带量采购价格机制的理论逻辑主线

药品集中带量采购价格机制的理论逻辑主线十分清晰，主要包含三条逻辑线。第一，集中带量采购药品的商品属性、准公共产品属性以及定价的一般性和特殊性逻辑线。首先，基于马克思主义劳动价值论和公共经济思想，研究集中带量采购药品的商品属性和准公共产品属性；其次，依托马克思主义价格理论，分析药品定价的一般性和带量集采药品定价的特殊性；再次，基于五大经济效应，探讨了集中带量采购在药品价格机制中的作用机理；最后，梳理和归纳药品集中带量采购价格机制的四元价格主体、三大构成机制，在此基础上为构建药品集中带量采购价格机制分析框架奠定坚实的理论基础。第二，药品价格机制和药品集中带量采购价格机制的内涵和外延逻辑线。药品集中带量采购价格机制的内涵和外延要求考虑如何统筹协调它与药品价格机制以及价格机制之间的关系，让药品集中带量采购价格机制与药品价格机制都统一到价格机制的范畴中来。第三，药品集中带量采购价格形成机制、运行机制和调控机制的关系逻辑线。探寻三大价格机制的内在机理和基本规律，厘清三大价格机制的相互关系，有利于构建更加科学合理的药品集中带量采购价格机制。

2. 药品集中带量采购价格机制的实践逻辑主线

自 2000 年初提出药品集中采购理念以来，我国的药品集中采购实践已走过 20 余年的路程，药品集中带量采购也已经进行 6 年多；再向上回溯，我们可以将新中国成立初期的药品统购统销视为我国药品集中采购的早期雏形。漫长的实践为我们完善药品集中带量采购价格形成机制、运行机制和调控机制都提供了有益的参考。同时，国外发达国家在药品集中采购中的成功实践也为我国的药品集中带量采购价格机制提供了参考；尤其是在药品集中带量采购迈向制度化、常态化的背景下，探讨如何依靠医保引导带量集采药品价格回归合理水平，发挥医保基金预付、医保基金结余留用等配套政策对带量集采药品价格形成和运行的影响作用，也是分析框架中的重要组成部分。

第三章 药品集中采购价格机制的演变历程和药品集中采购的实践模式

药品集中带量采购价格机制是一项庞大的系统性机制，不仅贯穿于社会再生产中生产、分配、交换和销售等各个环节，而且涉及政府、企业、医院和医生以及患者等众多利益相关者。药品集中带量采购是在药品集中采购的基础上延伸和创新出来的采购模式，虽然其实践时间较短，但它的形成有着深远的历史渊源和巨大的时代意义。因此，要系统性、整体性研究药品集中带量采购价格机制，需要对药品集中采购价格机制的演变历程和药品集中采购的实践模式进行系统性梳理和总结提炼。

一 药品集中采购价格机制的演变历程

新中国成立 70 多年以来，随着经济体制改革和转轨的持续推进，我国计划价格机制在历经系统性变革后，成功地转变为市场价格机制（刘儒和郭荔，2020）。在医药领域，药品价格机制改革始终与整个经济体制改革和价格机制改革相适应，以建立市场主导的药品价格机制作为目标。药品集中带量采购价格机制改革作为药品价格机制改革总系统中重要的子系统，紧紧围绕药品价格机制改革的目标模式发展演变（蒋和胜等，2019）。70 多年时间里，围绕价格改革"调和放"的实践逻辑以及"政府和市场关系"的理论逻辑，我国药品集中采购价格机制先后经历了药品集中采购计划价格机制、药品集中采购价格"双轨制"和药品集中采购市场价格机制三个阶段。

（一）药品集中采购计划价格机制（1949~1977 年）

新中国成立初期，我国经济发展水平十分落后，民生问题不断涌现，医药行业百废待兴，不仅医药卫生资源缺乏、医药产业技术落后而且交通十分不便，以致药品供应和运输成为一大难题。在高度集中的计划经济体制下，医药市场建立起与计划经济相适应的药品集中采购计划价格机制（张雅娟和方来英，2020）。由于政府主要通过行政命令来管理经济，因而药品集中采购计划价格机制带有明显的行政性计划管理特色，具体情况如下。

第一，药品价格由政府决定。在计划经济体制下，医药市场受到政府的全面严格管控，生产和流通环节都在政府指导下进行，企业既不能自主决定生产数量也不能决定价格水平。药品出厂价、批发价、销售价等几项价格，全部由政府这支"有形的手"通过设置批量差率、零售加价率等方式进行统一管理。因而药品集中采购计划价格机制中价格决策的主体是政府。

第二，药品采购采用统购统销模式。在计划经济体制下，药品流通市场实行统购统销，并构建了国企垄断、统购包销的三级医药批发体制。其中，一级医药批发站是中国医药公司下辖的大行政区，二级医药批发站是各省区市医药供应公司，三级医药批发站是地市州和县级医药公司。同时，每个一级药品批发站对应多个二级、三级药品批发站（高和荣，2018）。经过三级批发环节，药品才最终进入医疗机构、卫生院、药店等零售环节。统购统销模式没有发挥市场和价值规律对资源配置的调节作用，而是以政府层层下达指令、按级调拨药品的方式，对流通环节的药品价格进行直接干预。

第三，设计批零差率管控批发价格。计划经济时期，三级医药批发站是药品流通的必要环节，是连接药品生产企业控制着药品流向和衔接药品零售市场保障药品稳定供应的纽带。为了维持三级医药批发站的正常运转，保证药品批发企业的劳动耗费得到有效补偿，并使之得到合理利润，政府允许各级批发站收取购销差价。但为了保证加价后药品价格的合理性和可及性，流通环节的批零差率仍由政府制定。一般而言，药厂到一级批发的差率、一级批发到二级批发的差率、二级批发到医院和药店的差率分别是 5%、5%~8%、15%（周学荣，2008）。批零差价的合理设置应该以价值规律为基础，兼顾效率与公平，正确处理批发企业和零售企业的利益关系。药品批零差价的计算公式如下：

$$P_1 = P_2 \times R_1 \tag{3-1}$$

$$P_3 = P_2 \times (1 + R_1) \tag{3-2}$$

其中，P_1 为批零差价，P_2 为批发价格，P_3 为零售价格，R_1 为批零差率。

第四，规范药价加成限制医疗机构零售价格。药价加成指县级以上的医疗机构在销售药品时，可在采购价的基础上顺加 15% 以内的加价率作为零售价（田文君和刘宝杰，2017）。20 世纪 50 年代初期，为了弥补政府财政支出在公立医疗机构投入中的不足，弥补公立医疗机构运行中出现的亏损，调动医疗机构工作人员的积极性，政府出台药品价格加成政策并规定由药品加价获得的收入归医疗机构所有。由于执行无差别的药品加价率，同一通用名药品价格越高加价越多。医疗机构的收入与药品价格高低和药品销售数量成正比，因而不排除部分医疗机构在自负盈亏的压力和高额收益的诱导下，通过设置科室绩效考核机制的方式，变相激励医生开具"大处方"或优先选择"高价药"。如果政府不配以约束和监管，这就会为医疗机构供给诱导需求和药价虚高埋下隐患（Arrow，1963；Zweifel，2000）。药品价格加成政策实施后，医疗机构药品的零售价格计算公式为：

$$P_3 = P_4 \times (1 + R_2) \tag{3-3}$$

其中，P_3 为医疗机构药品的零售价格，P_4 为采购价格，R_2 为规定的加价率。

　　总体来说，药品集中采购计划价格机制蕴含鲜明的行政性计划管制特征，整个采购过程中政府通过指令性计划或者指导性计划对药品出厂价、批发价、零售价进行严格管控，整个价格机制严重忽视了价值规律的作用，致使药品价格既不反映价值也不反映市场供求关系，并且药品价格体系十分紊乱。随着渐进式的经济体制改革的不断探索和推进，药品统购统销流通模式逐渐被打破，政府开始逐步建立与社会主义市场经济体制相适应的药品集中采购价格机制。

（二）药品集中采购价格"双轨制"（1978～2014年）

　　1984年10月，党的十二届三中全会强调："必须改革过分集中的价格管理体制，逐步缩小国家统一定价的范围，适当扩大有一定幅度的浮动价格和自由价格的范围"。至此，价格改革从调整价格转向逐步放开价格（王振之，1988）。至2000年，政府定价的商品和服务所占比重已不足10%，以市场为主的价格形成机制基本确定（蒋和胜等，2019）。在价格改革不断深入的同时，药品价格改革也进入放松管控阶段。在政府颁布一系列文件调整药品价格管理体制机制后，我国药品集中采购价格机制逐渐从计划价格机制向价格"双轨制"转变。药品集中采购价格"双轨制"指在同一市场中一部分采购药品价格实行政府定价或者政府指导定价，一部分采购药品由企业自主定价的机制（仇雨临，2017）。与计划价格机制不同，药品集中采购价格"双轨制"在定价方式、采购模式、价格形成和价格监管等方面出现了新特点、新变化。

　　第一，药品定价方式趋向多元化。为了打破僵化的定价机制，缓解价格扭曲带来的供需矛盾，发挥价值规律在资源配置中的引导作用，政府在药品价格改革中不断推进药品定价方式多元化。1996年，国家计委颁布《药品价格管理暂行办法》，明确4种药品定价方式，即政府定价、政府指导价、按规定的作价办法药品经营者自主定价、不受作价方法限制的药品经营者自主定价。1997年，我国第一部与价格相关的正式法律《价格法》出台，正式明确了我国商品和服务价格形成的市场调节价、政府定价和政府指导价三种形式。2009 年后，除计划生育药具和国家免疫规划涉及的药品实行政府定价外，国家基本医疗保障用药、国家基本药品和部分生产经营具有垄断性的特殊药品调整为政府指导价，其他药品价格逐渐转向由市场调节形成。2014 年 11 月，国家发改委发布《推进药品价格改革方案（征求意见稿）》，提出从 2015 年 1 月 1 日起取消原政府指定的最高零售限价或出厂价格。这意味着，最后约 23%的药品实行政府指导价的政策可能也将退出历史舞台。

第二，药品集中采购由地方自主探索阶段进入全国统一和流程规范阶段。1993 年河南省卫生厅发布《关于成立河南省药品器材采购咨询服务中心的通知》，正式拉开我国医药卫生领域药品集中采购的序幕。为了整顿医药流通市场秩序、纠正医药流通中的不正之风、切实降低药品价格，我国药品集中采购制度经历了药品集中采购地方自主探索、全国药品集中采购制度建立和规范、地方药品集中采购模式创新、全国药品集中采购统一规范四个阶段（如表 3-1 所示）（郭春丽，2013；施祖东，2014；耿鸿武，2019）。这一时期，药品集中采购实践坚持"顶层设计+地方创新"，特点是在卫生部的主导下，以市（地）为最小组织单位，要求县及县以上人民政府、国有企业（含国有控股企业）等举办的非营利性医疗机构广泛参与，极大地扩大了招标采购范围。虽然地方政府自行组织采购在一定程度上节约了采购成本和减少了药品购销环节的腐败现象，但是由于评价指标不统一，缺乏药品质量分层管理和有效监督，部分采购药品"唯低价是从"从而牺牲了药品的质量。

表 3-1　1978~2014 年中国药品集中采购制度的四个阶段

主要阶段	政策背景	主要内容
药品集中采购地方自主探索阶段（1978~1999 年）	为了整顿医药流通市场秩序、纠正医药流通中的不正之风、切实降低药品价格	1993 年河南省正式拉开我国医药卫生领域药品集中采购的序幕，此后辽宁、四川、山东等省份也开始尝试

续表

主要阶段	政策背景	主要内容
全国药品集中采购制度建立和规范阶段（2000~2004年）	地方采购缺乏国家层面的统一指导和有效监督，医药采购市场稍显混乱	国家层面对药品集中招标采购流程进行了统一和规范
地方药品集中采购模式创新阶段（2005~2008年）	此前药品集中招标采购带来的降价效应逐渐减弱，各地开始探索新的药品集中采购模式来解决药价虚高问题	四川省率先开启挂网限价竞价模式，随后宁夏的"三统一"招标采购模式、广东省的"阳光采购"模式等相继出现
全国药品集中采购统一规范阶段（2009~2014年）	药品集中采购中存在政策不统一、采购过程不规范、招标代理成本过高等问题	实行政府主导、以省（区、市）为单位的网上药品集中采购制度，要求各省（区、市）制定药品集中采购目录，规范采购方式，并且对集中采购的医疗机构范围、采购周期等做了详细的规定

第三，改革药品价格加成政策。2009年"新医改"拉开序幕后，政府在鼓励地方公立医疗机构试点改革的基础上，探讨药品销售实施差别加价率。在《关于印发改革药品和医疗服务价格形成机制的意见的通知》（发改价格〔2009〕2844号）中明确规定要逐步降低药品加价率，力争总体加价率不高于15%，必要时可实行最高加价额限制。差别加价率是指根据公立医疗机构中选采购价格的高低制定不等的差价率，一般而言高价药顺加低的差价率，低价药顺加高的差价率，具体差别加价率由各省份根据实际情况自行决定。以贵州省为例，该省药品价格分为4个价格区间、设置了4档加价率，同时规定最高加价额不得超过70元。因而，公立医疗机构零售价格核算的具体公式为：

$$P_3 = P_5 \times (1 + R_3) \tag{3-4}$$

其中，P_3为医疗机构药品的零售价格，P_5为中选价格，R_3为差别加价率。

药品销售差别加价率政策的实施在一定程度上避免了医生过度诱导需求，但这个政策并不能从根本上解决"看病难、看病贵"难题，相反却进一步加剧了"以药养医"的逐利机制。

第四，理顺药品差比价关系。为了维护公平竞争的秩序，应当规范企业的价格行为，避免企业通过改变剂型、包装、规格等方式变相涨价，提高和增强药品价格决策透明度和科学性。2005 年国家发改委发布《药品差比价规则（试行）》，6 年后又出台《药品差比价规则》的正式文件，对政府定价和政府指导定价的药品在不同剂型、规格和包装材料下的同种药品的价格差额进行了规范，提出了含量差比价、装量差比价、包装数量差比价的计算公式。从实践情况来看，药品差比价规格对于降低药品整体价格水平和抑制（政府管理范围内的）药品价格上涨发挥了积极作用（蒋建华，2011）。

第五，建立药品成本调查和价格监管体系。在探索"多渠道、少环节"的药品流通体制改革，赋予企业更多自主权后（高和荣，2018），政府通过建立药品成本调查和价格监管体系来引导药品价格科学合理形成。一方面，通过开展定期性药品价格专项检查工作来规范药企的价格行为；另一方面，构建药品价格评审制度，健全成本核算方法，采取药品成本调查和成本监测制度等措施来增强和提升药品价格制定的科学性和透明度。

综上，药品集中采购价格"双轨制"持续时间较长，灵活发挥了价格杠杆的作用，在一定程度上降低了药品价格，但由于采购中评价指标不统一，缺乏药品质量分层管理和有效监管，部分采购药品"唯低价是从"。因此，药品集中采购价格"双轨制"模式离真正的既反映采购药品价值又反映市场供求关系，纠正药品价格扭曲，发挥市场资源配置作用的药品集中采购价格机制还有一定距离。

（三）药品集中采购市场价格机制（2015 年至今）

药品集中采购市场价格机制指药品价格主要由市场竞争形成的机制。党的十八大以来，我国充分发挥价值规律的作用以推进价格改革向纵深发展。截至 2017 年，我国市场调节价格的商品和服务已超过

97%，基本建成市场决定价格机制。[①] 在医药领域，药品价格管理的体制机制也正经历着沧桑巨变，医药市场化价格改革的步伐提速升级；国家医保局横空出世，医保控费和引导价格科学形成作用初显；药品集中采购开启"招采合一、量价挂钩"新篇章；药品价格市场监管能力显著增强：这些变化推动药品集中采购价格机制进入市场价格机制新阶段。

第一，政府放开绝大多数药品的价格管理。2015 年 5 月，国家发展改革委等 7 部门正式印发《关于印发推进药品价格改革意见的通知》（发改价格〔2015〕904 号），规定："除麻醉药品和第一类精神药品外，取消药品政府定价，完善药品采购机制，发挥医保控费作用，药品实际交易价格主要由市场竞争形成。"这意味着政府放开了绝大多数药品的价格管理，我国正式进入医药市场化价格形成机制改革时期（王振霞和温桂芳，2018）。医药市场化价格改革给予药企更多的自主权，让企业在充分的市场竞争中根据供求关系决定和调整药品定价，不仅有利于降低药品的价格，而且有助于激发药企生产的积极性和创新性。

第二，药品采购从分类采购走向集中带量采购。2015 年 2 月国务院办公厅颁布《关于完善公立医院药品集中采购工作的指导意见》（国办发〔2015〕7 号）和同年 6 月国家卫生计生委印发《关于落实完善公立医院药品集中采购工作指导意见的通知》（国卫药政发〔2015〕70 号），标志着我国正式开启新一轮药品集中采购机制（张雅娟和方来英，2020）。而后，为了进一步规范和完善药品集中采购工作，控制药价，保证采购药品质量、治理采购中的寻租行为，真正有效地减轻人民群众的医药费用负担，我国药品集中采购制度先后进行了药品分类采购阶段和以带量采购为主的多元发展阶段（如表 3-2 所示）（蔡雪妮，2017；李琛等，2018；傅鸿鹏，2020）。从 2018 年国家组织药品集中带

---

① 《砥砺奋进的五年：价格改革稳步向纵深推进》，《经济日报》2017 年 10 月 15 日。

量采购试点以来，至今国家已成功完成 10 批药品带量集采工作，地方带量集采也在有条不紊地持续推进中，目前药品集中带量采购正走向制度化、常态化。

表 3-2　2015 年至今中国药品集中采购制度的两个阶段

主要阶段	政策背景	主要内容
药品分类采购阶段（2015~2017 年）	政府充分认识到药品集中采购的重要性，将完善公立医院药品集中采购工作视为新一轮深化医药卫生体制改革的关键环节	针对临床用量大、采购金额高、多家企业生产的药品，发挥集中批量采购优势，采取双信封制招标；专利药品、中药独家品种，采取谈判方法进行招采；妇儿专科等药品和常用低价药品，实行直接挂网由医院直接采购；推行"两票制"；鼓励探索跨区域联合采购
以带量采购为主的多元发展阶段（2018 年至今）	为了深化医药卫生体制改革，完善药品市场价格形成机制	国家组织、联盟采购、平台操作；招采合一，量价挂钩；质量优先，保证使用

第三，政府取消药品价格加成政策。药品价格加成政策推进到中后期，"以药养医"痼疾日益严重，于是 2017 年政府正式取消这一政策（许光建和苏冷然，2019）。如第二章第三节所述，药品价格加成政策的取消意味着带量集采药品中选价格和公立医疗机构药品销售价格合二为一，既有利于公立医院回归公益属性，减少因利益引诱而产生的额外"诱导需求"药费支出（Grant，2008），又有助于理顺过去"以药补医"而导致的扭曲的医药费用结构，降低"药占比"。

第四，探索药品价格谈判机制。药品价格谈判机制是政府相关机构为了降低药品价格，以整个国家或者地区的药品需求作为谈判筹码，代表广大患者和药品供应企业代表进行价格协商谈判，以平衡和协调供需双方的利益关系的机制。截至 2021 年底，国家共组织了 5 次药品价格谈判，其中前两次价格谈判分别是在 2016 年国家卫生计生委和 2017 年人社部的组织下开展的。2018 年国家医疗保障局成立以后，国家医保局开始探索医保药品目录准入谈判机制，连续 3 年先后统筹组织了 3 次医保药品目录准入谈判。国家价格谈判的药品主要针对市场上竞争不充分、价格昂贵的独家药品，其中包含大量的专利药和创新药。前五次药品价格谈判主要涉及乙肝、癌症、罕见病、心脑血管等种类临床覆盖面广、治疗效果好的药物。从实施效果来看，在国家组织的前五次药品价格谈判中谈判品种数从 5 个增加到 162 个，成功品种数从 3 个提高到 119 个，谈判药品平均降价幅度超过 50%；谈判成功率最高达到 94.44%，最低也超过 60%。[①] 医保药品目录准入谈判机制不仅实现了谈判结果和医保政策精准对接，即通过将谈判成功的药品直接纳入医保药品目录，归属乙类药品报销范围的方式刺激更多药企积极参与到谈判中来，而且在药品价格谈判机制中引入了市场机制，用自主协商、自愿参与、公开透明的方式促进供需双方在同一平台进行价格博弈，大大地降低了药品价格，减轻了患者的用药负担，净化了医药行业市场环境，避免了寻租腐败行为的滋生。

第五，建立门诊共济保障机制。为了解决参保职工的门诊保障问题，减轻其用药负担，《关于建立健全职工基本医疗保险门诊共济保障机制的指导意见》（国办发〔2021〕14 号）规定"逐步将多发病、常见病的普通门诊费用纳入统筹基金支付范围……将符合条件的定点零售药店提供的用药保障服务纳入门诊保障范围"。门诊共济保障机制的建立对于保障带量集采药品的使用和提高医保定点零售药店的带量集采参与度有重要的促进作用。

第六，探索医保支付标准协同机制。《国家组织药品集中采购和使用试点方案》（国办发〔2019〕2 号）提出要探索医保支付标准和中选价格的协同，即以中选价格为基准制定医保支付标准。若患者坚持使用价格更高的非中选药品则需自费超过支付标准的部分。由于带量集采的化学药品入围门槛多是原研药或过评药，因而带量集采药品有较高的质量保障（赵书敏，2022）。医保支付标准协同机制在引导患者优先选择中选药品的基础上，能够有效实现降价保质，更好地保障患者用药的可

---

① 数据来源于中央政府网站文章《国家药品价格谈判结果公布》。

负担性和安全性。

综上，药品集中采购市场价格机制是在解决过去药品定价机制和药品采购制度缺陷的基础上，以市场化的、更加公开透明的竞争方式和供需双方利益博弈手段形成带量集采药品价格，在降低药品价格、保障药品供应和药品质量的前提下，净化医药市场环境，助力医药企业转型升级；提升医保基金使用效能，有效地推动"三医联动"改革。

二　药品集中采购的实践模式

如前文所述，药品集中带量采购模式是在药品集中采购模式的基础上延伸和创新出来的采购模式，同时从实践来看药品集中带量采购模式和药品集中采购模式具有逐步融合的趋势。因此，要全面厘清和理解药品集中带量采购模式，就需要先梳理和总结药品集中采购模式。本节主要介绍几种我国主要的药品集中采购模式。

（一）国家集中带量采购模式

国家集中带量采购模式是由国家医保局主导的，通过整合全国公立医疗机构分散的采购量形成强大垄断购买力，以批量换取低价的一种"招采合一、量价挂钩"的采购模式。2018 年 11 月我国启动首批（"4+7"城市试点）国家组织药品集中带量采购以来，截至 2021 年国家层面已经成功组织 6 批药品集中带量采购，累计成功带量集采 234 药品，涉及的采购金额超过公立医疗机构年度药品采购总额的 30%（孙秀艳和申少铁，2022）。2021 年，国家层面开始将带量集采范围从化学药延伸到生物药，首次开启了胰岛素专项采购。随着国家组织药品集中带量采购工作走向常态化、制度化，集中带量采购规则在采购份额、入围企业数量、采购周期、中选规则和选区规则等方面不断调整优化（详见表 3-3）。

表 3-3 国家前六批药品带量集采规则对比

批次	"4+7"城市试点	"4+7"城市试点扩围	第二批	第三批	第四批	第五批	第六批
时间	2018.11	2019.09	2019.12	2020.07	2021.01	2021.06	2021.11
范围	"4+7"城市	25个省份和新疆生产建设兵团	全国	全国	全国	全国	全国
份额	60%~70%	50%~70%	50%~80%	50%~80%	50%~80%	50%~80%	≤企业承诺供应国内市场最大产能的50%
入围企业数量	1家	≤3家	≤6家	≤8家	≤10家	≤10家	≤7家
周期	1年	1~3年	1~3年	1~3年	1~3年	1~3年	2年
中选规则	最低价	报价最低的3家以内企业	最高限价、按"单位可比价"由低到高确定入围企业及供应地区顺序;"单位可比价"≤同品种最低1.8倍或≤0.1000元;"单位申报价"降幅≥50.00%	同第二批	同第二批	同第二批	入围药品申报价≤同采购组最低申报价1.3倍或申报价降幅≥40%
选区规则	一对一	根据申报价格由低到高依次交替确认供应地区	第一顺位企业优先在供应地区中选择1个地区,而后再从第一顺位企业开始所有拟中选企业按顺位依次交替确认剩余地区	同第二批	同第二批	同第二批	按照申报价格从低到高排序,划分为四组,价低者获得较高的基础量和较少的调出分配量

注:25个省份和新疆生产建设兵团包括山西、内蒙古、辽宁、吉林、黑龙江、江苏、浙江、安徽、江西、山东、河南、湖北、湖南、广东、广西、海南、四川、贵州、云南、西藏、陕西、甘肃、青海、宁夏、新疆(含新疆生产建设兵团);按"单位可比价"由低到高确定申报企业入围及供应地区的顺序,"单位可比价"最低的为第一顺位,次低的为第二顺位。

资料来源:根据《4+7城市药品集中采购文件(GY-YD2018-1)》《联盟地区药品集中采购文件(GY-YD2019-1)》《全国药品采购文件(GY-YD2019-2)》《全国药品集中采购文件(GY-YD2020-1)》《全国药品集中采购文件(GY-YD2021-1)》《全国药品集中采购文件(胰岛素专项)(GY-YD2021-3)》等中的资料进行整理。

经过 6 年多的不断努力，国家药品集中带量采购成效显著。首先，带量集采药品降价幅度大，有效减轻患者的用药负担。数据统计，国家前六批带量集采药品平均降价幅度为 52%，最高降价幅度达到 59%，大大挤压了药价虚高空间。不仅如此，国家带量集采还推动药品价格总水平年均下降 7% 左右。[①] 其次，带量集采药品品种不断增加，带量集采药品中选成功率高。除了"4+7"城市试点的药品中选成功率仅为 80.65% 之外，其余批次带量集采的药品中选成功率都在 95% 以上（详见图 3-1）。最后，从国家带量集采的执行效果来看，前两批药品集中带量采购已经运行整个首年采购周期，中选药品实际供应量超过约定全年采购量的 2 倍；截至 2021 年 7 月底，第三批、第四批国家组织药品集中带量采购已分别实施 9 个月和 3 个月，中选药品平均供应量分别达到全年约定采购量的 1.5 倍和 45%。[②] 总体来看，实际药品采购的需求量和供应量都超过预期。

相对于以往的药品集中采购招采分离、只招不采的采购模式，国家组织药品集中带量采购具有四个明显特征。一是招采合一，量价挂钩。一方面，国家带量集采通过合同的形式约定采购周期、采购数量和回款时间。另一方面，将药品价格与药品采购数量直接挂钩，通过汇总全国公立医疗机构过去一年采购的药品，按一定比例确定国家带量集采数量，形成买方独家垄断市场，与药品生产企业通过招标竞价、议价、谈判等形式确定药品价格。二是坚持发挥市场在带量集采中的主导作用。政府只是在第二批国家带量集采中规定采购药品申报的最高限价，并无其他针对药品价格的直接管控。采购中充分尊重药品生产企业自愿参与、自主报价的权利，完全按照市场规则在双方平等自愿的基础上达成协议。三是联盟采购，平台操作。国家带量集采是一种国家医保局会同

① 《深化药品和高值医用耗材集中带量采购改革进展国务院政策例行吹风会图文实录》，酒泉市医疗保障局网站，https://ylbz. jiuquan. gov. cn/ylbzj/c106562/202202/c77b8a206 ec3471e9c0f3b4a89011ad. shtml，2022 年 2 月 17 日。
② 《联合采购办公室答记者问》，上海阳光医药采购网，http://www. smpaa. cn/gjsdcg/ 2021/08/24/10262. shtml，2021 年 8 月 24 日。

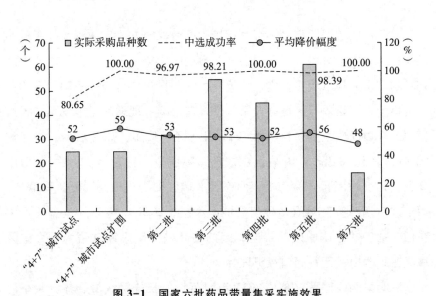

图 3-1 国家六批药品带量集采实施效果

数据来源：整理自上海阳光医药采购网、国务院例行吹风会和《人民日报》等
公开资料。

相关部门指导或者组织相关地区形成区域联盟的采购模式，同时企业申
报、中选企业公布、中选企业和医疗机构签约等都需要通过平台进行操
作。四是配合实施多重保障政策。为了推动国家带量集采工作的可持续
高质量运行，政府在保证质量、供应和回款等方面设计了多重制度，包
括"一致性评价""入围企业产品质量和供应能力的调查、评估制度"
"医保基金预付机制"等。

总体来看，国家组织药品集中带量采购坚持市场在药品价格形成机
制中的主导作用，发挥政府的引导作用，探索建立"招采合一、量价挂
钩"的市场价格形成机制。从发展趋势来看，我国药品集中采购已经开
始由省级政府主导转向国家组织，并且国家集中采购中选药品的质量均
比省级集中采购高（史武男和杨秀云，2020；于长永，2020）。

（二）区域联盟采购模式

近年来，政府鼓励和支持各地依托省级药品集中采购平台，采取单
独或区域联盟等方式，对暂时未纳入国家带量集采范围的药品进行带量

采购。区域联盟采购指多地区医疗机构以协议的方式组成联盟，开展药品和耗材的集中采购。区域联盟采购模式的优势在于通过汇总联盟地区药品的需求来换取更多谈判议价筹码，以获得比各自分散采购更多的药品价格优惠。目前，区域联盟采购模式在全国各地逐渐生根发芽，省级层面的区域联盟主要包括陕西等 11 省（区、兵团）省际联盟、京津冀"3+N"联盟、湖北等 19 省区中成药省际联盟、广东等 11 省区联盟以及长三角（沪浙皖）联盟等，而市级区域联盟的代表是三明采购联盟。由于"三明医改"具有多种创造性的举措，2021 年医改的重点任务中包括要推广"三明医改"经验，因此在此以三明采购联盟为例介绍区域联盟采购模式运行的内在机理。

三明采购联盟是一个从 2015 年起茁壮成长的跨区域、开放共享的药品和耗材采购联盟。截至 2022 年 3 月 4 日，三明采购联盟已覆盖全国 16 个省份的 1246 家医疗机构，联盟伙伴囊括 4521 家生产企业和 1238 家配送企业。[①] 三明采购联盟区域跨度较大，市场规模十分可观，且未来版图仍有不断扩张的趋势。在职能上，三明采购联盟为联盟成员提供采购、交易和结算的技术支持、运营监测和运营服务，在省际跨区域动态比价的基础上，与药品供应商进行议价谈判，以量换价，挤掉药品价格中的水分，减少联盟区域内部患者的医药费用。2020 年 4 月，三明采购联盟成功完成了 7 个非一致性评价药品的联合限价带量采购，平均降幅达到 69.52%，其中所有的采购药品价格均有大幅度下降，单品种最大降幅为 91.63%，预计联盟成员每年可节约药品费用 1.24 亿元。[②] 三明采购联盟针对非一致性评价药品的成功带量集采，打破了过去长期存在的非一致性评价药品价格居高不下的桎梏，打通了药品跨区域流通的壁垒，促进了药品价格回归科学合理的水平。

---

① 数据来源：三明采购联盟（全国）官网和三明联盟药品耗材联合限价采购平台。
② 《三明联盟出实招 见实效！非一致性评价药品带量采购 7 个品种价格大幅下降！平均降幅 69.52%！最大降幅 91.63%！》，三明市卫健委网站，http://www.sm.gov.cn/fw/ggfwpt/ylws/zxxx/202004/t20200422_1524257.htm，2020 年 4 月 22 日。

　　三明采购联盟的运行呈现以下特点。首先是统一平台，共享信息。三明采购联盟通过自建地市级药品采购平台——三明联盟药品耗材联合限价采购平台，开展跨区域联合限价谈判采购工作。该采购平台是数字证书认证中心办理、企业申报共享系统、联采系统、交易系统和监管系统五位一体的全流程一体化的跨区域联合采购平台。平台统一意味着联盟地区成员之间可以共享药品采购和药品供应保障信息。采购联盟在同一个平台与药品供应商博弈，有利于联盟内部交流采购信息和对整个采购流程的监督。

　　其次是采用"限价+竞价+最低价中选"的方式确定药品采购价格。一方面，联盟针对采购目录内药品设置了最高限价，企业可以自主报价，但报价不得高于限价（除常用低价药外）。另一方面，联盟将采购目录进行了两个质量层次分组，规定同层次药品需要进行两轮竞价，在确保质量的前提下，价低者入选（价格相同并列入选）。

　　最后是建立药品采购目录动态调整机制。三明采购联盟实时跟进国家组织药品集中采购以及省级药品集中采购中选结果，并将国家谈判药品、新增基本药物、通过一致性评价品种及时纳入采购目录。同时，对价格低于采购目录内同一品种药品价格10%以上的药品，按采购程序及时纳入采购目录进行替换。① 三明采购联盟在控制不合理药品费用增长、减轻人民就医用药负担和增进民生福祉方面做出了重要贡献。

　　区域联盟采购模式在我国仍然处于探索阶段，它克服了单一区域采购数量小、竞价议价能力不足的缺陷，扩大了药品采购的数量和品种，实现了采购药品大幅度降价。但在实际操作中，区域联盟采购模式在探索多元化、多样性的入围标准、中选规则、竞价规则和评价制度的同时也存在不规范的问题。

---

① 《关于以健康为中心的新型卫生保障体系建设工作情况的调研报告》，三明人大网站，http://www.smrd.gov.cn/ztzl/srdxwzt/xxwsbztxjsqkztxw/zfbg/202010/t20201030_1583760.htm，2020年10月30日。

（三）GPO 采购模式

集团采购组织（GPO）采购模式是由独立的第三方中介组织，通过整合众多分散、规模较小的采购需求形成大规模采购订单，以"批量团购"方式与药品供应商统一谈判议价，达到降低医疗机构采购成本，间接为患者提供价廉质优药品的一种集中采购模式。GPO 采购模式起源于 20 世纪的美国，是目前国际通行的一种药品集中采购模式。GPO 采购模式本质上是一种地方层面组织的批量采购模式，通过整合下游医疗机构的药品需求实现与上游药品供应商直接对接磋商。GPO 采购模式下，通常存在一家第三方中介组织提供事务性服务，包括谈判议价、供应链改造、技术支持、物流管理、运营监测和维护等。在全面深化医药卫生体制改革的指导下，上海市和深圳市最早探索 GPO 采购模式，而后广州市、武汉市也开始陆续加入其中。由于深圳 GPO 尝试探索市场化采购模式，因此本部分以深圳 GPO 为例进行介绍。

2016 年 7 月，深圳市卫计委下发《深圳市推行公立医院药品集团采购改革试点实施方案》，正式开展药品集团采购试点，随后宣布深圳市全药网药业有限公司（以下简称"全药网"）为试点期内首家公立医院的 GPO。深圳 GPO 的独特性在于它不是非营利性机构，而是由市政府根据采购有关规定和程序遴选出的一家药品经营企业，接受市公立医院的委托承担药品集团采购供应工作。截至 2021 年 6 月，深圳 GPO 中的成员早已走出深圳，覆盖广东省 16 个城市以及 4 个外省的 6 个城市。[①] 深圳 GPO 在"政府引导，市场主导"理念的指引下尝试探索市场化采购模式，其运行特点主要体现为：在药品需求形成统一采购订单后，除了代表公立医院和药品供应商谈判以外还直接参与药品采购和配送；采用灵活多变的谈判策略与药品供应商进行谈判，实行"一厂一

---

① 广东 16 个城市：深圳、东莞、肇庆、珠海、河源、惠州、江门、梅州、韶关、湛江、茂名、汕尾、中山、汕头、潮州、阳江。广西 1 个城市：梧州。吉林 3 个城市：吉林、延边、长春。黑龙江 1 个城市：哈尔滨。新疆 1 个城市：石河子。

策""一品一策";需要完成政府的考核任务①。

深圳 GPO 在运行过程中具有三个优势。一是精简采购目录,精准对接本地市场用药需求。针对过去采购目录药品数量多而不精、可选择范围广而不准的弊端,深圳 GPO 决定对采购目录进行有目的性、导向性的精准"瘦身"。通过精准对接本地市场用药需求,深圳 GPO 将采购目录中的药品品规缩减为 1645 个,相较于原采购渠道减少了 32.9%,药品剂型压缩为 21 个,减少了 47.5%。② 二是增强议价谈判能力,降低药品价格。深圳 GPO 在集合需求量的基础上借助大数据,主动掌握采购目录内药品的全国销售价格,在买卖双方信息完全的前提下与药品供应商谈判议价。深圳 GPO 运行三年成效明显,医药费用方面仅 2018年便节约 15.16 亿元,其中部分重大、慢性疾病常用药的降价比例达到50%以上,综合降幅为 21.99%。③ 三是保障药品供应。深圳 GPO 通过精准对接成员内部市场用药需求,做好提前预案,保障了公立医院药品采购的数量、价格和质量安全,真正实现了药品供应及时、可靠。同时,针对市场短缺很难采购的保障性药品,提前以预付款或现款的方式从厂家备货,储备 3 个月至半年的库存量。④

深圳 GPO 在运行过程中存在的一定的隐患。一是重视低价,忽视医药市场竞争充分。美国 GPO 在遴选药品时十分注重临床疗效评价,往往通过组织临床医生和专家成立临床委员会来指导药品采购。而我国GPO 采购中医疗机构的用药需求更多体现在品种品规上,通过质量层次划分来遴选药品。药品中选的主要因素由价格因素取代疗效评价。二

---

① 考核要求:2016 年,深圳市在遴选全药网作为集团采购组织时要求它承诺,1 年试点期内委托集中采购的药品总费用比 2015 年在省平台上采购同等数量品规的药品总费用下降 30%以上,若是费用降幅未达标,则会面临政府单方面取消采购代理机构资格的后果。

② 《药价真降了!深圳试水 GPO 团购 1159 种药平均降了 22%》,搜狐网,https://www.sohu.com/a/210421313_663327,2017 年 12 月 13 日。

③ 数据来源:2019 年 7 月 28 日《新闻联播》。

④ 《药价真降了!深圳试水 GPO 团购 1159 种药平均降了 22%》,搜狐网,https://www.sohu.com/a/210421313_663327,2017 年 12 月 13 日。

是委托代理关系易引发道德风险。无论是公益性还是营利性的 GPO，都存在委托代理问题。在 GPO 采购模式中，第三方中介机构应该按照约定方案和既定流程，为成员内部医疗机构提供高质量的服务。但是，一方面，GPO 作为独立运营的机构会有自己的利益诉求，这种利益诉求一旦和医疗机构的利益不一致，便极有可能引发道德风险；另一方面，GPO 在运行过程中可能产生寻租，影响药品中选的质量和价格。

综上，GPO 采购模式是国家集中带量采购模式的有益补充，从 GPO 的发展过程可以看出 GPO 的主动权不断增强，从单纯负责与药品供应商的谈判议价转变为把控药品采购全过程；从接受医疗机构委托的非营利性中介组织发展为经营性药品经营企业。尽管目前 GPO 采购模式尚未统一，但是行政干预有不断减弱、市场导向有不断增强的趋势。

（四）省级挂网采购模式

省级挂网采购模式指全国各地自行开展的以省（区、市）为单位，通过省级药品集中采购平台将资质审核合格的生产企业和药品直接挂网，医疗机构在此基础上与挂网企业议定采购价格和数量、签订购销合同的一种阳光采购模式（蒋昌松等，2021）。省级挂网采购模式主要针对妇儿专科非专利药品、基础输液、急（抢）救药品、常用低价药品等。省级挂网采购模式是目前我国多数省份主要使用的药品集中采购模式之一。省级挂网采购模式最早可以追溯到 2005 年四川省率先试行的药品集中采购挂网限价竞价模式，而后广东、安徽、江苏、湖北等省份相继推行。

根据各省份出台的低价药品采购政策文件，省级挂网采购模式可以分为三种类型：直接挂网、挂网采购结合经济技术标评审、挂网采购结合双信封评审。方龙宝等（2015）通过对 28 个省份低价药品挂网采购政策的对比分析发现，71% 的省份选择直接挂网采购，21% 选择挂网采购+经济技术标评审，只有 8% 选择挂网采购+双信封评审。省级挂网采购的入围标准各省份也存在一定差异，部分省份在资质审核合格后可以直接挂网，但是部分省份除了资质审核之外还需要对经济技术标得分、商务标得分、入围企业数量等进行综合考量。

虽然各省份在具体实践中因地制宜地对省级挂网采购模式进行调整，但是总体来看省级挂网采购模式具有三大特点和优势。第一，坚持"限价+议价竞价"的采购方式。省级挂网采购模式坚持采购限价，辅以议价竞价的方式形成采购价格。一般而言，药企需要在药品集中采购平台上以不高于采购主管机构制定的最高限价进行报价，一旦超过限定价格企业便不能挂网（曹波和邵蓉，2007）。然后，再由医疗机构和药企根据采购数量自主议价或者竞价产生中选企业。第二，坚持集中采购，统一采购平台。省级挂网采购模式由全省统一招标并且在省级药品集中采购平台上进行，既能整合需求资源，避免需求方内部的恶性竞争，又能够避免供给方反复多次提交评审材料，减少报送和审核引起的资源浪费。第三，实行"两票制"以缩短流通环节。"两票制"是指药品生产企业到流通企业、流通企业到医疗机构各开具一次发票，总共两票（特别偏远地区除外）。省级挂网采购模式原则上只允许药品生产企业入围，入围企业在和医疗机构签订购销合同后将药品交由配送企业统一配送，不再经过其他的中间环节，故只需开具"两票"（许广崇，2007）。

省级挂网采购模式在药品集中采购中发挥重要作用，但同时也存在一定的局限性。省级挂网采购模式中采用先挂网后中选的形式，即资质审核合格后药品生产企业可以直接挂网，至于能否顺利中选还要经过医疗机构的二次筛选。这就导致了药品生产企业虽然能够在挂网环节入围，但不一定能实际获得采购份额的"招而不采"现象。除此之外，部分短缺药品由于需求量小和需求不稳定，企业供应的积极性不强，可能出现供应困难（章程和龚波，2021）。

总之，省级挂网采购模式通过统一采购平台、限价竞价议价采购的方式和"两票制"不仅可以在一定程度上降低药品价格，而且能够缩短采购周期，打击商业贿赂，但也存在"招而不采"、短缺药品供应困难的问题。

（五） 采购模式间的相互关系

根据上述研究可知，国家和地方纷纷结合实际情况探索了各具特色的药品集中采购模式，这些实践模式在药品遴选、入围标准、中选规则等方面积累了丰富的经验，为我国进一步完善药品集中采购制度框架奠定了坚实的基础。尽管我国药品集中采购实践模式众多，但是带量采购和挂网采购是最主要的两种模式，本书在梳理总结我国药品集中采购的实践模式和运行特点的基础上，认为我国药品集中采购框架体系如下。

第一，带量采购将成为主流模式，步入制度化常态化开展的新阶段。未来国家和地方的药品带量采购将各有偏重，并逐步覆盖临床用量大、采购金额高、质量疗效确切、竞争较为充分的各类药品。国家在进一步完善药品集中带量采购的采购规则和操作流程的同时，应该指导地方政府自行开展或者以区域联盟采购、GPO 采购等形式对国家带量集采未覆盖的药品开展带量采购。

第二，挂网采购是我国药品集中带量采购的有益补充。挂网采购主要针对未被纳入带量采购范围内的医疗机构常用药品，包括妇女儿童用药品、医保药品目录准入谈判药品等。挂网采购有"竞价挂网"和"限价挂网"两种形式，随着近几年各省份开展采购价格联动，"限价挂网"开始成为主要模式。

第三，基于前两种模式衍生出药交所、备案采购等模式。药交所模式是医院直接通过药交所向药品生产企业采购药品，取消中间环节的一种采购模式。备案采购针对临床必需，未在平台挂网且现存挂网药品中无替代的药品，医疗机构可与药企自行议价，然后依照备案程序在平台备案系统填报实际交易信息。

第四章 药品集中带量采购的价格形成机制

药品集中带量采购价格形成机制是药品集中带量采购价格机制中最基础的部分，其核心在于回答集中带量采购药品价格如何决定、如何被影响的问题（详见图4-1）。

一 药品集中带量采购价格形成机制的内涵与特征

（一）基本内涵

价格形成机制本质上是价格如何被决定、由什么决定的机制（周春和蒋和胜，2006）。价格形成机制主要涵盖价格决定的客观依据和定价体制等内容（温桂芳，1995）。价格决定的客观依据指价格形成的基础、价格形成和变动的影响因素，定价体制指定价主体根据价格形成基础和影响因素制定商品和服务的价格。在药品领域，我国自2015年除麻醉药品和第一类精神药品外，取消其余药品的政府定价后，便正式进入了医药市场化价格形成机制改革时期（许光建和苏泠然，2019）。在此背景下，发挥医保控费作用、完善药品采购机制的药品集中带量采购价格形成机制应运而生。

药品集中带量采购价格形成机制是在集中带量采购模式下，各类价格主体对带量集采药品价格形成参与权的配置结构以及由此决定的价

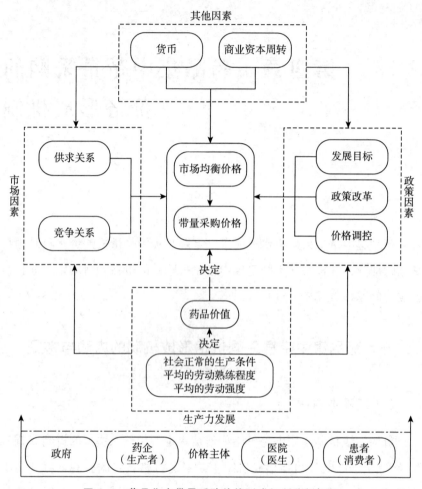

其他因素

货币　　商业资本周转

供求关系

市场因素

竞争关系

市场均衡价格

带量采购价格

发展目标

政策改革

政策因素

价格调控

决定

药品价值

决定

社会正常的生产条件
平均的劳动熟练程度
平均的劳动强度

生产力发展

政府　　药企
（生产者）　　价格主体　　医院
（医生）　　患者
（消费者）

图 4-1　药品集中带量采购价格形成机制分析框架

形式和价格体系等。其中，价格主体对带量集采药品价格形成参与权的配置结构主要指决定和影响带量集采药品价格形成的所有参与主体之间相互联系、相互作用的内在机理及其在带量集采药品价格形成全过程中的角色分工和职能定位。价格形式指价格形成的方式、途径和机理。带量集采药品价格形成方式属于市场决定价格，即带量集采药品价格在市场交换中由买卖双方在坚持"招采合一、量价挂钩"原则的基础上，根据生产经营成本、市场供求情况、药品需求数量自主协商决定。可见，药品集中带量采购价格形成机制坚持市场在资源配置中的决定性作用，但是并不意味着政府将完全放任不管。考虑到集中带量采购的公共服务属性和带量集采药品的准公共产品属性，为了促使带量集采药品价格回归合理水平，增强人民群众对药品的可及性和可负担性，应该更好地发挥有为政府的作用，尤其是注重发挥医保对带量集采药品价格形成的引导作用。

从带量集采药品价格形成的运动变化过程来看，研究药品集中带量采购价格形成机制就是研究带量集采药品价格如何形成，以及价格形成过程中影响因素和制约因素发挥作用的全流程。药品集中带量采购价格形成机制是市场主导的药品价格形成机制模式的有益探索，既注意尊重市场规律，又更好发挥政府搭平台、促对接、强监督等方面的作用。

（二）主要特征

药品集中带量采购价格形成机制是药品集中带量采购价格机制的先行机制和核心机制。本部分结合药品在使用价值、价值形成、价值量决定和定价上的特殊性，以及带量集采药品的准公共产品属性和带量集采药品定价的特殊性（详见第二章），探讨药品集中带量采购价格形成机制的基本特征。

1. 是政府引导、市场主导的价格形成机制

药品集中带量采购价格形成机制实现了有为政府和有效市场的有机结合（王东进，2021）。一方面，药品集中带量采购价格形成机制积极发挥政府在价格形成中的引导作用。首先，政府组织区域内公立医疗机构集中报量，整合分散的用药需求重塑需求格局；其次，政府通过遴选采购药品种类、设置企业准入标准、规定最高申报价格、设置竞价规则和中选规则等方式，引导企业围绕生产成本、质量展开公平竞争，为市场主导价格形成创造良好的条件；最后，政府职能的重心发生转变，从直接参与定价转向为带量集采药品价格形成营造环境、提供保障、落实监督等来弥补市场的缺陷，引导带量集采药品价格的科学合理形成。另一方面，药品集中带量采购价格形成机制有效实现市场在价格形成中的主导作用。首先，药品集中带量采购价格形成机制以市场在医药资源配置中的决定性作用为基础，企业是否生产、如何生产、生产多少等都取决于企业对市场价格信号的反应以及自身的资源禀赋；其次，企业是否参与药品集中带量采购、如何报价等都是企业在利益最大化诉求下的自主行为，供需双方始终在平等、自愿的基础上进行价格博弈；最后，带量集采药品的最终定价权不在于政府，而是分散在成千上万直接从事药品生产经营的企业手中。因此，药品集中带量采购价格形成机制是在政府引导下，在价值规律、竞争规律、供求规律的共同支配下形成带量集采药品价格。

2. 具有民本性和均衡性

药品作为一种特殊商品与健康、生命的高度关联性以及带量集采药品的准公共产品属性，都要求集中带量采购药品价格的形成要体现民本性。药品集中带量采购价格形成机制，一方面，坚持以群众用药需求为导向，优先采购临床用量大、采购金额高的药品，而后将范围逐步扩大到各类临床必需、质量可靠的药品，来满足人们多方面的用药需求；另一方面，通过发挥规模经济效应、资源配置效应和边际成本递减效益，以批量团购模式换取供给方在药品价格上的让步，保障患者用药的可及性和可负担性。

药品集中带量采购价格形成机制中通过需求及支付能力的集中促进供求关系由局部性向总体性转变，有效促进药品价格从局部均衡转向总体均衡。供求关系的局部性与总体性主要是指药品生产具有社会性，但是药品需求具有局部性。药品集中带量采购价格形成机制在更大范围内统筹了药品需求，集中了医保基金的战略性购买力量，是促进供求关系由局部性向总体性转变的关键手段，可以有效促进药品价格从局部均衡到总体均衡（这往往是一个降价的过程）。

3. 具有相对稳定性和激励导向性

药品集中带量采购价格形成机制具有相对稳定性。药品集中带量采购可以理解为一种名单制管理采购，无论是招标采购、议价采购还是谈判采购等带量采购形式，首先都给予入围企业一个采购周期内可视化的供给权利，这在实际上是一种稳定药品供给预期的方式。药品集中带量采购价格形成机制通过"招采合一、量价挂钩"的方式，为药品生产企业提供了明确的生产、销售预期，保障供给侧的稳定性；同时，药品集中带量采购价格形成机制中约定的采购量来自医院临床的数据测算，数据可信赖度高，是对药品需求的较为精准的刻画，能较为精确地反映市场需求状况，避免需求量的大幅度波动。因此，药品集中带量采购价格形成机制正是基于量价挂钩的方式，按照以量换价的逻辑，通过稳定市场预期、调节供需结构影响带量集采药品价格的形成。

药品集中带量采购价格形成机制具有激励导向性。截至 2021 年 8 月底，我国药品生产企业高达 8509 家，数量众多、低水平重复建设问题严重。[①] 药品集中带量采购价格形成机制通过促进药品供求预期的阶段性稳定，降低了医药企业的传统销售成本、节约了医药企业拓展市场的资源，实际上已经有助于药品生产企业在药品研发方面投入更大的精力；更为重要的是，药品集中带量采购价格形成机制为了统一和提升药品质量，在一系列药品准入规则及要求的约束下，促进众多药企在竞争中优胜劣汰。如国家带量集采规则中规定，如果通过一致性评价的仿制药达到一定数量，公立医疗机构就不能再采购非过评药。[②] 这就意味着部分同质化严重、质量低劣的仿制药企业将在竞争中被淘汰出局，而真正实现成本有效控制和质量优化的企业将脱颖而出，获得大量的市场份额。随着中选企业的胜出，它们将更有动力和资金投入药品研发和技术创新之中，不断地去创造"帷幕"、撕碎"帷幕"。药品集中带量采购价格形成机制通过创造更加稳定的市场预期影响供求过程，激励企业不断改进生产技术、改善经营管理，促进药品领域的技术革新。

---

① 数据来源：国家药品监督管理局网站，查询日期 2021 年 8 月 30 日。
② 《国务院办公厅关于推动药品集中带量采购工作常态化制度化开展的意见》，中央人民政府网站，https://www.gov.cn/gongbao/content/2021/content_5585228.htm，2021 年 1 月 22 日。

4. 坚持"按值论价"和"按质论价"原则

"按值论价"中的"值"指价值。药品的价值实体是药品中无差别的抽象人类劳动的凝结。在药品集中带量采购价格形成机制中,带量集采药品价格要充分体现其价值是带量集采药品价格的本质要求。药品集中带量采购价格形成机制中价格的形成充分考虑成本因素,并通过禁止低于成本报价的方式为企业预留一定的利润空间,以确保带量集采药品价格科学合理。同时,坚持在带量集采药品定价时保证药品之间的合理比价。结合第二章第一节对药品属性的分析可知,不同含量和规格的药品由于包含的社会必要劳动时间不同,其价格水平有所区别,药品集中带量采购价格形成机制中体现了同通用名药品在不同规格、剂型和包装时药品的差比价关系。[①]

"按质论价"中的"质"指使用价值。药品的使用价值是指药品可以用来满足人们防病、治病的需要。马克思曾指出,"作为使用价值,商品首先有质的差别"[②]。药品使用价值即"质"的区别主要体现在质量和疗效两个方面。由于药品生产极为复杂,原材料的质量层次、辅料的添加和使用、生产工艺水平、工人的熟练程度以及车间的温湿度控制等方面的差别都有可能引起药品"质"的变化。因此,即使是同一通用名药品由不同厂商生产,质量和疗效也可能不完全相同。药品集中带量采购价格形成机制充分考虑到我国医药市场商品质量参差不齐的现状,无论是国家带量集采还是地方带量集采都设置药品质量入围门槛,达到相关质量要求后,企业方能在价值规律、竞争规律支配下自主竞价。如国家带量集采取一致性评价作为仿制药的入围标准,轻松地将不符合质量标准的仿制药淘汰出局,而不必担心在价格机制的作用下产生"劣币驱逐良币"现象。

综上,药品集中带量采购价格形成机制坚持"按值论价"和"按质论价"原则既能有效避免"药价虚高",也能预防"药价虚低"。

① 资料来源:中国价格协会 2011 年发布的《药品差比价问题研究》。
② 《马克思恩格斯文集》(第五卷),人民出版社,2009,第 50 页。

二　带量集采药品价格形成的基础和影响因素

在价格形成机制中，价值是决定价格形成的基点，供求决定着价格的波动幅度，政府政策和利益相关者行为是影响价格的稳定点（王振霞，2008）。药品集中带量采购价格形成机制内生于药品价格形成机制，集中带量采购本身并不改变药品价格形成的基础，但可以极大程度地影响药品价格形成中的供需关系、竞争关系等影响因素。本节重点分析集中带量采购模式下药品价格形成的基础和影响因素。

（一）价格形成的基础是价值

由第二章的分析可知，集中带量采购只是一种为了解决药价虚高问题、促进药品价格科学合理形成而设计的"招采合一、量价挂钩"的价格形成方式，其本身并不会改变药品的本质属性。因此，药品集中带量采购价格形成机制也遵循价值是价格形成的基础这一基本准则。一方面，只有药品价值得到体现，才能进一步探讨带量集采药品定价问题，也才能发挥价值规律对带量集采药品价格形成的调节作用。脱离药品价值空谈带量集采药品价格的形成最终会带来药品的属性异化，导致"药价虚高"或者"药价虚低"现象的出现。另一方面，集中带量采购作为基于政策因素而设计的一种药品价格形成方式，不会影响药品价格的决定因素。故而，集中带量采购药品的价格仍是集中带量采购药品价值的货币表现形式，集中带量采购药品价格形成的基础是价值。

从价值构成来看，带量集采药品的价值由三个部分构成，即物化劳动价值 c，劳动者为自己劳动创造的价值 v，劳动者新创造的价值 m，用公式表示为"带量集采药品价值 $w = c + v + m$"（杨继瑞，2006；周春和蒋和胜，2006）。其中，$c+v$ 是集中带量采购药品的成本价格，m 是利润。$c+v+m$ 共同构成了集中带量采购药品的生产价格。根据马克思的生产价格理论，集中带量采购药品的价格围绕其生产价格上下波动。而集中带量采购价格波动的上限是患者的支付能力，超过患者的支付能力，患者因无力承受而不能购买；集中带量采购价格波动的下限是企业的成本价格（$c + v$），低于成本价格意味着企业将出现亏损而停止供应。

带量集采药品作为一种技术商品，在价值形成和价值量决定上同样具有极大的特殊性。一方面，带量集采药品价值形成是复杂劳动和简单劳动的统一体，既包含研发过程的创造性复杂劳动，又包括量产后的重复简单劳动。另一方面，带量集采药品的价值量由社会必要劳动时间决定。但带量集采的专利药和独家药由于其独创性，特别是专利药和独家药的出现具有极高的社会效益和经济效益，为了鼓励创新，理应给予独创性药品生产企业较高的利润回报，因此其价值量由社会认同的个别劳动时间决定；而带量集采的其他不具有独创性的药品，其价值量仍由社会平均必要劳动时间决定。

（二）带量集采药品的价格构成

价格构成指商品价格构成的所有要素及其在价格中的有机组成状况，价格构成是价值构成的货币表现（杨继瑞，2006）。药品价格由前期研发成本、企业生产成本、销售过程中的直接费用和销售各个环节的预期费用构成。在对之前的中国医疗体制和药价管制模式进行深入研究后，可以总结出药品价格公式：

$$P = \sum_{i=1}^{m} C_i + \sum_{i=1}^{n} P_i + H + R \tag{4-1}$$

其中，P 为药品零售价格，$\sum_{i=1}^{m} C_i$ 包括研发成本、生产成本和销售费用，$\sum_{i=1}^{n} P_i$ 包括批发商加价和医疗机构购销加价，H 指医疗机构、医生及相关人员回扣，R 为药企利润。

结合式（4-1）可知，在药品集中带量采购模式下带量集采药品价格具有以下三个特点。

第一，带量集采药品价格同样包括研发成本、生产成本和药企利润三个部分。研发成本是指带量集采药品研发过程投入的所有费用支出。药品生产企业是以营利为目的的自主经营、自负盈亏的经济组织，药企组织生产和扩大再生产具有收回成本和获得预期利润的经济诉求。因此，研发成本、生产成本和药企利润应按比例追加到带量集采药品价格中。

第二，带量集采药品价格不包括批发商加价、医疗机构购销加价和回扣。流通环节的层层加价、"带金销售"是在"以药养医"旧体制下，由于医院销售渠道的特殊性以及公立医院主导地位的特殊性而催生的"畸形"药品价格构成。但如前文论述，带量集采药品定价实现了中选价、采购价和零售价"三价合一"，因此这些费用不能再加入带量集采药品价格。

第三，带量集采药品价格中增加了税收、配送费用和交易费用等新要素。首先，《全国药品集中采购文件（GY-YD2021-1）》《京津冀"3+N"联盟药品联合带量采购项目采购文件（YP-J3DL-2021-1）》《长三角（沪浙皖）联盟地区药品集中采购文件（CSJ-YD2022-1）》等带量集采文件，绝大部分明确规定采购药品申报价是包括税费和配送费用等费用在内的（申报企业）实际供应价。其次，企业每次组织单位成员参加药品带量集采都需要支出一定的交易费用，包括前期的申报资料准备、报价核算、资料报送，后期的工作组织、跟进等。因而，税收、配送费用、交易费用等外在费用在集中带量采购模式下都应该被内部化为企业的成本支出从而追加到价格构成之中。

因此，带量集采药品价格 P 的构成如以下公式所示：

$$P = \sum_{i=1}^{n} C_i + \bar{R} + \Delta R + T \tag{4-2}$$

其中 $\sum_{i=1}^{n} C_i$ 代表研发成本、生产成本、配送费用和交易费用之和，$\bar{R}$ 指平均利润，ΔR 指药品的超额利润，T 指税收。

平均利润 $\bar{R}$ 由预付资本占用 m 和社会平均资本利润率 M' 决定，因此有：

$$\bar{R} = m \times M' \tag{4-3}$$

药品的超额利润 ΔR 代表由于技术研发风险成本、政府奖励、药品研制成功运用而产生的经济效应（周春和蒋和胜，2006），那么有：

$$\Delta R = \frac{\bar{R}}{1 - h'} + \sum_{i=1}^{Q} \sum_{j=1}^{Y} Q_i \Delta r_j \tag{4-4}$$

其中 h' 指技术研发风险率，Q 代表企业每年药品销售数量，Y 指剩余专利保护有效期限（年），Δr 代表企业每年获得的利润增量。

综上，带量集采药品的价格构成的完整公式为：

$$P = \sum_{i=1}^{n} C_i + m \times M' + \frac{\bar{R}}{1 - h'} + \sum_{i=1}^{Q} \sum_{j=1}^{Y} Q_i \Delta r_j + T \tag{4-5}$$

（三）供求关系对价格形成的影响

供求关系是影响带量集采药品价格形成最基础的因素。马克思在《资本论》第三卷中指出："供给等于某种商品的卖者或生产者的总和，需求等于这同一种商品的买者或消费者的总和。而且，这两个总和是作为两个统一体，两个集合力量来互相发生作用的。"[①] 这在一定程度上体现了供求关系影响价格形成是一个从动态变化到均衡的过程。通常来说，供过于求、价格下降，供不应求、价格上升，这是马克思供求理论中供求关系的变化对带量集采药品价格形成产生影响的一般逻辑，也是西方经济学中一般均衡理论的重要观点。西方经济学中关于供求关系的研究仅仅反映了交换领域的关系，而马克思主义政治经济学则系统性研究了供求关系背后的生产、分配、交换、消费关系总和（刘凤义和曲佳

[①] 《马克思恩格斯文集》（第七卷），人民出版社，2009，第215页。

宝，2019），在供求关系对带量集采药品价格形成的影响分析中本书基于马克思主义政治经济学的一般方法，对西方经济学中关于交换领域的科学观点兼容并包。

1. 供求关系对带量集采药品价格形成的影响机理

药品供给与需求的背后对应着药品生产与消费，供求关系的平衡通过药品以商品身份进入医药市场之后的交换关系进一步实现。在长期中，带量集采药品的供求在诸多因素的影响下是运动变化的。

第一，带量集采药品的供给受到生产能力、生产成本、价格预期、需求数量等众多因素的影响。首先，企业的生产能力取决于预付资本和劳动、生产技术水平、生产规模以及劳动者劳动熟练程度等，企业生产能力的高低是药品生产企业是否参与带量集采的一个重要考虑因素。笔者在前期调研中发现，部分中等规模的药品生产企业至今未参加国家带量集采的主要原因是国家带量集采药品需求量太大，远远超过了调研企业的现有产能。其次，生产成本的高低左右药品生产企业能否参与到药品带量集采中来。药品集中带量采购价格机制的一个重要特征便是"降价提质"。从带量集采实践来看，前六批国家带量集采药品价格的平均降幅高达53%[①]，因而没有一个高效成本控制体系是无法在药品带量集采竞争中脱颖而出的。再次，带量集采药品价格预期的高低直接决定了企业的带量集采报价策略。价格预期越高，企业参与带量集采的积极性越强，反之则越弱。最后，在药品集中带量采购价格机制中带量集采药品的约定采购量是一个面向社会公开的数据，企业可根据需求数量结合自身的产能、战略发展规划等来调整自己的带量集采申报策略。

第二，带量集采药品的需求与消费者的健康状况以及对提升健康水平的愿望紧密相关。一方面，用于特定疾病症状治疗的指定药品需求由个体的健康水平决定，其中包含个体罹患特定疾病的概率；另一方面，

[①] 《前6批药品集中采购平均降价53%》，中央人民政府网站，https://www.gov.cn/zhengce/2022-02/12/content_5673237.htm，2022年2月12日。

用于提高健康水平的药品需求由医生和消费者的个人选择共同决定。[①]
医生是患者治疗方案的提供者和药品选择的代理人，医生优先选择带量
集采药品，能促进带量集采药品需求量的增加。消费者作为药品的最终
使用者，在支付能力可承受范围内在带量集采药品和同通用名替代药品
之间选择（李诗杨等，2017）。根据前期调研结果，患者优先遵从医生
处方，其次才考虑替代药品价格。

综上，供求关系对带量集采药品价格形成的影响通过影响供给过
程、需求过程以及供需动态平衡过程来实现。供需的动态平衡过程是药
品生产企业在供给条件约束下、消费者在一定的支付能力及需求约束
下，共同确定一个双方均接受的价格水平并实现阶段性供求协同的
过程。

2. 供求关系和带量集采药品价格的相互关系

价格在供求的影响下围绕价值上下波动，价格也能反作用于供求。
供求和价格之间是一种相互影响、相互制约的关系（洪远朋，1989）。
在药品集中带量采购价格形成机制中，带量集采药品供求关系的变化和
带量集采药品价格之间的相互关系可以通过两个渠道实现：一方面，带
量集采药品供求关系影响带量集采药品价格，供求变化会引起带量集采
药品价格的波动；另一方面，带量集采药品价格高低又反作用于带量集
采药品供求变动，进而影响供求双方的价格行为和价格决策（蒋和胜，
1997；任红梅，2016）。从带量集采药品供给、带量集采药品需求到带
量集采药品价格形成再到药品供求动态平衡是一个相互叠加影响的
过程。

（四）竞争关系对价格形成的影响

竞争是商品经济范畴的必然产物，只要存在商品经济就必然会出现
竞争（黄茂兴等，2016）。马克思和恩格斯认为供求在竞争的作用下发

[①] 其中包含两个层面的内涵：一是通常来说患病概率并不能由消费者（患者）的主观
意愿决定，二是药品的消费需要与一定的支付水平相匹配。

挥影响价格的作用（黄茂兴和叶琪，2017）。药品集中带量采购价格形成机制中市场竞争有多种形式。根据竞争主体的不同，细分为供给者之间、需求者之间、供给者和需求者之间的竞争三种形式。其中供给者之间的竞争是竞争的基本形式（赵峰和段雨晨，2019）。本部分重点研究供给者之间的竞争对带量集采药品价格形成的影响。带量集采药品供给者之间的竞争是针对同通用名药品展开的竞争，因此属于部门内部开展的竞争。从竞争的内容来看，带量集采药品供给者之间的竞争又分为内部竞争和外部竞争。

1. 带量集采药品供给者之间的内部竞争

带量集采药品供给者之间的内部竞争是供给者围绕带量集采药品的使用价值、企业生产能力和供应能力等展开的竞争。首先，使用价值的竞争是带量集采药品供给者之间内部竞争的表现形式之一。马克思写道"买主购买商品并不是因为它具有价值，而是因为它是'使用价值'，可用于一定的目的……使用价值受到'估价'，也就是说它们的质量受到检验"[①]。从这段话可以看出，使用价值是商品的质量（许有伦，2013）。我国药品生产企业高达 8509 家，数量众多、产品质量参差不齐。[②] 质量越好的药品往往针对某种疾病（适应证）的药效越佳，对人体的副作用越小。药品集中带量采购价格形成机制考虑到这一情况，在遴选带量集采药品时对药品质量有一定入围门槛要求。如国家带量集采中就要求所有参加带量集采的药品必须是原研药或者通过一致性评价的仿制药[③]。可见，药品使用价值的竞争是带量集采药品供给者之间竞争的第一步。

其次，企业生产能力和供应能力的竞争是带量集采药品供给者之间内部竞争的表现形式之二。随着药品带量集采走向制度化、常态化，量价挂钩将成为药品集中带量采购的一大特点。也就是说，在药品集中带

---

① 《马克思恩格斯全集》（第十九卷），人民出版社，1963，第 416 页。

② 数据来源：国家药品监督管理局网站，查询日期 2021 年 8 月 30 日。

③ 当然不可否认的是，在针对药品疗效开展统一评价（一致性评价）的同时也要保证不会出现供给的短缺。

量采购价格形成机制中将以采购协议的形式约定采购数量和采购品种。因此，为了保障采购周期内药品的保质保量供应，只有达到相应生产规模和生产标准要求的企业才能参与采购。当然，国家、省级、省际联盟、市级等不同层级的带量采购的规模不同，它们要求的生产能力和供应能力也有差异。药品集中带量采购价格形成机制中生产能力和供应能力的要求为供应者能否参与带量集采设置了第二道门槛。

2. 带量集采药品供给者之间的外部竞争

带量集采药品供给者之间的外部竞争是供给者围绕自产带量集采药品如何顺利中选而展开的价格竞争。带量集采药品供给者之间的内部竞争是外部竞争的前提，只有顺利迈过前两道门槛才能进入外部竞争环节。一方面，成本优势是外部竞争胜出的关键。在药品集中带量采购价格形成机制中，带量集采药品价格竞争的下限是招标机构设置的最高有效申报价格，企业报价不得高于最高有效申报价格，否则视为废标；带量集采药品价格竞争的上限是企业的生产成本，正常竞争状态下没有企业会为了中选而选择低于成本价出售。但企业的生产成本是不同的，管理能力越高效、成本控制越佳的企业，其生产成本越低，从而越有可能在价格竞争中胜出。因此，带量集采药品供给者之间的价格竞争本质上是对企业成本控制和管理能力的考验。

另一方面，入围企业数量决定外部竞争的激烈程度。在药品集中带量采购价格机制中，药品生产企业入围以后，主要是根据企业报价和入围企业数量确定中选企业名单。一般而言，入围企业越多，供给者之间的竞争越激烈，药品的采购价格可能越低；而入围企业越少，供给者之间的竞争越不充分，药品的采购价格可能越高。因此，供给者之间的外部竞争主要是围绕药品"价"展开的竞争，反过来药品采购"价"的高低又成为衡量药品集中带量采购效果的核心指标之一。

综上，药品集中带量采购价格机制中的内部竞争是带量集采药品供给者之间竞争的本质，而外部竞争是带量集采药品供给者之间竞争的表现形式。

（五）其他因素对价格形成的影响

供求关系、竞争关系是影响带量集采药品价格形成的关键典型因素，除此之外，还有很多因素会对药品价格形成产生影响，比如货币、使用价值、商业资本周转速度、成本等。使用价值的影响已经体现在供求关系以及竞争关系中，成本将在博弈分析中得到体现，此处分析货币、商业资本周转速度和政策因素在带量集采药品价格形成中的影响。

1. 货币对带量集采药品价格形成的影响

马克思指出："商品价格只有在货币价值不变、商品价值提高时，或在商品价值不变、货币价值降低时，才会普遍提高"①，反之亦然。可见，货币价值的变动也会影响商品价格的变化，两者呈现反向变动关系。在药品集中带量采购价格形成机制中，采购双方通常会以签订购销协议的形式确定采购种类和采购价格，并要求合同约定时期内采购价格保持不变。因此，在采购价格既定的情况下，采购周期越长越需要考虑货币价值的稳定性。如果采购周期内出现通货膨胀或者通货紧缩，那么原料药价格水平、工资水平、替代药品以及互补商品等价格也会上升或者下降，进而拉高或者降低采购药品的生产成本，最终在不同程度上作用于带量集采药品供给体系，影响带量集采药品的正常供应。

2. 商业资本周转速度对带量集采药品价格形成的影响

马克思在《资本论》第三卷研究商业资本时发现商业资本的周转速度会影响商品价格。同一价值商品周转速度快的，其价格往往更低；而同一价值商品周转速度慢的，其价格则相对更高。② 在药品集中带量采购价格形成机制中，带量集采药品的回款周期直接影响药品生产企业资金的周转速度。一般而言，带量集采药品回款周期越长，资本周转速度越慢，药品生产企业承担的风险就越大，财务成本也越高，那么药品生产企业越不愿意在价格上做出让步。笔者调研中几家药品生产企业负

---

① 《马克思恩格斯文集》（第五卷），人民出版社，2009，第119页。
② 《马克思恩格斯文集》（第七卷），人民出版社，2009，第347页。

责人表示，带量集采前医院给药企的回款周期通常在 6 个月左右，有的甚至长达一年到数年。较长的回款周期对企业的日常运转和扩大再生产都造成了不利影响。药品集中带量采购价格形成机制中关于医疗机构需要在交货验收合格后次月底前结清药款的新规定，不仅能够缩短带量集采药品回款周期，加速资本周转，而且可以激发药企参与带量集采的积极性，但这需要更多的配套政策支持以确保结算要求的落地执行。

3. 政策因素对价格形成的影响

政策因素对带量集采药品价格形成的影响是和市场与政府在药品集中带量采购价格形成过程中的角色定位紧密联系在一起的。我国已逐步形成了由市场决定药品价格的机制，但这并不会弱化政策因素对药品集中带量采购价格形成的影响，而是对政策因素的影响范围和渠道有了更加明确的界定。具体来看，政策因素对带量集采药品价格形成的影响集中于以下三个方面。

一是药品价格改革政策对带量集采药品价格形成的影响。2015 年，我国启动了药品价格改革，除麻醉药品和第一类精神药品仍暂时实行最高出厂价格和最高零售价格管理之外，其他药品价格由市场决定。这就意味着从顶层制度设计层面规定了带量集采药品价格应由市场竞争形成而非由政府直接给定。二是医保基金预付政策对药品价格形成的影响。医保基金预付指在药品带量集采中医保基金按照不少于年度（药品带量集采）约定采购资金 30% 的比例专项预付给医疗机构。医保基金预付政策不仅缩短了企业药品回款周期，加速了企业资金周转速度；而且在减少企业财务成本和减轻企业现金流压力后，为企业因成本下降而自愿降低价格提供了动力。三是药品采购政策对药品价格形成的影响。随着药品集中带量采购的常态化、制度化推进并逐渐成为公立医院药品集中采购的主导模式，"招采合一，量价挂钩"将逐渐成为药品集中带量采购领域的通识，药品带量集采在减少流通环节的同时杜绝了"二次议价"，真正做到了带量集采药品价格公开透明、公平公正。

综上，医保在药品集中带量采购价格形成机制中充分发挥了控费作用（王东进，2018），医保政策贯穿于采购目录制定、中选价格和医保支付标准协同、中选药品使用监管、药款结算等全过程，间接影响带量集采药品价格的形成。

三　政企两方议价博弈分析

药品集中带量采购的过程首先是政府与药品生产企业之间的两方博弈，这是供需关系影响药品集中带量采购价格形成的重要体现。政府自社会福利最大化角度出发，制定集中带量采购规则以在供求、竞争等因素作用下尽量降低人民群众用药负担，企业从企业利益最大化的角度出发按照规则制定投标策略以获取最大化利益。

（一）政企两方议价博弈模型构建

从药品生产企业的角度来看，在低于对应规格最高有效申报价格的前提下，单位申报价越低，中选的可能性也就越大，但是企业的单位申报价受到其成本的约束。与此同时，政府引导药品集中带量采购，其目的在于通过药品集中带量采购来充分发挥"集中力量办大事"的制度优势，首要目标在于降低人民群众的用药负担、让药品价格回归合理区间、降低医疗服务成本，但政府也要保证医药企业的必要收益、激励医药企业的持续创新供给。以上是围绕药品集中带量采购政企两方博弈的焦点。

假设政府是理性经济人，以实现医药市场的公平和效率为目标，即除了维护人民群众的根本利益之外，还要为药企留足合理的利润。N 家药品生产企业共同构成药品生产企业集合，药品生产企业追求利润最大化且满足边际成本递减条件。在国家组织带量集采模式下，政府指定的采购代理方会预先发布约定采购批次的采购目录，包含采购品种、约定采购量计算基数、最高有效申报价格等。在该模式下，最高有效申报价格 P_0（不同品种之间 P_0 不一样）为公开信息，所有提交资料参与申报

的药企 M_i（$i=1$，2，$\cdots$，n）都能够根据自身的药品成本信息 C_i 确定能否参与申报，即参与申报的企业必定满足 $C_i \leqslant P_0$。由此，我们进一步将问题简化为药品生产企业 M_i 与政府集中带量采购代理方 G 之间围绕药品生产企业的最终申报价格 P_i（折算为最小可比价进行比较）展开的一次静态博弈，并应用议价博弈的一般分析方法展开分析。

我们用 $s = (s_1，s_2)$ 表示 M_i 与 G 之间博弈的利益分配情况，其中 s_1 为药品生产企业 M_i 的议价博弈利益区间，s_2 为集中带量采购代理方 G 的议价博弈利益区间，满足（$s_1 \geqslant 0$，$s_2 \geqslant 0$）。在前述的简化条件下，企业成本与最高有效申报价格之间的差额 a_i（$a_i = P_0 - C_i$）即药品生产企业与政府集中带量采购代理方之间议价博弈的利益分配范围（可分配利益区间），也即 $s_1 + s_2 = a_i = P_0 - C_i$。满足上述条件的利益分配即可行分配，$M_i$ 与 G 之间的议价博弈可行分配集为（谢识予，2016）：

$$S = \{(s_1,s_2) \mid 0 \leqslant s_j \leqslant a_i, s_1 + s_2 \leqslant a_i = P_0 - C_i\} \qquad (4\text{-}6)$$

其中，$j = (1，2)$。药品生产企业与政府议价博弈的核心便在于在可行分配范围内，形成一个最终的利益分配方案，追求自身的效用 u_j。博弈双方的效用通常为各自利益的函数，也即：

$$u_j = u_j(s) = u_j(s_j) \qquad (4\text{-}7)$$

对应每个利益分配 $s = (s_1，s_2)$ 都有相应的效用配置，记为：

$$u = (u_1,u_2) \qquad (4\text{-}8)$$

其中 $u = (u_1，u_2)$ 为一个非空凸集，称为效用配置集合。

为了分析的必要，我们还需要引入谈判破裂点的概念。谈判破裂点 b_j 即博弈双方无法接受在利益分配点下（$s_j < b_j$）的效用配置，即 $u_j(s_j) < u_j(b_j)$。具体来看，即在该分配点下政府无法实现其减费让利、降低患者医疗服务成本的目标或者药品生产企业无法获得盈利、持续生产、保持创新。由此我们可以反推认为，议价博弈能够进行的前提是至少存在一个利益分配集合 $s \in S$，满足 $u_j(s) > u_j(b)$。从上述分析中我们可以进一步定义药品生产企业与政府药品集中带量采购代理方之间的博弈模型为：

$$B(S, b; u_1, u_2) \qquad (4-9)$$

其中 S 为可行分配集，b 为破裂点，u_1 与 u_2 为双方的效用函数。

式（4-9）展示的为药品生产企业与政府关于药品集中带量采购价格形成的两方议价博弈模型，即供需双方在保证供需合作可持续的前提下划分确定双方利益分配的过程。

（二）政企两方议价博弈中的公平与效率

公平与效率是在求解议价博弈均衡条件时首要考虑的因素，其原因在于在一场自主、自由、公开的议价博弈中，博弈双方基于相互尊重、利益协同以及实现长期可持续合作的目标，都倾向于按照公平的方式达成合作。在达成公平目标的同时，从经济社会运行角度来看，也要注重效率原则，提升总体效率或者帕累托效率。

从药品集中带量采购来看，政府作为集中带量采购的发起方，同时也指定了集中带量采购的代理方。政府组织药品集中带量采购的主要目的在于促进药品价格的合理运行、保障患者的就医服务、降低医疗成本费用，从这个角度来看政府组织实施药品集中带量采购是履行政府职能、落实为人民服务宗旨的必然选择；同时，政府也是最广大人民根本利益的代表，政府组织实施集中带量采购，其本质是为人民、为医疗服务对象提供一项政府公共服务（医疗机构是集中带量采购的最终主体），根本目的是提升全民医疗健康服务体验。但与此同时，药品生产企业作为微观主体，也需要得到政府在创新、发展方面的支持，这是政府履行经济发展职能的内在要求。由此来看，对于政府而言，在处理药品生产企业与用药患者之间的关系时，需要保证公平与效率；同时，政府在作为主导方以及委托代理方与药品生产企业进行药品集中带量采购议价博弈时，也需要保持公平与效率的立场。

在式（4-9）所描述的两方议价博弈模型 $B(S, b; u_1, u_2)$ 中，按照公平原则，即政府与药品生产企业在可行分配集 S 范围内平分议价博弃利益，也即：

$$s_1 = s_2 = \frac{a_i}{2} = \frac{P_0 - C_i}{2} \tag{4-10}$$

议价博弈的平均主义解可以通过双边价格谈判的利益函数最大化进一步求证。在药品集中带量采购价格形成过程中，药品生产企业可以根据公开的集中带量采购信息确定中选后预计可获得的市场规模，而市场规模 Q 对价格的影响力是集中带量采购区别于普通带量集采的最大特征之一（胡超，2020）。基于此，我们界定政企双方的价格函数（反需求函数）形式为：$P_i = P_0 - \beta Q_i$（β 为价格需求影响系数）。我们以集中带量采购中选企业获得约定采购量50%的份额进一步分析，即：

$$q_i = \frac{Q}{2} = \frac{P_0 - P_i}{2\beta} \tag{4-11}$$

药品生产企业收益为：

$$E_i = (P_i - C_i)q_i = (P_i - C_i)\frac{P_0 - P_i}{2\beta} \tag{4-12}$$

求解 $\max E_i$ 的条件 $\frac{dE_i}{dP_i} = 0$，可得：

$$P_i = \frac{P_0 + C_i}{2} \tag{4-13}$$

结合均衡分析结论，即：

$$C_i + s_1 = \frac{P_0 + C_i}{2} = P_0 - s_2 \tag{4-14}$$

基于企业利润最大化的求解与平均主义博弈分析结果是一致的，即供需双方在最高有效报价与企业单位成本之间的利润空间各取一半。平均主义解虽然满足帕累托效率原则，但是需要以政企双方拥有相同的效用函数为前提，而政府在提升医疗服务供给能力、减轻群众医疗负担方面的社会效用评价与企业的利润最大化评价往往存在不一致的情况。这意味着平均却不一定平等，平等主义解能够解释双方效用函数不一致的情况（谢识予，2016），图 4-2 展现了可能性边界上的平等主义效用配置方案：$u_j = u_1(s_1) = u_2(s_2) = u_1^* = u_2^*$。

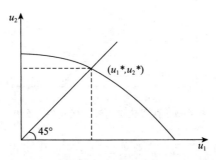

图 4-2　两方议价博弈的平等主义分析

平等主义解的本质是在特定的效用函数下，平衡经济体系中强弱关系的一种博弈结果。因此，一方面，药品集中带量采购过程中，政府对医药市场的管制越强则政府在效用配置中越有优势，那么政府的主观效用评价就越高，相反若是弱势政府，则政府的主观效用评价较低；另一方面，药品生产企业对医药市场的掌控能力越强则药企在效用配置中越有优势，其效用评价越高，反之效用评价越低。因此，平等主义解是一种有利于市场经济关系中帮扶弱者的博弈分析方法，如果过分依赖平等主义的效用配置方案，有可能导致药品集中带量采购过程中的政企关系失衡，造成资源的浪费，不利于医疗服务市场的长期稳定。平等主义解更适合分析市场中政企双方的市场地位，但确定政企双方的效用函数存在实际难度。从 $u_1^* = u_2^*$ 出发，我们进一步考虑实现政企双方效用最大化的配置方案，即存在 (u_1^*, u_2^*) 满足 $\max[u_1(s_1) + u_2(s_2)]$，此为议价博弈效用主义解（见图 4-3）。

药品集中带量采购的平均主义解论证了在供需双方拥有相同的主观效用评价时的双边议价博弈均衡，但不可否认的是药品生产企业与政府在对药品的主观效用评价方面必然存在差异。主观效用评价的差异既取决于药品本身的治疗效果评价，比如独家药、专利药的效果评估以及仿制药的一致性评价等，同时也取决于政府对整个医疗服务体制、药品市

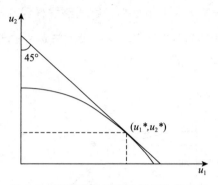

图 4-3　两方议价博弈的效用主义分析

场的调控力度，乃至药品生产企业对整个药品供需市场的判断以及药品研发的技术门槛等。在供需双方的社会效用评价不一致的情况下，平等主义提供了一种分析思路，这一思路提示我们在药品集中带量采购实施过程中要更加关注效用配置而非简单的利益分配，也即要充分考虑到患者、医药企业、政府在药品集中带量采购中的立场、诉求以及资源配置能力，这为药品集中带量采购价格机制的持续优化提供了方向。

从两方博弈的平均主义、平等主义以及效用主义分析来看，我们难以统筹影响议价博弈的各类因素，也因此难以确定议价博弈的唯一均衡解。纳什于 20 世纪 50 年代提出了议价博弈的纳什解法，即以纳什积最大化为核心，在帕累托效率、对称性、线性变换不变性，以及独立于无关选择公理（谢识予，2016）的基础上，以双方效用超过破裂点的乘积最大化为目标，以双方在分配可行集内的利益分配为约束，求解最优的价格，实现双方的效用均衡。基于两方议价博弈纳什解法的一般分析过程，我们可以将上述博弈过程进一步描述为：

$$\max [u_1(s_1) - u_1(b_1)][u_2(s_2) - u_2(b_2)]$$
$$\text{s.t. } (s_1, s_2) \in S, (s_1, s_2) \geqslant (b_1, b_2)$$

(4-15)

合理的药品集中带量采购价格形成机制应是在追求博弈双方整体效用最大化的基础上，追求博弈双方的利益最大化，由此我们进一步采用纳什积方法对药品集中带量采购的两方议价博弈进行分析。

（三） 研发类药品政企两方议价博弈的价格形成机理

从药品生产企业来说，不考虑参与集中带量采购以及成功中选集中带量采购可能带来的品牌溢价效益，它参与药品集中带量采购的总收益由价格、需求量以及成本决定。对于研发类药品而言，成本投入主要集中于前期研发过程，药品一旦研发上市成功或者首仿成功则往往能够为企业带来可观的收益。药品生产企业的收益可以表示为：

$$R_1 = P_i Q - C_i \tag{4-16}$$

其中，R_1 为企业收益，P_i 为企业集中带量采购中选价格，Q 为销售量，C_i 为研发投入成本。

与前文分析一致，一方面，政府是药品集中带量采购的组织机构，为整个药品集中带量采购的组织过程支付财政支出成本，另一方面，医保支付机构通过医保控费而获得的收益与药品生产企业的中选价格息息相关，由此政府还是广大患者利益的代理人。整体来看，政府既要考虑自身作为集中带量采购参与主体的经济效益，也要考虑药品集中带量采购带来的整个社会的经济效益（即社会效益）。

对于政府组织集中带量采购的经济效益，我们界定为集中带量采购带来的医保基金统筹支付结余部分，可以表示为：

$$R_{21} = \gamma Q (P_0 - P_i) \tag{4-17}$$

其中，R_{21} 为政府经济效益，Q 为销售量，P_0 为最高有效报价，P_i 为集中带量采购中选价格，γ 为医保基金支付比例。

为了更好地衡量政府组织药品集中带量采购的社会效益，我们引入消费者剩余理论，即我们以患者愿意为某种集中带量采购药品支付的最高价格 P_H 与其价格 P_i 之间的差额来体现药品集中带量采购给消费者带来的效益，并以此衡量药品集中带量采购的社会效益。图4-4中阴影部分可以界定为药品集中带量采购促进药品降价带来的消费者剩余部分，可以表达为：

$$CS = \int_{P_i}^{P_H} Q(P)\,\mathrm{d}P \tag{4-18}$$

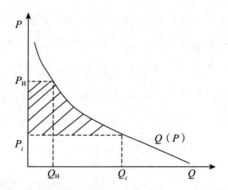

图 4-4   药品集中带量采购带来的消费者剩余

由于药品集中带量采购过程中，约定采购量为公开信息且具有契约约束性，因此可以直接确定 Q 为约定采购量为 Q_i，则有：

$$Q(P) = Q(P_i) = Q_i \tag{4-19}$$

则政府推动药品集中带量采购的社会效益可以进一步表示为：

$$R_{22} = CS = \int_{P_i}^{P_H} Q_i\,\mathrm{d}P = Q_i(P_H - P_i) \tag{4-20}$$

药品集中带量采购中政府的经济效益与社会效益之和为：

$$R_2 = R_{21} + R_{22} = \gamma Q_i(P_0 - P_i) + Q_i(P_H - P_i) \tag{4-21}$$

至此，我们可以对纳什积进行最大化求解：

$$\max V = \max[\gamma Q_i(P_0 - P_i) + Q_i(P_H - P_i)](P_iQ_i - C_i) \tag{4-22}$$

对 P_i 求一阶导数：

$$\frac{\partial V}{\partial P_i} = (\gamma P_0 + P_H)Q_i^2 + (\gamma + 1)Q_iC_i - (2\gamma + 2)Q_i^2P_i = 0 \tag{4-23}$$

可得均衡解：

$$P_i^* = \frac{\gamma P_0 + P_H}{2\gamma + 2} + \frac{C_i}{2Q_i} \tag{4-24}$$

进一步求解企业的经济效益为：

$$R_1 = \frac{\gamma P_0 + P_H}{2\gamma + 2} Q_i - \frac{C_i}{2} \qquad (4-25)$$

政府的经济效益为：

$$R_{21} = \frac{(\gamma^2 + 2\gamma) P_0 - \gamma P_H}{2\gamma + 2} Q_i - \frac{\gamma C_i}{2} \qquad (4-26)$$

政府的社会效益为：

$$R_{22} = \frac{(2\gamma + 1) P_H - \gamma P_0}{2\gamma + 2} Q_i - \frac{C_i}{2} \qquad (4-27)$$

从政府与药品生产企业药品集中带量采购议价博弈的纳什解来看，药品集中带量采购的价格由药品生产企业的研发投入成本、约定采购量、集中带量采购最高有效报价、患者能够接受的最高心理价位以及医保基金支付比例等因素共同决定。

集中带量采购最高有效报价、患者能够接受的最高心理价位都与最终的采购价格呈正相关关系。最高有效报价对采购价格的影响系数为 $\frac{\gamma}{2\gamma + 2}$，患者能够接受的最高心理价位对采购价格的影响系数为 $\frac{1}{2\gamma + 2}$。由于 $\gamma \in [0, 1]$，因此患者能够接受的最高心理价位的影响程度要大于最高有效报价。如果一款集中带量采购药品由医保基金全额支付，则患者能够接受的最高心理价位与最高有效报价对集中带量采购价格的影响程度一致；如果一款集中带量采购药品全由患者自费支付，则最高有效报价对集中带量采购价格没有影响。企业的研发投入成本显然会影响集中带量采购的最终价格，但是我们可以看出研发投入成本对带量集采价格的影响可以通过约定采购量来进行冲抵，这与我们通常所理解的集中带量采购以量换价的出发点是一致的。但是约定采购量无法冲抵最高有效报价以及患者能够接受的最高心理价位对中选价格的影响。

（四）量产类药品政企两方议价博弈的价格形成机理

值得关注的是，对于前述两方议价博弈，我们主要关注药品生产企业在新药研发、产品线建设、药品推广以及药品一致性评价等方面的研发投入成本，尤其是对于原研药、创新药、首仿药而言，药品研发上市前的高额投入是构成药品成本的最主要部分。但同时，考虑到药品集中带量采购过程中，对于大部分临床用量大、技术公开且成熟的药品而言，企业不需大量的研发投入，其成本主要由原材料、生产要素投入构成，我们以单位成本的概念对此进行分析。

政府的经济效益与社会效益不变，但企业的经济效益应为：

$$R_1 = P_i Q_i - C_i Q_i \qquad (4-28)$$

进一步求解纳什积最大化问题：

$$\max V = \max[\gamma Q_i(P_0 - P_i) + Q_i(P_H - P_i)](P_i Q_i - C_i Q_i) \qquad (4-29)$$

$$\frac{\partial V}{\partial P_i} = (\gamma P_0 + P_H)Q_i^2 + (\gamma + 1)Q_i^2 C_i - (2\gamma + 2)Q_i^2 P_i = 0 \qquad (4-30)$$

可得均衡解：

$$P_i^* = \frac{\gamma P_0 + P_H}{2\gamma + 2} + \frac{C_i}{2} \qquad (4-31)$$

进一步求解企业的经济效益为：

$$R_1 = \frac{\gamma P_0 + P_H}{2\gamma + 2}Q_i - \frac{Q_i C_i}{2} \qquad (4-32)$$

政府的经济效益为：

$$R_{21} = \frac{(\gamma^2 + 2\gamma)P_0 - \gamma P_H}{2\gamma + 2}Q_i - \frac{\gamma Q_i C_i}{2} \qquad (4-33)$$

政府的社会效益为：

$$R_{21} = \frac{(2\gamma + 1)P_H - \gamma P_0}{2\gamma + 2}Q_i - \frac{Q_i C_i}{2} \qquad (4-34)$$

我们进一步发现，对于主要成本由药品的单位成本构成的药品生产企业来说，单纯从需求侧考虑"以量换价"是不科学的，原因在于一个技术成熟、完全竞争的医药市场中，约定采购量并不能直接降低集中带量采购价格，甚至约定采购量将对大部分中小企业形成供应能力的巨大考验；在此情况下，药品集中带量采购纵深推进的关键是推动药品生产领域的供给侧改革，进一步提高药品的生产效率、促进基药原材料的稳定供应、提升药品流通效率等，这是确保药品集中带量采购能够充分发挥作用的重要保障。

四 药企多方竞价博弈分析

除了药品生产企业与政府两方关于药品集中带量采购价格形成的抽象博弈分析之外，我们还应该聚焦于集中带量这一种特殊的形式，充分考量竞争因素对集中带量采购价格形成的影响，也即展开药品集中带量采购多方竞价博弈分析。

（一）药企多方竞价博弈模型构建

药品集中带量采购的两方议价博弈分析是基于将参与申报的药企 N_i（$i = 1, 2 \cdots, m$）视为一个集合，是将政府与企业一对多的关系抽象为一对一的关系，探讨了药品集中带量采购过程中药品生产企业集合与政府博弈的共性问题。但是两方的抽象分析忽略了一个极为重要的因素，即药品集中带量采购过程中的竞争因素，因此本部分进一步分析药品集中带量采购的多方竞价博弈，引入参与药品集中带量采购的企业数量，并考虑不同申报企业之间的成本分布问题。

目前，药品集中带量采购的申报企业数量与中选企业数量一般为差额确定。国家组织药品集中带量采购早期的中选规则为最低价中选，这在客观上实现了低价却没有促进充分的竞争，因此从第二批以来国采中选规则调整为差额中选，目前的入围企业数量标准及约定采购量执行标准如表 4-1 所示。

表 4-1　国家药品集中带量采购入围企业数量规则

符合"申报品种资格"的申报企业数量	入围企业数量（家）	约定采购量（%）
1 家	1	50
2~3 家	2	60
4 家	3	70
5~6 家	4	80
7 家	5	
8 家	6	
9 家	7	
10 家	8	
11~12 家	9	
13 家及以上	10	

数据来源：上海阳光医药采购网。

设定共有 N 家企业参与申报，实际入围企业数量为 M，第 i 家企业的申报价格为 P_i，除第 i 家企业之外的其他企业申报价格为 P_n，约定采购量为 Q。参与申报的企业之间并不掌握彼此的确切生产成本 C，但是不同企业的单位生产成本分布情况为市场行情信息，假定药品生产企业的单位生产成本服从 $[0，1]$ 的均匀分布，即：$C \sim U[0，1]$。

成本是影响企业报价的决定性因素，且申报价格 P 为成本 C 的单调递增函数，即：

$$P = P(C)$$
$$P_i = P(C_i)$$
$$P_n = P(C_n) \tag{4-35}$$

也即存在反函数：

$$C = C(P)$$
$$C_i = C(P_i)$$
$$C_n = C(P_n) \tag{4-36}$$

由此可见，在确定的药品集中带量采购规则下，对于理性的药品生产企业而言，竞价博弈过程可以写为：

$$B(P_i^*, C_i, N, M; R_i) \tag{4-37}$$

式（4-37）表示药品生产企业在其成本约束下，围绕企业收益最大化的目标，根据参与申报企业数量以及入围企业数量规则，确定有效申报价格并争取入围（有效申报价格即中选价格）的博弈过程。其中，P_i^* 为第 i 家企业的中选价格，R_i 为第 i 家企业的收益。

（二）药企多方竞价博弈分析过程

我们进一步对式（4-37）所示的多方竞价博弈过程进行细化分析。

第 i 家企业中选的概率假定为 F_i，当申报企业数量 N 小于等于入围企业数量 M 时，该企业的中选概率为 1（何锐等，2020），即：

$$F_i = 1 (N \leq M) \tag{4-38}$$

当申报企业数量 N 大于入围企业数量 M 时，第 i 家企业的有效申报价需要处于所有企业有效申报价由低到高的前 M 个顺位才能入围（符合最高有效申报价格的要求），意味着至少有 $N-M$ 家企业的申报价高于第 i 家企业的申报价。即：

$$F_i = F_M \times F_{M+1} \times F_{M+2} \times \cdots \times F_{N-2} \times F_{N-1} \times F_N \tag{4-39}$$

其中，$P_i \leq P_j$，$N \geq j \geq M \geq i$。

由于存在报价策略 $P = P(C)$ 及其反函数 $C = C(P)$，则至少存在 $N-M$ 家企业的成本高于第 i 家企业的成本，即：

$$F_i = F_M \times F_{M+1} \times F_{M+2} \times \cdots \times F_{N-2} \times F_{N-1} \times F_N \tag{4-40}$$

其中，$C_i \leq C_j$，$N \geq j \geq M \geq i$。

由于所有参与报价的企业单位成本独立服从［0，1］的均匀分布，则 F_i 可以进一步变换为：

$$F_i = [1 - C(P_i)]^{N-M} \tag{4-41}$$

考虑多家企业申报及入围的概率后，药品生产企业的收益与中选概率挂钩，此处我们优先分析企业成本由前期研发成本、流水线建设成本、推广成本等固定成本构成的情况，这部分成本在总成本中的占比为 k，k 越高意味着企业前期的药品技术研发、药品产能建设等成本投入占比越高，此类药品主要是研发类的创新药、原研药、首仿药等。企业的经济效益函数为：

$$R_1 = (QP_i - kC_i)F_i \tag{4-42}$$

此处考虑 $F_i \neq 1$（$N \geqslant M$）的情况，则第 i 家企业的经济效益为：

$$R_1 = (QP_i - kC_i)[1 - C(P_i)]^{N-M} \tag{4-43}$$

求解该家企业经济效益最大化的一阶条件：

$$\frac{\partial R_1}{\partial P_i} = (QP_i - kC_i)'[1 - C(P_i)]^{N-M} + (QP_i - kC_i)\{[1 - C(P_i)]^{N-M}\}' = 0$$

$$Q[1 - C(P_i)]^{N-M} - (QP_i - kC_i)(N-M)[1 - C(P_i)]^{N-M-1}C'(P_i) = 0 \tag{4-44}$$

由于 $C_i = C(P_i)$，$C'(P_i) = \dfrac{\mathrm{d}C_i}{\mathrm{d}P_i}$，因此有：

$$Q(1 - C_i)^{N-M}\mathrm{d}P_i - (QP_i - kC_i)(N-M)[1 - C_i]^{N-M-1}\mathrm{d}C_i = 0 \tag{4-45}$$

$$\frac{\mathrm{d}P_i}{\mathrm{d}C_i} = \frac{(QP_i - kC_i)(N-M)}{Q(1 - C_i)} \tag{4-46}$$

对一阶常微分方程进行求解，可得：

$$P_i^* = \frac{k[C_i(N-M)+1]}{Q(N-M+1)} \tag{4-47}$$

若考虑企业的成本主要由可变成本构成，也即药品生产企业生产药品的技术比较成熟，产品通过一致性评价的药企比较多或者存在不具备药品一致性评价条件（如中成药）的药品市场，药企的总成本随药品供给量的增加而上升。企业的经济效益为：

$$R_1 = Q(P_i - C_i)F_i \tag{4-48}$$

与前述分析条件一致，可将企业经济效益进一步表达为：

$$R_1 = Q(P_i - C_i)[1 - C(P_i)]^{N-M} \tag{4-49}$$

求解企业经济效益最大化的一阶条件：

$$\frac{\partial R_1}{\partial P_i} = Q(P_i - C_i)'[1 - C(P_i)]^{N-M} + Q(P_i - C_i)\{[1 - C(P_i)]^{N-M}\}' = 0 \tag{4-50}$$

即：

$$Q[1 - C(P_i)]^{N-M} - Q(P_i - C_i)(N - M)[1 - C(P_i)]^{N-M-1}C'(P_i) = 0 \tag{4-51}$$

由于 $C_i = C(P_i)$，$C'(P_i) = \dfrac{\mathrm{d}C_i}{\mathrm{d}P_i}$，因此有：

$$Q(1 - C_i)^{N-M} - Q(P_i - C_i)(N - M)(1 - C_i)^{N-M-1}\frac{\mathrm{d}C_i}{\mathrm{d}P_i} = 0 \tag{4-52}$$

$$Q(1 - C_i)^{N-M}\mathrm{d}P_i - Q(P_i - C_i)(N - M)(1 - C_i)^{N-M-1}\mathrm{d}C_i = 0$$

可得：

$$\frac{\mathrm{d}P_i}{\mathrm{d}C_i} = \frac{(P_i - C_i)(N - M)}{1 - C_i} \tag{4-53}$$

对一阶常微分方程进行求解，可得：

$$P_i^* = \frac{1}{N - M + 1} + \frac{C_i(N - M)}{N - M + 1} \tag{4-54}$$

（三）药企多方竞价博弈的价格形成机理

多方竞价博弈分析主要是探讨在一个发起方以及多个参与方的药品集中带量采购情况下，采购发起方约定了最大可入围的企业数量以及企业的最高有效申报价后，参与方如何确定其申报价格的问题。当出现

$N \leq M$ 的情况时，药品集中带量采购不具备实际可实施的价值，只有在 $N \geq M$ 的情况下，药品集中带量采购才能够通过鼓励和激发充分的竞争，促进"以量换价"的实现。

符合理性经济人假设的企业均以企业收益最大化为目标，企业在确定有效申报价格之前必须对自身的成本情况进行综合评估，并对同类竞争企业的成本情况进行必要的分析。在着重考虑药品生产企业研发成本、新药推广宣发成本以及生产流水线建设成本等固定成本后，我们会发现药品生产企业的有效申报价格策略与其前期固定成本投入占比以及总成本相关，同时药品集中带量采购的竞争激烈程度以及约定采购量也会影响集中带量采购价格形成。

从成本及需求来看，不同的申报企业在成本结构方面并不一致，这与不同企业的资源禀赋差异有关，有的药企主要侧重于原研药、创新药、首仿药的研发，也有药企重在依托其上下游资源优势开展成熟仿制药的批量生产投放。因此，企业在前期研发、生产线建设、市场拓展过程中投入的成本占其总成本的比例会对它的最终报价产生影响，前期投入成本比例越高，企业的单位固定成本压力越大，企业的有效申报价格也将越高，而且该比例对总成本、竞争激烈程度以及约定采购量对采购价格的影响都会发生作用，这是对参与药品集中带量采购企业成本分析过程中值得关注的一个现象。而与此相关的另外一个情况是对于成本主要由生产原材料、劳动投入构成的药品生产企业来说，单位成本对集中带量采购申报价格也存在正向的影响。从整体来看，对于原研药、创新药、首仿药等来说，研发成本在总成本中占据较高的比例，约定采购量与带量集采价格成反比的结论比较契合原研药、创新药、首仿药等生产企业实现规模经济的现实需求，意味着企业能通过集中带量采购"以量换价"模式促进原研药、创新药、首仿药快速打开市场，从需求侧来说促进了优质医疗服务均等化，从供给侧来说可以助力优质医药企业尽快实现规模经济效应，促进高额技术研发成本的分摊；而对于一般的量产类药品生产企业而言，尤其是对于基药生产企业来说，集中带量采购在更大程度上是为它们提供稳定的市场预期，促进企业的生产管理以及库存管理，降低药品的储存及流通成本。

从竞争情况来看，集中带量采购的价格形成受参与申报的企业数量影响，申报企业越多、落选企业越多，则带量集采中选价格越低。这一结论符合我们对药品集中带量采购的一般预期，但同时也超出了集中带量采购"以量换价"的狭义范畴，更加强调了在药品集中带量采购价格形成过程中竞争因素的重要作用。在前述分析中，$N-M$ 代表的是在药品集中带量采购中最终落选的企业数量，但这并不是意味着以扩大落选企业数量为目标来组织药品集中带量采购，而是意味着要在药品集中带量采购过程中更好地激发企业的竞争活力（从单一企业入围规则优化为差额入围规则是对这一结论的验证）。在企业的成本与最高有效报价的约束下，越多的企业参与申报，集中带量采购的中选价格越低，这一结论从已开展的药品集中带量采购实践中可以得到验证。如果缺乏竞争，如 $N \leqslant M$，集中带量采购本质上就从药企多方竞价转变为前述的政企两方议价，约定采购量对降价的牵引作用依然存在，因此集中带量采购覆盖的范围越广、统筹的药品使用量越大越有助于促进药品降价。

五　药品集中带量采购价格形成机制的主要问题

结合药品集中带量采购价格形成的基础、影响因素、博弈过程以及价格形成的实践，笔者总结分析认为药品集中带量采购价格形成机制主要存在以下四个方面的问题。

（一）优质药品的有效供给不足

完善的药品集中带量采购必须以充分的优质药品有效供给为基础，但无论是从药品本身的使用价值来看，还是从优质药品的有效供给来看，我国都存在短板，这极大程度地影响了药品集中带量采购的价格形成过程。药品集中带量采购价格形成机制的一个重要特征是坚持"按值论价"和"按质论价"原则，药品价格形成的基础是价值，而由于带量集采设置了质量准入标准，因此能否参与到带量集采中来取决于药品的质量高低和疗效好坏。

从供给侧结构性改革促进药品生产企业创新发展的角度来看，我国药品生产企业的创新能力长期整体低迷。在国家不断改革药品审评审批制度、出台药企创新激励配套措施的背景下，我国药企创新动能不断增强，但行业整体创新成果仍未达到与我国经济发展相适应的水平。国内药企往往热衷于同质化的研究，不喜新药研发带来的不确定性风险，因此在药物基础研究领域的投入普遍不足，大而不强的现象在医药领域凸显。数据显示，我国药品研发上市前的数量占全世界的 4.1%；上市后新药数量占比为 2.5%，这两个比值在全球属于第三梯队水平，美国、日本、英国、德国等都位居前列。[①]

除新药以外，我国在仿制药领域也存在有效供给不足的短板。药品集中带量采购价格形成机制的功能之一就是发挥价值规律作用，以加速我国仿制药替代进度，促进药品"降价保质"。2015 年国务院发布《关于改革药品医疗器械审评审批制度的意见》，要求对已上市仿制药分期分批进行一致性评价，2016 年正式出台《关于开展仿制药质量和疗效一致性评价的意见》，随后几年政府又相继出台一系列政策，助力一致性评价的推进（刘俊杰和胡永宏，2021）。2018 年国家药监局发布的《关于仿制药质量和疗效一致性评价有关事项的公告》明确规定，药品带量集采中若同种药品过评药的生产企业超过 3 家，原则上不再采用未通过一致性评价药品。我国是仿制药大国，批准上市的药品中仿制药比例高达 95%（陈海波，2021）。但过去我国仿制药审评审批标准并不严格，导致我国仿制药质量参差不齐，部分仿制药存在疗效不确切[②]，甚

[①] 《如何解决医药原始创新能力不足？强化基础研究成关键》，第一财经（百度百家号），https://baijiahao.baidu.com/s?id=1693828834975232391&wfr=spider&for=pc，2021 年 3 月 10 日。

[②] 《政策不完善导致优质低价的仿制药供应不足》，华夏时报（百度百家号），https://baijiahao.baidu.com/s?id=1726060032787634416&wfr=spider&for=pc，2022 年 3 月 3 日。

至药效无法与原研药等同的问题，加之部分仿制药生产企业在一致性评价方面的研发投入不够，因此高品质仿制药供给明显不足，药品供需关系明显失衡。

仿制药质量上的差异以及仿制药一致性评价覆盖面不足的问题也约束了药品集中带量采购价格形成过程。尤其是随着中成药以及生物制剂逐步常态化纳入药品集中带量采购，一致性评价的统一标准问题更加凸显。2021 年 2 月，国家药监局发布《生物类似药相似性评价和适应症外推技术指导原则》，被视为对生物药一致性评价的探索，但对于指导常态化的生物药带量集采来说这一技术指导原则还需要在实践中持续完善。目前，除了国家组织带量集采和长三角（沪浙皖）联盟带量集采等直接将一致性评价作为仿制药的质量入围门槛外，省级以及省际联盟带量集采的药品质量入围标准并不统一，大多数是只要符合国家有关部门的药品质量标准要求即可。部分省级以及省际联盟将"质量和疗效"作为一项评价指标来制定入围规则和中选规则，如湖北等 19 省区联盟的《中成药省际联盟集中带量采购公告（第 1 号）》明确通过制定综合评价体系遴选入围品种，《陕西等 11 省省际联盟药品集中带量采购文件（SX-YPDL2020-12）》明确采取"双信封"综合评分等方式遴选入围品种，但《京津冀"3+N"联盟药品联合带量采购项目采购文件（YP-J3DL-2021-1）》指出药品在符合国家有关部门的质量标准要求后便不再对其"质量和疗效"进行评价，只需要围绕"价格"开展竞争。

在药品集中带量采购价格形成机制中如果不设计科学的药品质量和疗效评价标准，而将带量集采的重点聚焦于价格竞争则极易导致"劣币驱逐良币"现象。我国中成药和生物制剂由于结构复杂，质量层次划分和分类难度较大，相关的技术指导原则还需要不断完善，这客观上限制了中成药与生物药的带量集采进程。即使是已经实施了一致性评价的化学药品，也并非所有区域联盟、省级联盟都将一致性评价作为质量门槛。原因在于我国药品一致性评价进程较慢，通过一致性评价的药品数量有限，依然存在优质药品供给不足的问题。如图 4-5 所示，截至

2021 年底，我国通过一致性评价并获得上市批准文号的药品共计 1802 个，其中"4+7"城市试点后企业参加一致性评价的积极性和通过率明显增强和提升，2017 年通过一致性评价的药品只有 17 个，到 2021 年已经达到 859 个。但是相对于我国 15.12 万种药品的总数而言，通过一致性评价的药品占比还是太低。这是因为企业开展一致性评价所需研发费用十分高昂，据统计最高费用约为 4000 万元，最低费用也超过 150 万元，一致性评价费用平均约为 760 万元（李闻涓等，2020）。

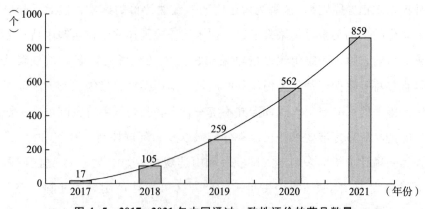

图 4-5 2017~2021 年中国通过一致性评价的药品数量
数据来源：国家药品监督管理局网站。

仿制药一致性评价是"补历史的课"，中成药以及生物药探索建立"一致性评价标准"是"学习新课"。推动仿制药替代计划是大势所趋，美国和日本等也曾经花费数十年时间推进这项工作。只有加速推动药品质量和疗效一致性评价进程，才能更好地解决药品带量集采质量入围标准不一、优质药品有效供给不足的问题，才能避免在带量集采中"劣币驱逐良币"，更好地发挥药品集中带量采购价格形成机制的资源配置效应和仿制药替代效应。

（二）原料药垄断影响稳定供给

我国原料药市场是一个存在较高市场进入壁垒、生产企业数量不多且受到政府严格管控的市场。原料药既是企业生产成本的重要组成部分，同时从药品生产供应链来看，原料药又具有较大的特殊性。原料药市场结构比较复杂，一方面，原料药生产具有较高的资质要求。据统计，截至 2019 年，我国共计约有 1500 种化学原料药，其中 50 种原料药仅仅只有 1 家企业获得生产资质，44 种原料药仅有 2 家认证生产企业，40 种原料药仅有 3 家认证生产企业（李世杰和李伟，2019）。比较集中的生产企业对应的是庞杂的原料药包销、代销市场，包销、代销机构在获得原料药之后倾向于将原料药作为储备资产"高抛低吸"，影响整个药品的生产供应链。另一方面，由于原料药领域环保标准提高、整体盈利水平走低，一些企业即使具备相应的生产资质，也存在主动退出或不愿生产的现象，导致我国医药市场的上游原料药市场形成寡头垄断甚至是完全垄断格局。

与我国原料药市场垄断对应的是我国下游药品制剂生产企业众多，下游生产企业数量远超过上游原料药企业的数量，普遍存在一家原料药企业或一家原料药包销企业对应数十上百家药品制剂生产企业的情况；药品生产企业对上游原料药存在较强的依赖、缺少可替代原料药或原料药替代成本较高。上下游市场企业数量存在落差、原料药供需失衡造成上游原料药企业在和下游制剂企业交易时，具备更强大的议价能力，增加了原料药市场出现价格激增、垄断等现象的可能性。同时，由于一对多的市场结构，原料药供应链中的部分企业之间一旦达成利益联盟，极有可能通过独家销售、附条件销售等行为形成市场垄断、支配市场格局。2011~2021 年，国家市场监督管理总局公示了 13 起比较典型的原料药垄断案例，相关部门共查处违法企业 23 家（包括原料药生产企业和原料药代理销售企业）。这些垄断案例中，相关企业大多存在滥用市场支配地位，实施以不公平高价销售、无理由拒绝交易、搭配销售等违法违规行为（邓勇，2021）。在 2020 年公布的注射用葡萄糖酸钙原料药垄断案例中，相关企业将采购价从每公斤 80 元调整至最高每公斤 2184 元，提价 26.3 倍。①

---

① 资料来源：国家市场监督管理总局。

原料药市场垄断行为的频现为药品集中带量采购价格形成机制埋下了隐患。在药品集中带量采购价格形成机制中，中选药品生产企业在以合约形式获得既定约定采购量的同时，也需遵守契约精神按时保量地供应药品。因此，带量集采中选企业若不想承担违约风险，则需要相应量价稳定的原料药供给保证。一般来说，很少有企业在中选前已经签订原料药购销合同，也不是所有的企业都能实现原料药、制剂药一体化生产，因而在带量集采合同约束下，中选生产企业将更加受制于上游原料药企业，这便进一步刺激了原料药企业抬高原料药价格、实施垄断行为。而在带量集采确定的中选价格下，原料药企业实行高价垄断就会导致中选企业生产成本激增，甚至引发成本和价格"倒挂"现象出现，因此，中选企业就会陷入如期履约出现亏损、断供少供违约失信的双重困境。综上，原料药市场的垄断行为，加大了企业成本预估和有效申报价格测算的难度，不利于带量集采药品科学合理定价，是药品集中带量采购价格形成机制中的重要不确定性因素。

（三）供给诱导需求现象难消除

供给诱导需求理论是卫生经济学研究的热点话题之一，主要聚焦于研究医生在诊疗过程中是否存在过度医疗行为。供给诱导需求概念最早由 Evans 在 1974 年提出，指医生为了自身利益诱导患者消费相对于具有完备信息病人更多的医疗服务。后来，Fuchs（1978）进一步将供给诱导需求和消费者利益最大化结合起来，认为供给诱导需求是指医生出于自利动机，引导患者产生的医药消费水平偏离消费者最优消费水平。Rice（1983）基于信息不对称理论进行解释，强调供给诱导的需求是医患处于同等医药信息和知识储备条件下不会推荐和选择的药品和服务。结合学者们的定义可以发现，信息不对称和自利动机是产生供给诱导需求的两个必要条件。

根据前述药品使用价值特殊性中医患间信息不对称的特征，患者在生病后只能寻找专业医生来提供治疗方案，于是医患之间构成了委托代理关系。若医生作为代理人利用患者医药专业知识匮乏，为患者开具超过最佳治疗方案所需的药品和诊疗来为自己谋求利益，便会出现"诱导需求"，即通常所说的"大处方"和"大检查"。在"以药养医"旧体制下，公立医疗机构可按照规定的购销差价率获得销售利润以及药企与医疗机构、医生之间存在药品销售"回扣"协议，导致"大处方""高价药"等现象频频出现。随着新时代药价加成政策的取消和医疗机构改革的不断推进，"大处方"现象有所缓解。但是部分学者通过实证分析发现，医疗保险在分担患者医药费用的同时，降低了患者对药品价格的敏感度，因此也易引发过度医疗（Arrow，1963；Coscelli，2000；谢明明等，2016）。

我国医患间的信息不对称和覆盖全民的基本医保制度极易让患者在就医过程中面临诱导需求，致使医保基金和患者均花费大量不必要的医药支出（黄枫和甘犁，2012；Fu et al.，2018；朱铭来和王恩楠，2021）。在药品集中带量采购价格形成机制中，医疗机构与药企签订约定采购量的契约合同，医疗机构需在采购周期内确保中选药品的使用、完成约定采购量目标。不仅如此，带量集采中选药品的使用占比已经成为医疗机构管理部门对公立医院的绩效考核指标，而医院往往又将这一指标分摊给科室、医生。可见，医疗机构、医生诱导需求又产生了新动机，而医患间的信息不对称现象又难以打破，因此供给诱导需求的土壤仍然存在，医生诱导需求的现象难以消除。

笔者在问卷调查和深度访谈中发现，一方面，医药市场中存在为完成中选药品使用指标而开具"大处方"的现象。问卷调查数据显示，37.50%的受访者经常感觉被医生多开药，54.17%的受访者很少感觉被多开药，只有8.33%受访者认为从未被多开药。另一方面，部分医疗机构为完成中选药品使用指标而不再销售替代药品（同通用名药品）。访谈中一位慢性乙型肝炎患者表示在药品集中带量采购之前，就诊医院为他开具的富马酸替诺福韦二吡呋酯片系葛兰素史克公司生产，国家带量集采后就诊医院只开具成都倍特公司生产的中选仿制药，不再开具原研药。这一替代过程在客观上降低了患者的用药负担，但受访对象表示由于不想更换品牌，他便选择了药店购药。为了确保中选药品的使用而限定于开具中选药处方的"一刀切"行为在客观上也是诱导需求的一种表现，不仅不能满足患者多样化的需求，而且不符合医疗机构"以人为本"的宗旨。当然不是所有的医患委托代理关系都会出现供给诱导需求行为。医生高尚的医德和专业的职业素养抑或患者具备相关的医药知识储备，都能减少供给诱导需求现象的发生。比如，普通感冒、慢性病等患者对自身病情程度和治疗方案会有一定了解，医生过度的用药行为可能会遭受拒绝。

综上，医疗机构、医生以供给诱导需求不仅是一种医药资源的浪费，而且会增加患者不必要的医药消费支出，进而可能引发医患纠纷，同时也造成了医保基金的浪费、降低了医保资源的使用效率。因此，在药品集中带量采购价格形成机制中既要有效避免医疗机构、医生为了顺利完成中选药品使用指标而过度用药，也要避免医生为了回扣或其他利益因素选择其他替代药品而非中选药品，确保用量真实反映患者的需求。

（四）医药市场分化影响覆盖面

目前，我国医药采购市场主要分为三种采购模式，呈现三种价格形成机制。第一类药品价格形成机制主要针对部分专利药和独家药，由于这类药品竞争不充分，大多采用医保药品目录准入谈判的形式，建立药品谈判采购价格形成机制；第二类药品价格形成机制主要针对临床急（抢）救药品、新上市创新药、市场供应短缺药品、临床急需药品、血液制品、麻醉和精神药品等，在实行挂网采购或者备案采购后，由医疗机构与医药企业自行议价（国家另有规定的从其规定），即建立药品议价采购价格形成机制；第三类药品价格形成机制主要针对临床用量大、采购金额高、多家生产的原研药和仿制药，这类药品竞争较为充分，适宜通过集中带量采购的形式，建立药品招标采购价格形成机制。三种药品价格形成机制在过去的医药采购市场分工明确、各司其职。但随着集中带量采购常态化、制度化时代的到来，三种价格形成机制间转化困难，影响了集中带量采购的覆盖面。

第一，第一类价格形成机制中专利药和独家药"谈判易带量难"。一方面，专利药和独家药由于处于药品上市初期，有力竞争者缺乏，专利药和独家药生产企业往往采用目标利润定价法或撇脂定价法来进行药品定价以期尽快收回投资，实现利润最大化。因而，对于竞争不充分又长期处于买方市场的专利药和独家药，即使启动集中带量采购，也很难换取专利药和独家药生产企业在价格上大的让步。另一方面，专利药和独家药临床使用经验不足，可供参考的临床历史用量数据有限，导致临床需求数量估计困难，因而如何科学报量成为一大难题。①

第二，第二类价格形成机制中药品大多是短缺药品和临床急需药品，这类药品需求量少，难以发挥规模经济效应且整合需求实施集中带量采购耗时耗力。

第三，第三类价格形成机制中原研药生产企业在带量采购中消极竞标。在国家带量集采前，原研药在我国招标采购市场上长期享受"超国民待遇"，以致原研药价格长期居高不下，未形成专利悬崖效应。随着一致性评价的稳步持续推进，国家带量集采和地方带量集采大多将原研药和仿制药放在同一平台竞价比拼，不再进行质量分组，这对于加速仿制药替代作用效果明显。但是实际操作中，原研药生产企业采用消极竞标的态度对待国家带量集采（郑洁等，2021）。根据上海阳光医药采购网公布的中选结果，国家前五批带量集采中仿制药占比分别为88%、96%、98.95%、98.73%和95.62%，仿制药占比大，而原研药占比并不高。同时，原研药生产企业降价意愿并不强，部分采用难以中选的价格申报以便让自己落标。这是因为大多数原研药生产企业有自己固定体量的客户群，这部分客户在长期中养成了固定的用药习惯，愿意自费为原研药买单。但是，原研药生产企业也开始调整策略，将目标瞄准带量集采外医疗机构剩余的20%~30%的市场以及医院外零售市场和互联网医疗市场。

---

① 《医保谈判药品为什么不适用集中带量采购》，澎湃网，https://www.thepaper.cn/newsDetail_forward_12125911，2021年4月9日。

第五章 药品集中带量采购的
价格运行机制

上一章已经回答了集中带量采购药品价格如何决定、如何被影响的问题，本章需要进一步回答的是在集中带量采购这一制度设计下，药品价格形成后如何在既定的契约约束下实现药品的交换价值，又如何发挥药品价格在经济关系和经济运行中的调节功能，这些便是药品集中带量采购价格运行机制的重要研究内容。药品集中带量采购价格运行机制是药品集中带量采购价格机制的核心环节，是在价格形成机制基础上对药品价格客体、多元价格主体及其价格行为的进一步研究，是在一个相对较长的时期内对价格围绕价值的波动以及各主体之间利益关联性的进一步探讨。

一 药品集中带量采购价格运行机制的内涵与特征

（一）基本内涵

药品集中带量采购价格运行机制的源头在于价格运行，而价格运行作用于马克思主义政治经济学论述的社会再生产中生产、分配、交换和消费等环节。白暴力（1999）认为市场价格运行包括两个过程：一是市场价格围绕"自然价格"的运动过程，二是在运动中实现价格直接基础的过程，其中价格直接基础的货币表现就是"自然价格"，也就是价值的转化形式，在简单商品经济时期、资本主义自由竞争时期和垄断资本主义时期分别表现为价值量、生产价格和垄断价格。在计划经济时代，政府掌握资源配置、政府确定价格，此时的价格不存在调节生产关系以及配置生产资料的能力；随着我国社会主义市场经济不断发展完善，市场参与价格形成的机制日益健全，价格的波动开始牵引资源配置，价格运行的理念逐渐地得到关注。

　　大多数学者从价格机制组成部分的角度对价格运行机制进行解释。温桂芳（1995）认为价格运行机制是第二层次的价格机制，价格形成机制是第一层次的价格机制，价格运行机制是价格与其他经济要素相互联系并调节市场和经济运行的过程。王振霞（2007）认为价格运行机制理论包括价格形成的具体过程以及影响价格波动的因素分析，在社会主义市场经济条件下进一步完善价格运行机制应当成为我国价格理论研究的重点。白臣（2020）提出中国特色社会主义市场经济条件下价格运行机制由价格形成机制、价格资源配置机制和价格约束机制构成。

　　部分学者结合重点行业领域研究了具体对象的价格运行机制。严敏（1996）以粮食价格作为研究对象，认为粮食价格运行机制反映了粮食价格的变化趋势以及变化原因。蒋和胜（1997）从供求机制、竞争机制和风险机制三个方面重点研究了农产品价格运行机制。刘惠杰（2005）从石油市场的供给、需求、价格决定以及价格影响因素等方面着手研究了国际石油的价格运行机制。郭庆方（2015）以循环经济技术作为研究对象分析了全社会、企业内、企业间三种循环经济主要产业模式的价格运行机制。陆守坤和郑胜寒（2020）以医疗服务作为研究对象，构建了以医疗服务成本为基础，涵盖医疗服务调整周期、调整目标、调整方法、影响因素、价格监管等方面的医疗服务价格动态调整运行机制。

　　由上可见，关于价格运行机制的内涵与构成要素，其实学术界并未形成统一的认识，价格运行机制与价格形成机制的关系也取决于研究者对价格形成与价格运行的具体界定，但是学者关于价格运行机制的研究普遍包含价格的波动以及通过波动调节经济要素及资源配置的作用。

根据马克思主义政治经济学的相关理论，药品集中带量采购价格运行机制既要发挥供求、竞争对价格运动的作用机理，体现集中带量采购药品价格的周期性波动；又要展现价格杠杆对社会再生产中生产、分配、交换和消费等环节中生产关系的调节作用，进而进一步解放和发展生产力，揭示集中带量采购药品价格对四元价格主体的经济关系和经济运行的调节作用；还要运用商品流通的一般规律，探析并揭示集中带量采购模式下药品价格运行两个层次的特殊性，服务于降价减负促发展、提质增效助改革的目标。由此，本书将药品集中带量采购价格运行机制定义为：带量集采药品价格运行的构成要素之间相互联系、相互作用的内在机理、运作方式以及带量集采药品价格在市场运行过程中对经济关系和经济运行的调节作用。药品集中带量采购价格运行机制建立在价格形成机制之上，无论什么样的价格形成机制都要求建立与之相匹配的价格运行机制。

（二）主要特征

在前述药品集中带量采购价格运行机制的基本内涵中，我们已经明确了价格形成机制之于价格运行机制的基础性地位。药品集中带量采购价格形成是在市场化的供求、竞争等因素影响下，药企与政府、药企之间相互博弈最终形成静态中选价格的过程，而价格运行机制的使命则是在静态价格基础上按照药品集中带量采购的规则通过调整主体、要素之间的关系进一步保证价格实现、促进资源的优化配置，让带量采购药品价格的运动更加适应和满足深化"新医改"的目标要求。因此，在内涵界定的基础上，我们需要进一步把握药品集中带量采购价格运行机制的特征，这些特征贯穿于药品集中带量采购价格运行的全过程。

1. 价格运行具有两个层次

静态的中选价格形成之后，药品集中带量采购价格运行的首要任务是确保中选价格的实现，这是价格运行的第一层次，即"W—G"商品第一形态的实现过程。第一层次是带量集采药品供需方按照约定的原则以及价格完成供需交割以及支付结算的过程，过程的关键在于供方如约保障供应、需方如约完成约定采购量并按照规则对供方进行结算付款，政府在价格实现过程中提供必要的规制与引导。在静态带量集采价格实现的同时，药品价格运行也将对市场主体的行为、接续工作的开展以及市场的资源配置产生调节作用，这是价格运行的第二层次，包括但不限于"G—W"商品第二形态的实现过程。第一层次是价格运行的初级阶段，通过与中选价格紧密相关的交易行为来体现；第二层次是价格运行的高级阶段，通过价格调节生产关系及经济运行的功能来体现。

2. 契约是价格运行机制的重要组成部分

药品集中带量采购价格形成机制最终体现为基于带量集采中选价格的一种契约，这一契约构成了价格运行机制的重要组成部分并有效降低了价格运行机制中的交易成本。药品集中带量采购所确定的供需方、量价关系在本质上构成了一种契约关系，这种契约关系是政府在充分认识到市场交易中存在的药价虚高、带金销售、结构失衡等现实问题之后，引导市场供需双方共同构成的。基于药品集中带量采购所构成的这种契约关系，供需双方尽量降低不确定性、有限理性、机会主义和资产专有性等因素对药品供需关系的影响，从而促进多方利益最大化的实现。

3. 价格运行过程体现了政府和市场"两只手"的作用

药品集中带量采购价格运行机制以价格形成机制为前提，市场主导了药品集中带量采购价格形成，也主导了药品集中带量采购价格运行。

第一，药品集中带量采购价格运行是围绕带量集采中选价格的运行。价格实现过程是价格形成机制的延伸，也是形成机制与运行机制的衔接，价格实现是基于市场主导形成价格。第二，价格调节医药相关主体行为、调节医药资源配置、促成医药卫生体制改革目标达成的过程由市场主导。每批次药品集中带量采购完成之后，确定的标的、确定的供方需方以及确定的量价关系在客观上形成了一个封闭的局部市场，但这个封闭的局部市场内的所有参与主体、资源要素均与外部的开放市场紧密相关，市场内的主体可以根据中选价格所体现的市场格局以及发展趋势适时调节市场行为、匹配生产资源。第三，价格运行的调节作用有赖于一个良好的市场环境。市场主导价格运行过程要以良好的市场环境为基础，有赖于市场能够有效传递价格信号、能够支持资源要素的自由流动。

不可否认，市场存在失灵，价格运行过程中价格实现受阻、供需失衡、医疗道德风险等问题时有发生，这客观上要求政府既要作为参与者也要作为管理者融入药品集中带量采购价格运行过程中。

4. 价格运行是相对稳定与运动变化协同的过程

从短期来看，在药品集中带量采购的合约期内，政府、药企、医院、患者能够适时稳定地开展价格运行管控、组织药品供给、落实药品应用等，这体现为药品集中带量采购价格运行的相对稳定性；短期内的价格实现是针对带量集采形成价格的实现，而非古典经济学所强调的动态供求均衡所确定的价格实现。这种相对稳定性既是实际运行的稳定性，也是预期的稳定性。

从长期来看，药品集中带量采购的价格运行机制是一个动态的机制而非静态的机制，价格运行机制的运动变化性主要表现在时间的连贯性和空间的连续性上。从时间的连贯性角度来看，药品集中带量采购不是"一锤子买卖"，不能够在一轮采购中决定药品价格从而永久不变；同种药品在同一省份确定了中选价格，也可能在下一个采购周期形成新的采购价格；将同种药品在一个较长的时间段内所有的采购价格连接起来就会形成一条连续波动的曲线，这条曲线会呈现采购药品的价格波动趋势（这种波动也可能体现在跨区域的带量集采中）。从空间的连续性角度来看，采购药品的价格并不是孤立存在的，而是与其他地区同种药品的采购价格或者其他相关性商品的价格相互联系、相互影响、相互制约的。国内大多数省级联盟在带量集采药品时会实施联动参考价格动态调整，其他区域中选价格的变化会对相关省域药品集中带量采购价格产生影响。同时，空间的连续性还体现在价格之间的因果关系上，如采购药品作为最终产品的价格会受到原料药价格和配送费用等的关联影响。

二　药品集中带量采购价格运行过程及其影响因素

药品集中带量采购价格运行过程是基于围绕中选价格而形成的契约关系，促成价格实现、发挥价格杠杆对生产关系以及经济运行的调节功能的过程。本节借鉴马克思主义价格理论和流通理论将价格运行分为两个层次进行探讨。

（一）第一层次：药品集中带量采购的价格实现过程

药品集中带量采购价格的实现是价格运行机制的第一层次（详见图5-1），即"W—G"商品第一形态的实现过程，也是交换价值的实现过程。价格实现作为价格运行机制的第一层次，从药品供应方的角度来看是 W—G，即卖出药品换回货币，实现药品作为商品的惊险跳跃过程，也是按照商业契约精神履行中选供应契约的应有之义；从药品需求方来看是 G—W，即买回药品履行商业契约的过程，同时也是服务患者、实现医保基金结余留用激励的过程。

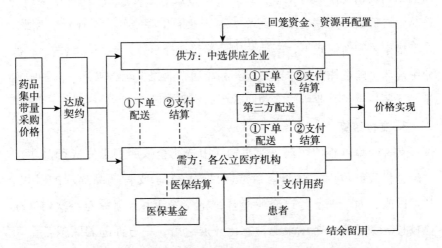

图 5-1　药品集中带量采购价格运行机制的第一层次

1. 协议签订

在药品集中带量采购中选结果公示无异议之后，带量集采工作小组（如联合采购办公室）发布最终中选结果，包括中选企业、中选价格和供应地区。各省（区、市）根据联合采购办公室发布的最终中选结果，在省级药品集中采购平台进行挂网，并组织医疗机构和中选企业之间签订药品购销协议。① 无论是国家统一组织药品集中带量采购，还是各省际联盟组织集中带量采购，最终中选药品的需求方都是医疗机构。

2. 供需匹配

供需匹配过程是医疗机构向中选企业发出药品需求，中选企业响应需求、安排生产并如约供应中选药品的过程。药品生产企业应当按照药品集中带量采购约定的药品规格、药品质量进行生产供应，药品需求方应当按照集中带量采购的约定采购量逐步释放用药需求。此处值得特别关注的一个环节是，中选企业生产之后的配送。药品流通企业是我国医药市场中的重要组成部分，在药品集中带量采购常态化推进之前药品流通企业主要依托其强大的销售渠道以及流通能力在药品生产企业与药品终端销售机构之间赚取差价。药品集中带量采购逐渐常态化推广之后，药品中选价格即销售价格，药品流通企业的生存空间大幅压缩。因此，在带量集采的新模式下，一部分中选药企选择自行开展药品配送，一部分中选药企则选择继续由第三方药品流通企业提供配送服务，两种配送模式下药品生产企业所面临的回款压力有所不同。

3. 支付结算

支付结算过程即用药医疗机构在中选药企按照要求完成药品生产并配送供应到位后，按照集中带量采购的要求支付药品款项的过程。长期以来，对于药品生产企业而言，完成药品供应之后的回款周期往往较长。药品集中带量采购常态化开展之后，一方面随着医保基金预付制度的不断完善，另一方面伴随着对带量集采药品回款政策性要求

---

① 资料来源：联合采购办公室发布的《全国药品集中采购文件（GY-YD2021-2）》。

的不断强化，该问题得到了较大的改善，企业回款压力大幅降低。但值得关注的是，在前述的第三方配送模式之中，药品供应企业往往直接和流通企业先行结算，要求流通企业先行垫付药款，流通企业再行与医疗机构进行结算，该种模式下回款压力主要由流通企业承担。支付结算过程完成后，对于中选企业以及医疗机构而言均可称为集中带量采购药品价格的实现，药品生产企业通过资金回笼可以进一步优化企业资源配置。

4. 履约监督

履约监督主要是政府机构保障药品集中带量采购价格运行过程的体现，政府机构通过必要的政策约束手段对价格实现的各个环节进行引导与规制。一是中选药品供应以及使用情况的监督。政府机构对中选企业的药品供应、药品配送、退货情况等进行全方位的监管，并将之纳入企业的诚信档案；对参与带量集采医疗机构的中选药品使用情况、完成约定采购量进度等进行监督。二是中选药品质量监督。对中选企业的药品生产工艺、生产标准、药品质量等进行过程管控，实施"一企一档"管理。[①] 三是对医疗机构是否按照合同约定和中选企业及时结清药品款项进行监督。

（二）第一层次：价格实现过程的主要影响因素

药品集中带量采购价格运行机制的第一层次作为带量集采中选药品价格实现的过程主要受到供给、需求以及结算三个方面的因素影响，本质上是在带量集采中选并达成契约之后的诚信履约问题。

一是供给因素。供给因素主要是指中选企业能否按照带量集采中选条件组织药品生产供应以及配送。若不考虑商业契约精神，单从生产角度来看，企业是否能够稳定供应既取决于企业是否对投入产出进行持续

---

① 《国新办举行〈关于推动药品集中带量采购工作常态化制度化开展的意见〉国务院政策例行吹风会》，中央人民政府网站，https://www.gov.cn/xinwen/2021-01/29/content_5583644.htm，2021年1月29日。

评估，也取决于企业的持续经营能力高低。正是基于对供给因素的考虑，我国药品集中带量采购价格形成机制从最开始便不是追求极端最低价，也极力反对"跑步竞价"，而是通过放宽竞争格局、保持适当的竞争率以促使中选价格实现合理回归。① 这一系列举措的目标便在于向企业让渡合理的利润空间，促使中选企业持续经营，实现稳定供给。当然，此处还需要关注药品供给过程中的配送环节，我国幅员辽阔，交通禀赋差异较大，中选企业在药品配送方面的策略以及成本控制等因素也会影响药品的供给。

二是需求因素。需求因素主要是指医疗机构能否合理完成约定采购量。虽然每批次约定采购量均根据药品的历史使用量以及价格变动可能带来的趋势性变化进行综合测算，但是药品的使用要充分考虑临床需要，因此不可避免地可能存在临床用量未达到或超过约定采购量的问题：若实际使用量未达到约定采购量，则违背了商业契约，也会影响企业的成本与收益；若实际使用量超过约定采购量，一般来说有利于中选企业，但也可能存在供货不足、影响临床应用的情况。基于此，部分医疗机构为了完成约定采购量，存在供给诱导需求、为患者强行开具中选药品的现象，或者医疗机构要求医生在优先完成中选药品的约定采购量后再使用其他药品。为了保证中选企业的利益，当医院无法完成约定采购量药品的临床应用时，一般的做法是由医院按照约定采购量完成下单及结算，药品则根据临床需要后续逐步使用。

三是结算因素。结算因素主要是指医疗机构能否在中选供应企业完成供应配送之后按照要求支付药款。该因素对价格实现的影响比较简单，如果医疗机构未能按照要求支付药款，则中选企业或流通企业必会面临回款压力，进而其持续经营能力会受到影响；医疗机构按照要求如约支付药款则有利于药品集中带量采购价格运行的良性循环。

---

① 《国家医疗保障局副局长陈金甫答记者问》，中央人民政府网站，http://www.gov.cn/xinwen/2019-08/22/content_5423422.htm，2019 年 8 月 22 日。

（三）第二层次：药品集中带量采购的价格调节功能

药品集中带量采购价格对生产关系以及经济运行的调节功能是价格运行机制的第二层次（详见图5-2），包括但不限于"G—W"商品第二形态的实现过程。价格信号通过市场机制的传导，影响社会再生产中生产、分配、交换、消费各环节，调节四元价格主体间的生产关系和行为选择，以实现对药品集中带量采购市场的调节优化，助力医药卫生体制改革的过程便是第二层次的价格运行过程。

第一，目标导向。与药品集中带量采购价格运行机制的第一层次以促成中选价格实现为目标一致，价格运行机制的第二层次服务于药品集中带量采购政策整体目标的达成。从宏观发展层面来看，政府机构的价格行为是在权衡全社会利益的基础上寻求资源配置和利益再分配的最优路径，价格信号通过市场机制的传导应服务于整体目标的达成，如果价格信号的传递与最终的目标导向出现偏差则说明政策设定或者信号传导机制存在问题。从微观主体层面来看，价格信号的传递及调节功能的发挥要以微观经济主体的利益诉求为出发点，各价格主体之间相互联系又相互独立并且具有明确的价值导向和利益诉求，在价值导向的支配下做出价格决策、实施价格行为。目前，国内参与带量集采的医疗机构基本是公立医疗机构，它们提供了大量的公共医疗服务，其行为选择首先需要遵照政府相关政策的要求，帮助患者恢复健康；但同时，公立医疗机构作为独立的经营主体，也受到考核与激励制度的影响。企业是以营利为目的的经济组织，其价格行为的出发点和落脚点都是追求利益最大化，对于中选企业、非中选企业，以及暂未实际纳入药品集中带量采购中的民营医院以及零售药店而言，它们在利益诉求上具有较强的一致性，但是在寻求利益最大化的路径上存在区别。患者以普通消费者的身份参与到带量集采价格运行机制，其目标在于以最小的经济成本恢复健康。

第二，医保支付标准协同。此处将医保支付标准协同作为价格运行机制第二层次的重要内容，根本原因在于医疗保障制度是再分配的重要

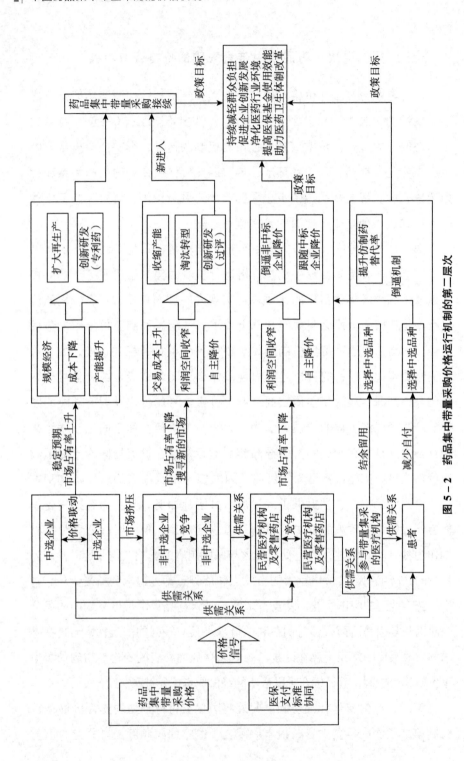

图 5 - 2　药品集中带量采购价格运行机制的第二层次

实现形式（任志江和苏瑞珍，2020）。医保支付标准协同既让药品集中带量采购成为现实可能，同时也是价格运行机制的重要政策杠杆。在第一层次即价格实现的过程中，我们提到了医保基金预付、直接结算以及结余留用等政策，这些政策也是医保支付标准协同的一部分。目前，国家正在统筹推进医保谈判、带量集采领域的医保支付标准协同工作，在药品带量集采领域按照同一通用名中选药品价格确定医保支付标准，基本实现医保支付标准与带量集采价格的协同，有效牵引了中选企业、非中选企业以及医疗机构、医院的行为选择以及资源配置情况，这对于价格机制的有效运行具有基础性作用。

第三，中选企业。从当前药品集中带量采购的实践来看，对于中选企业以正向促进作用为主。首先，中选供应的量价关系一旦确定、契约一旦达成，中选企业在一个供应周期内的市场不确定性大幅降低，形成比较稳定的生产销售预期，原有的"带金销售"现象基本消失，销售费用减少、市场拓展成本得到有效控制。其次，在确切的量价关系契约下，企业生产计划更加明确、规模经济效应进一步增强、产能进一步提升，中选企业形成更加稳定持续的经营能力。再次，在企业持续经营、稳定盈利的情况下，企业一方面可以利用利润增长额扩大再生产、进一步拓展市场，另一方面也可以加大创新研发投入力度，处于市场头部的药企可以进一步在专利药、创新药研发领域进行尝试与探索，推进自身竞争力进一步增强。最后，在中选企业之间，中选价格也可以通过供应选区、市场占比、跨区域的中选价格联动等因素进一步强化竞争，维持中选药品价格在合理区间的周期性波动。

第四，非中选企业。对于非中选企业而言，药品集中带量采购是市场领域强烈的外部冲击，给自己带来了较大的挑战。一是非中选企业的市场占有率以可见的速度萎缩下降。截至 2021 年底，我国药品集中带量采购所有批次带量集采的品种涉及金额已达到公立医疗机构年药品采购总额的 30%，这一比例随着带量集采的常态化开展还将不断提高。这意味着未中选企业的市场份额正在不断减少，它们搜寻新市场的交易成本正在不断上升，而对应的边际生产成本也将随之上升，利润空间收窄已成定局。二是在利润空间收窄的背景下，企业短期内为了维持经营可选择主动降价以适应新的市场格局。企业选择主动降价在微观个体上是企业持续经营、追求利益最大化的需要，但是从宏观来看则是中选药品降价带动同通用名非中选药品降价的重要体现。三是企业在面临新的市场冲击背景下，被倒逼进行资源重配置以适应市场格局。一般而言，随着市场空间的萎缩，企业大多倾向于先自主收缩产能，这是企业短期内的一种应对策略，但无法解决持续经营问题。一种情况是，从长期来看企业无法适应药品集中带量采购新常态下的质量要求、竞争环境，被迫转型；另一种情况下，企业为了谋求长期发展，对资源进行优化配置，着力产品创新和核心技术研发，尤其是部分未获得药品一致性评价的企业通过推动药品过评以适应药品集中带量采购的新常态，获得新的市场通行证。

第五，参与带量集采的医疗机构以及患者。从带量集采药品价格运行机制第二层次的整体传导过程来看，参与带量集采的医疗机构与患者均是药品的需求方，存在区别的是医疗机构相对患者而言还具有供给方的角色，伴随医疗机构与患者之间的供需关系还存在信息不对称问题。从医疗机构来看，一是作为带量集采药品的需求方，医疗机构的需求过程转变为约定采购计划的完成过程，医疗机构需要科学合理地确定约定采购计划，同时也需要按照契约精神完成约定采购量，医疗机构原有的寻租空间彻底被打破，但为了激励医疗机构科学完成约定采购量，政府制定了医保基金结余留用政策，以发挥医疗保障制度在再分配中的重要作用，对医疗机构进行引导激励。二是医疗机构面向患者作为带量集采药品的供给方，拥有较大的用药自主权。在信息不对称下，医生有可能为获取更高收益以供给诱导需求而为患者开具其他非带量集采中选药品的处方，也有可能为了完成约定采购量、争取结余留用激励而为患者开具包含带量集采中选药品的不当处方。但在关于约定采购量的考核与结余留用的激励双重影响下，医疗机构更倾向于使用带量集采中选药品。从患者来看，患者作为需求方可以自主选择在医疗机构内按处方购药，也可以在院外购药，但通常在有医院处方先入为主的情况下，患者往往选择在医院完成购药，加之药品集中带量采购后公立医疗机构内中选药品价格大幅下降，而院外药品价格显著高于院内，因此患者的用药选择在客观上对非中选企业、未参与带量集采的民营医疗机构以及零售药店形成了冲击，同时也助力了医院优先使用带量集采中选药品。

第六，民营医疗机构以及零售药店。当前，民营医疗机构以及零售药店并未全部参与我国药品集中带量采购实践，虽然国内已有关于民营医疗机构以及零售药店参与带量集采的政策尝试，但受限于管理统筹难度，目前并未全部纳入带量集采。在民营医疗机构以及零售药店暂未参与到带量集采的情况下，作为药品销售的重要终端渠道，它们的市场受到带量集采的冲击，带量集采中选同通用名药品的市场占有率必然下降、利润空间进一步收窄。为了应对市场冲击，头部的民营医疗机构以及连锁零售药店一方面将倒逼非中选企业的非中选药品对标适度降价，另一方面也将要求中选企业对中选药品跟随降价，这在实际上加剧了药品生产企业在持续经营能力上的分化。

第七，药品集中带量采购接续。药品集中带量采购的接续工作是指一个周期内的协议到期之后，如何与下一阶段进行衔接。它是价格运行机制中一个比较特殊的环节，是上一阶段药品集中带量采购价格运行机制调节的结果，也是下一阶段药品集中带量采购价格形成机制的开端。接续工作的最大特点在于经过价格运行机制的调节，在一个协议周期内，原有中选企业以及非中选企业的市场格局已经发生比较大的变化，因此带量集采接续的关键在于新的市场环境下，通过调整准入标准、优化竞价规则，更好更优地促进带量集采政策目标的实现。

（四）第二层次：价格调节功能的主要影响因素

药品集中带量采购价格调节生产关系以及经济运行的功能主要受到主体、市场以及政策三个方面因素的影响，它们在本质上是运行机制的内生动力、运行效率以及外部推力。

1. 主体因素

主体因素主要是指药品集中带量采购价格运行各相关主体的内生动力。在当前不断推进"健康中国"建设的过程中，药品集中带量采购常态化已成为稳定的预期，药品的刚需地位不会发生变化，用药始终是医药领域的核心环节。在此背景下，一方面，企业从利益最大化的角度出发，主动去把握带量集采所蕴含的巨大市场机会是一种理性的选择，因此企业主体具备原生动力；另一方面，从中长期来看，已中选企业有充分的动力去维持自己现有的市场地位，而新达标进入者在获取带量集采中选供应资格后能够有效地改善和提升经营，因此企业的内生动力有助于形成行业竞争生态。但值得关注的是，我国药品生产企业中头部领先企业少、大部分为中小型低端药品生产企业，在考虑企业内生动力的同时也需要考虑企业的经营能力。

从需求方来看，公立医疗机构受其公共服务机构定位的牵引有优化服务、树立口碑的主观需要，民营医疗机构以及零售药店有扩大销售、获得市场的现实需要，而患者有在获得优质药品的同时降低用药成本的诉求。由此来看，在内生动力方面，药品集中带量采购价格机制顺应了各价格主体的利益诉求，有利于各价格主体主动参与和融入药品集中带量采购价格运行机制中来。

2. 市场因素

市场因素主要是指药品集中带量采购价格运行所处市场环境在价格信号传导方面的完备性以及在资源配置方面的有效性，这是价格运行机制发挥调节作用的基本条件。

第一，市场中药品集中带量采购的价格要能够准确体现药品所代表的价值。带量集采药品的价格根本上决定于药品本身的价值，由于受到市场中货币供给、供求关系、竞争关系等多重因素的影响，市场中的价格与价值往往存在偏离，故而在带量集采实践中可能存在价格与价值偏离的情况。对于药品集中带量采购价格运行机制来说，把握价值规律、客观评价药品的价值是必要条件。

第二，市场要能够顺畅传递药品集中带量采购所产生的价格信号。价格信号的传递取决于诸多条件。一方面，从价格形成到价格影响经济主体的利益，从经济主体通过价格信号获得反馈到对生产生活资源进行调配，从资源调配到新一轮的产出，这一系列环节都体现了市场价格信号传递的滞后性，这是市场对价格运行机制天然的约束，这一约束不断地倒逼药品集中带量采购价格运行机制在信息建设和传导方面推陈出新。另一方面，价格运行机制各经济主体，尤其是企业主体都致力于通过掌握更多的先行信息、先行指标来提前捕捉价格信息，以应对市场环境的更迭变化。

第三，市场要能够支持资源要素的配置与调节。市场中要素是否能够自由流动，原材料市场、资金市场、技术市场、劳动力市场等是否能够满足经济主体在资源及要素配置方面的要求等都极大程度地影响和约束带量集采价格机制的运行顺畅与否。

3. 政策因素

政策因素主要是指药品集中带量采购价格运行过程中基于政策而形成的外部约束以及外部推力，也是药品集中带量采购价格运行的管理过程。

药品集中带量采购价格运行管理应该考虑价格波动的传导机制，厘清集中带量采购中生产、流通、分配、销售环节中各个价格主体的行为模式和收益分配机制（张于喆和王俊，2014）；药品集中带量采购价格运行管理并不是价格的单一管理、不是价格的调控，而应该是以价格为核心的一系列政策、规则配套以及价格行为的组合。从外部约束来看，主要是指保障药品集中带量采购价格调节功能发挥的一系列约束性政策组合；从外部推力来看，主要是指促进药品集中带量采购价格调节功能发挥的一些支持性政策组合。

三　药品集中带量采购价格运行省域差异的实证研究

在关于我国药品集中带量采购价格运行过程及其影响因素的探讨

中，我们着重体现了价格运行机制的两个层次在宏观、中观以及微观领域的作用机理，但是我们没有将区域因素纳入价格运行机制之中统筹考虑，主要是因为空间是一个比较独立的维度。但是我国药品集中带量采购既有国家组织的统一带量集采，也有各省际联盟、各省区市自行组织的带量集采，各省区市的中选供应情况并不一样；同时，我国幅员辽阔，省域之间在经济、社会发展等诸多方面存在差异，药品集中带量采购中选供应情况是否与省域的发展状况相匹配也是价格运行需要关注的一个问题。本节以国家组织药品集中带量采购数据为样本对我国药品集中带量采购价格运行的省域差异进行实证模型分析。

（一）国家产品虚拟法的实证模型构建

在现行国家组织药品集中带量采购的价格形成机制下，药企根据约定采购量进行总体报价，符合报价要求的药企中选后，根据其中选价格（可比价）由低到高依次确定中选药品的供应选区。药企在参与药品集中带量采购竞标报价过程中面对的是全国市场的统一约定采购量，但中选后在确定供应选区时，全国统一的市场在事实上进一步划分为分割的市场，理性的药企往往会优先选择约定采购量较大、供应覆盖范围较大的区域市场，这反而导致经济欠发达、约定采购量较低的区域只能被动接受价格相对较高的中选药品。为了有效刻画国家组织药品集中带量采购价格机制下，跨区域药品价格水平的空间差异，在此根据国家组织药品集中带量采购的实践数据，应用国家产品虚拟法（简称 CDP 方法，即 country-product-dummy method）这一多边比较方法，测算我国内地 31 个省域之间的国家集中带量采购药品价格水平差异指数，以对国家集中带量采购药品供应的 31 个省域价格水平的空间差异进行实证研究。

CPD 方法的模型构建源于购买力平价理论所依托的"一价定律"。1953 年，Milton Friedman 提出"一价定律"思想，主张在自由竞争市场格局中，若不考虑贸易壁垒以及运输费用，那么各国相同的产品应该有相同的价格；如若不然，则该产品存在价格套利空间，套利行为将会促使国家之间该产品的价格趋同,即"同一产品,同一价格"。"一价定律"拥有比较严苛的成立条件,包括完全自由竞争的市场、可交换的替代商品、商品价格完全弹性、不考虑运输成本以及交易成本等(袁媛,2019),但是"一价定律"在客观上为计算国别以及区域之间的价差提供了一个参考。

CPD 方法最早是在 1973 年由 Robert Summers 提出的,主要运用于测算区域之间的购买力平价(PPP)以及比较国际、区域间价格水平。Summers 强调某国某产品的价格水平应该是以特定价格点为中心的随机分布(Summers,1973),因此价格水平应当设置在统计推断的前提下,CPD 方法也可以理解为一种基于回归分析的随机化指数计算方法(范超,2016)。购买力平价是两国购买同一篮子产品所需本国货币的比率,从国际范围内来看可以界定为国家之间的货币转换因子,从空间区域角度来看则可以定义为空间价格指数,用来衡量国别之间或区域之间的空间价格水平差异。

Summers 认为在某个基本分类内两国关于同一规格产品的价格比率应围绕两国在该基本分类上的相对价格水平波动,将该理论公式化表达即得基本 CPD 模型:

$$P_{ij} = P_i \times PPP_j \times u_{ij} (i = 1,2,\cdots,M; j = 1,2,\cdots,N) \tag{5-1}$$

其中,P_{ij} 表示在 j 区域第 i 种产品的价格,P_i 表示该种产品在区域之间的平均价格,而 PPP_j 表示 j 区域的价格平价指数;u_{ij} 为随机误差项,服从对数正态分布,即 $\ln u_{ij} \sim N(0, \delta^2)$。

我们对式(5-1)取自然对数可得:

$$\ln P_{ij} = \ln P_i + \ln PPP_j + \ln u_{ij} \tag{5-2}$$

令 $\alpha_i = \ln P_i$、$\beta_j = \ln PPP_j$、$\gamma_{ij} = \ln u_{ij}$,则式(5-2)可写为:

$$\ln P_{ij} = \alpha_i + \beta_j + \gamma_{ij} \tag{5-3}$$

其中,γ_{ij} 为独立同分布的随机干扰项,即 $\gamma_{ij} \sim N(0, \delta^2)$;$\alpha_i$ 为第 i 种

产品在统计范围内的平均价格的自然对数，β_j 为 j 区域相对于参照区域的购买力水平，也即价格平价指数的自然对数。

在本节的研究中，所有药品均为国家带量集采的中选药品，无确切产品特征，产品的区别仅与产品本身的品种相关，我们引入中选药品品种虚拟变量 A_i 进行表示，同时引入虚拟变量 B_j 对区域进行表示[①]，则式（5-3）可进一步写为：

$$\ln P_{ij} = \alpha_i A_i + \beta_j B_j + \gamma_{ij}$$

即：

$$\ln P_{ij} = (\ln P_i) A_i + (\ln PPP_j) B_j + \ln u_{ij}$$

展开后为：

$$\ln P_{ij} = (\ln P_1) A_1 + (\ln P_2) A_2 + \cdots + (\ln P_M) A_M + (\ln PPP_1) B_1 +$$
$$(\ln PPP_2) B_2 + \cdots + (\ln P_N) B_N + \ln u_{ij}$$

且有：

$$\ln P_{ij} = \sum_{i=1}^{M} \alpha_i A_i + \sum_{j=1}^{N} \beta_j B_j + \gamma_{ij} \tag{5-4}$$

式（5-4）为待估计实证模型，可通过最小二乘法进行参数估计（王润奇，2019），即求解：

$$\text{Min} \sum_{i=1}^{M} \sum_{j=1}^{N} e_{ij}^2 = \text{Min} \sum_{i=1}^{M} \sum_{j=1}^{N} (\ln P_{ij} - \hat{\beta}_j B_j - \hat{\alpha}_i A_i)^2 \tag{5-5}$$

其中，e_{ij} 为价格实际观测值与估计值的差值，$\hat{\alpha}_i$、$\hat{\beta}_j$ 为参数估计值。

将式（5-5）分别对 α_i、β_j 求一阶偏导，可得：

$$\hat{\beta}_j = \frac{1}{M} \sum_{i=1}^{M} \ln P_{ij} - \sum_{i=1}^{M} \hat{\alpha}_i$$
$$\hat{\alpha}_i = \frac{1}{N} \sum_{j=1}^{N} \ln P_{ij} - \sum_{j=1}^{N} \hat{\beta}_j \tag{5-6}$$

---

① 当价格观测值 P_{ij} 来自第 i 种产品时，$A_i = 1$，否则 $A_i = 0$；当价格观测值 P_{ij} 来自 j 区域时，$B_i = 1$，否则 $B_i = 0$。

取 1 区域为参照区域，$PPP_1 = 1$，由 $\beta_1 = \ln PPP_1$，可得 $\beta_1 = 0$，则式（5-6）可得解，式（5-4）相应为：

$$\ln P_{ij} = \sum_{i=1}^{M} \alpha_i A_i + \sum_{j=2}^{N} \beta_j B_j + \gamma_{ij} \qquad (5-7)$$

其中 $i \in [1, M]$，$j \in [2, N]$。最终待估计模型为：

$$\ln P_{ij} = \alpha_1 A_1 + \alpha_2 A_2 + \cdots + \alpha_M A_M + \beta_2 B_2 + \beta_3 B_3 + \cdots + \beta_N B_N + \gamma_{ij} \qquad (5-8)$$

由模型可知，因变量与自变量共同构成的待估计数据矩阵格式为：

$$
\begin{bmatrix}
y_{11} & A_1 & A_2 & \cdots & A_M & B_2 & B_3 & \cdots & B_N \\
y_{12} & A_1 & A_2 & \cdots & A_M & B_2 & B_3 & \cdots & B_N \\
\cdots & & & \ddots & & & & \ddots & \\
y_{1N} & A_1 & A_2 & \cdots & A_M & B_2 & B_3 & \cdots & B_N \\
y_{21} & A_1 & A_2 & \cdots & A_M & B_2 & B_3 & \cdots & B_N \\
y_{22} & A_1 & A_2 & \cdots & A_M & B_2 & B_3 & \cdots & B_N \\
\cdots & & & \ddots & & & & \ddots & \\
y_{ij} & A_1 & A_2 & \cdots & A_M & B_2 & B_3 & \cdots & B_N \\
\cdots & & & \ddots & & & & \ddots & \\
y_{MN} & A_1 & A_2 & \cdots & A_M & B_2 & B_3 & \cdots & B_N
\end{bmatrix}
=
\begin{bmatrix}
y_{11} & 1 & 0 & \cdots & 0 & 0 & 0 & \cdots & 0 \\
y_{12} & 1 & 0 & \cdots & 0 & 1 & 0 & \cdots & 0 \\
\cdots & & & \ddots & & & & \ddots & \\
y_{1N} & 1 & 0 & \cdots & 0 & 0 & 0 & \cdots & 1 \\
y_{21} & 0 & 1 & \cdots & 0 & 0 & 0 & \cdots & 0 \\
y_{22} & 0 & 1 & \cdots & 0 & 1 & 0 & \cdots & 0 \\
\cdots & & & \ddots & & & & \ddots & \\
y_{ij} & 0 & 0 & \cdots & 0 & 0 & 0 & \cdots & 0 \\
\cdots & & & \ddots & & & & \ddots & \\
y_{MN} & 0 & 0 & \cdots & 1 & 0 & 0 & \cdots & 1
\end{bmatrix}
$$

（二）数据来源说明及模型分析应用

我国首批国家组织药品集中带量采购为"4+7"城市试点，后续"4+7"城市试点扩围也是首批试点的延展，它们的中选规则与后续第二批至第五批存在较大的区别，整体来看从第二批开始国家带量集采正式步入应用推广阶段。因此，本节选取第二至第五批国家带量集采的中选药品及其规格、价格与供应区域等数据进行实证分析。

集中带量采购药品：按照联合采购办公室发布的每批次《全国药品集中采购文件》中列明的采购品种目录进行统计，根据实际中选结果剔除流标或者数据不全的品种。

药品中选规格：根据药企实际中选的规格进行统计，如第三批中选药品中阿那曲唑片共有"1mg×30片""1mg×28片""1mg×14片"三种规格。

药品中选价格：根据药品中选规格以及该规格药品的供应价格进行统计，中选药品仅有一种规格的按照规格药品进行统计，中选药品有多种规格的按照中选药品中最小规格药品折算其他规格药品的可比价格或者所有规格药品均折算为最小供应单位价格（如每克、每毫克、每毫升）。

药品中选供应区域：入围企业以符合最高有效报价的价格申报，且在达到中选条件之后，根据拟中选企业单位可比价由低到高依次（价格最低的企业先选定一个区域后）选定供应区域，在此根据每批次中选结果分省域进行统计。

以第三批中选药品中阿那曲唑片三种规格的价格统计为例，对实证分析中各省域的中选药品价格观测值进行说明（如表5-1所示）。

表5-1 中选药品价格观测值示例

品种名称	规格	中选价格（元）	可比价（元）	单位可比价（元）	供应企业	供应区域
阿那曲唑片	1mg×28片	27.88	13.94	1.00	浙江海正药业	北京、天津、上海、浙江、湖北、湖南、贵州、甘肃、青海
	1mg×30片	105	49	3.50	江苏海岸药业	河北、辽宁、吉林、黑龙江、江苏、广西、宁夏
	1mg×14片	39.58	39.58	2.83	重庆华邦制药	山西、安徽、福建、河南、海南、重庆、四川
	1mg×14片	39.58	39.58	2.83	杭州中美华东制药	内蒙古、江西、山东、广东、云南、西藏、陕西、新疆（含兵团）

数据来源：上海阳光医药采购网的中选结果公示。

根据第二至第五批中选情况整理各批次实证分析的样本量情况（如表 5-2 所示）。

表 5-2　各批次的样本量

批次	中选品种（个）	覆盖省域（个）	总样本量（个）	代表地区
第二批	32	31	991	北京
第三批	55	31	1705	北京
第四批	45	31	1395	北京
第五批	61	31	1891	北京

结合第二至第五批的实际样本情况，本部分待估计的实证模型即式（5-8）可以写为以下四个具体形式：

$$\ln P_{ij}^2 = \sum_{i=1}^{32} \alpha_i^2 A_i^2 + \sum_{j=2}^{31} \beta_j^2 B_j^2 + \gamma_{ij}^2 \tag{5-9}$$

$$\ln P_{ij}^3 = \sum_{i=1}^{55} \alpha_i^3 A_i^3 + \sum_{j=2}^{31} \beta_j^3 B_j^3 + \gamma_{ij}^3 \tag{5-10}$$

$$\ln P_{ij}^4 = \sum_{i=1}^{45} \alpha_i^4 A_i^4 + \sum_{j=2}^{31} \beta_j^4 B_j^4 + \gamma_{ij}^4 \tag{5-11}$$

$$\ln P_{ij}^5 = \sum_{i=1}^{61} \alpha_i^5 A_i^5 + \sum_{j=2}^{31} \beta_j^5 B_j^5 + \gamma_{ij}^5 \tag{5-12}$$

为了进一步从统计上验证第二至第五批国家组织药品集中带量采购中选药品价格水平的省域差异，我们分别计算上述 4 批中选药品可比价格的标准差，统计情况如表 5-3 所示。

表 5-3　各批次药品中选价格（可比价格）离散情况

批次	标准差最大值	标准差最小值	最大价差倍数
第二批	632.40	0.26	10.16
第三批	54.37	0.01	10.01
第四批	141.10	0.02	7.53
第五批	144.61	0.22	22.76

注：标准差计算时剔除仅一家企业中选的价格相同情况。

表 5-3 中的统计数据显示，在第二至第五批的中选药品中，价格离散程度整体较高，这意味着药品价格在不同省域之间存在较大差距；同时，从各个批次中选药品的最大价差倍数（每款药品可比价的最高价与最低价的比值）来看，存在 7 倍以上的差距，第五批中甚至出现了同品种药品不同企业在不同区域存在将近 23 倍的价格差距。上述部分只是对各批次药品的中选价格进行了统计分析，我们进一步对式（5-9）至式（5-12）展开模型估计以衡量第二至第五批中选药品价格在区域之间的整体差异。

（三）省域价格平价指数及其空间差异

在此通过 STATA 软件应用普通最小二乘法分别对式（5-9）至式（5-12）进行估计，各个模型的总体估计情况如表 5-4 所示。

表 5-4　实证模型的总体估计情况

模型	F 值	P 值	R^2
第二批：式（5-9）	$F_{(61, 929)} = 1133.09$	0.0000	0.9501
第三批：式（5-10）	$F_{(62, 1641)} = 1585.80$	0.0000	0.5871
第四批：式（5-11）	$F_{(62, 1332)} = 2722.72$	0.0000	0.5335
第五批：式（5-12）	$F_{(62, 1827)} = 1394.88$	0.0000	0.4875

从各模型的 F 值、P 值以及 R^2 来看，模型整体具有显著意义，第二至第四批的模型拟合优度较高，第五批的模型拟合优度一般，但模型均具有解释能力。本部分的研究重点在于中选药品的空间价格差异，因此对于药品之间的比价关系予以忽略，下面针对第二至第五批中选药品在各省域的比价关系进行研究。

根据前述模型推导过程，各个模型中的 β_j 即第 j 个统计区域相对于参照区域的购买力水平，且 $\beta_j = \ln PPP_j$，因此 $PPP_j = \exp(\beta_j)$。根据模型设定情况，在第二至第五批中均选定北京为参照区域，进一步计算各省域与北京市的中选药品价格平价指数，具体如表 5-5 所示（为了更加细化各省域的差异，以下以百分数表示）。

表 5-5　第二至第五批各省域的中选药品价格平价指数

单位：%

省域	第二批	第三批	第四批	第五批
江西	114.45	110.93	101.70	92.01
宁夏	113.50	112.05	95.54	93.49
陕西	111.77	110.80	100.55	97.15
湖北	111.05	111.10	100.09	97.79
吉林	110.36	108.24	102.11	103.55
海南	107.07	112.44	103.01	94.13
广西	107.01	111.65	105.69	98.03
广东	106.63	94.96	89.76	78.85
西藏	106.31	113.58	114.38	106.77
江苏	105.40	99.42	93.49	82.42
湖南	104.30	104.50	97.21	91.83
山西	104.23	108.40	97.69	100.05
内蒙古	103.62	112.09	93.79	104.61
云南	101.45	110.12	100.93	101.82
四川	101.35	104.45	103.77	99.51
安徽	101.12	99.65	107.76	91.17
河北	100.80	100.60	107.17	102.45
山东	100.48	96.71	99.48	93.51
上海	100.27	103.93	100.23	90.47
北京	100.00	100.00	100.00	100.00
天津	99.70	106.79	95.74	94.89
新疆（含兵团）	99.51	99.85	102.74	108.91
浙江	99.19	102.67	94.90	92.95
河南	98.19	112.96	93.50	86.97
黑龙江	97.93	105.77	104.35	91.67
辽宁	97.62	108.11	96.80	91.77

省域	第二批	第三批	第四批	第五批
青海	95.94	105.05	104.64	96.80
甘肃	94.34	105.60	100.93	93.22
福建	94.16	110.74	104.79	108.21
重庆	90.80	110.44	99.77	97.71
贵州	90.27	108.75	102.10	94.07

在第二至第五批中，我们均设定北京为参照区域，价格平价指数为 1（100%），其他区域价格平价指数小于 100% 则意味着带量集采中选药品价格水平低于北京，价格平价指数大于 100% 则意味着价格水平高于北京。

在第二批带量集采中选药品中，有 19 个省域的带量集采中选药品价格水平高于北京，江西、宁夏、陕西、湖北、吉林五省域价格水平均超过北京的 1.1 倍，其中江西最高，为北京的 1.14 倍，重庆、贵州两省价格水平最低，约为北京的 0.9 倍。

在第三批带量集采中选药品中，有 25 个省域的带量集采中选药品价格水平高于北京，西藏、河南、海南、内蒙古、宁夏等 12 个省域价格水平均超过北京的 1.1 倍，其中西藏最高，将近为北京的 1.14 倍，仅新疆（含兵团）、安徽、江苏、山东、广东价格水平低于北京，其中广东最低，为北京的 0.95 倍。

在第四批带量集采中选药品中，有 18 个省域的带量集采中选药品价格水平高于北京，西藏超过北京的 1.1 倍，广东最低，为将近北京的 0.9 倍。

在第五批带量集采中选药品中，有 8 个省域的带量集采中选药品价格水平高于北京，新疆（含兵团）、福建、西藏为前三，其中新疆最高，为北京的 1.09 倍，河南、江苏、广东三省域价格最低，其中广东将近为北京的 0.79 倍。

从根据各省域的价格平价指数绘制的第二至第五批 31 个省域的中选

价格分布情况来看：（1）国家药品集中带量采购中选价格在空间分布上存在明显差异，西部地区高于中部地区、中部地区高于东部地区[①]；（2）中选价格与当地经济发展水平不匹配，在药品集中带量采购领域不存在国内宾大效应（effect of Penn）[②]，甚至存在药品价格水平与经济发展水平倒挂的情况。

　　为了对上述两个实证分析结论进行验证，在此进一步将 31 个省域四批国定集中带量采购中选药品价格平价指数进行算术加权平均（见表 5-6）。从结果中我们可以发现在 31 个省域中，最高中选价格与最低中选价格之间的价差比例将近 20%，价格分布并不均衡：在平均价格平价指数高于北京的 16 个省域中，9 个为西部省域、3 个为中部省域、3 个为东部省域、1 个为东北省域；在平均价格平价指数低于北京的 14 个省域中，3 个为西部省域、6 个为东部省域、3 个为中部省域、2 个为东北省域。同时，一个极为典型的现象是四批价格平价指数平均值中最高的为西藏，为 110.26%；而价格平价指数平均值最低的则为广东省，仅为 92.55%。

表 5-6　第二至第五批药品集中带量采购平均价格平价指数

单位：%

省域	经济区域	平均价格平价指数	省域	经济区域	平均价格平价指数
西藏	西部	110.26	北京	东部	100.00
吉林	东北	106.07	黑龙江	东北	99.93
广西	西部	105.60	安徽	中部	99.93
陕西	西部	105.07	重庆	西部	99.68

① 我国内地四大经济区包括东北地区（辽宁省、吉林省、黑龙江省）、东部地区（北京市、天津市、河北省、上海市、江苏省、浙江省、福建省、山东省、广东省、海南省）、中部地区（山西省、安徽省、江西省、河南省、湖北省、湖南省）、西部地区（内蒙古自治区、广西壮族自治区、重庆市、四川省、贵州省、云南省、西藏自治区、陕西省、甘肃省、青海省、宁夏回族自治区、新疆维吾尔自治区）。
② 宾大效应最早由宾夕法尼亚大学部分学者观测提出，指一国价格水平与其人均收入正相关的现象。

续表

省域	经济区域	平均价格平价指数	省域	经济区域	平均价格平价指数
湖北	中部	105.01	湖南	中部	99.46
江西	中部	104.77	天津	东部	99.28
福建	东部	104.48	贵州	西部	98.80
海南	东部	104.16	上海	东部	98.72
宁夏	西部	103.65	辽宁	东北	98.58
云南	西部	103.58	甘肃	西部	98.52
内蒙古	西部	103.53	河南	中部	97.90
河北	东部	102.76	山东	东部	97.54
新疆	西部	102.75	浙江	东部	97.43
山西	中部	102.60	江苏	东部	95.18
四川	西部	102.27	广东	东部	92.55
青海	西部	100.61			

（四）省域药价与经济水平出现倒挂

结合各省域的地区生产总值以及人均可支配收入数据，我们可以进一步验证药品集中带量采购中选价格水平与经济发展水平的倒挂现象。

表5-7展示了31个省域2020年的地区生产总值以及人均可支配收入，并分别以北京为参照，计算了其余30个省域的相对地区生产总值以及相对人均可支配收入。图5-3展示了相对地区生产总值与中选价格平价指数的关系，可以看出地区生产总值整体与价格平价指数呈现负相关关系，地区生产总值较高的省域药品价格水平较低，而地区生产总值较低的省域药品价格水平反而较高。图5-4展示了相对人均可支配收入与中选价格平价指数的关系，可以看出人均可支配收入整体与价格平价指数呈现负相关关系，但是人均可支配收入与价格平价指数的倒挂程度低于地区生产总值。上海、北京的人均可支配收入位居全国前二，但是上海、北京的中选药品价格水平分别位于第24位、第17位；西藏的地区生产总值和人均可支配收入位居第31位、第30位，但是中选药品价

格水平位于第一。

表 5-7　31 个省份 2020 年地区生产总值及人均可支配收入

省域	地区生产总值（亿元）	相对地区生产总值（%，北京为100）	人均可支配收入（元）	相对人均可支配收入（%，北京为100）
北京	36102.6	100.00	69434	100.00
天津	14083.7	39.01	43854	63.16
河北	36206.9	100.29	27136	39.08
山西	17651.9	48.89	25214	36.31
内蒙古	17359.8	48.08	31497	45.36
辽宁	25115.0	69.57	32738	47.15
吉林	12311.3	34.10	25751	37.09
黑龙江	13698.5	37.94	24902	35.86
上海	38700.6	107.20	72232	104.03
江苏	102719.0	284.52	43390	62.49
浙江	64613.3	178.97	52397	75.46
安徽	38680.6	107.14	28103	40.47
福建	43903.9	121.61	37202	53.58
江西	25691.5	71.16	28017	40.35
山东	73129.0	202.56	32886	47.36
河南	54997.1	152.34	24810	35.73
湖北	43443.5	120.33	27881	40.15
湖南	41781.5	115.73	29380	42.31
广东	110760.9	306.79	41029	59.09
广西	22156.7	61.37	24562	35.37
海南	5532.4	15.32	27904	40.19
重庆	25002.8	69.25	30824	44.39
四川	48598.8	134.61	26522	38.20
贵州	17826.6	49.38	21795	31.39
云南	24521.9	67.92	23295	33.55
西藏	1902.7	5.27	21744	31.32
陕西	26181.9	72.52	26226	37.77
甘肃	9016.7	24.98	20335	29.29

续表

省域	地区生产总值 （亿元）	相对地区生产总值 （%，北京为100）	人均可支配收入 （元）	相对人均可支配收入 （%，北京为100）
青海	3005.9	8.33	24037	34.62
宁夏	3920.5	10.86	25735	37.06
新疆	13797.6	38.22	23845	34.34

数据来源：《中国统计年鉴》。

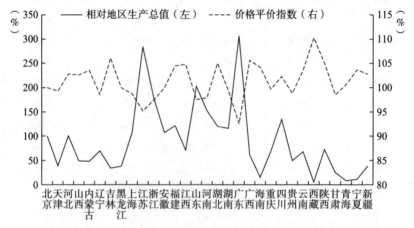

图 5-3　相对地区生产总值（2020 年）与中选价格平价指数（平均值）

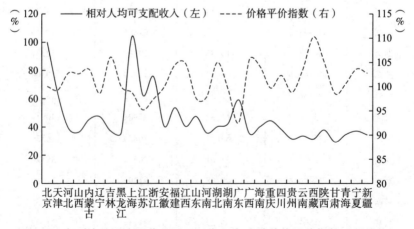

图 5-4　相对人均可支配收入（2020 年）与中选价格平价指数（平均值）

在对省域中选药价和经济发展水平出现倒挂的原因进行深入探究后

发现，这与"多家中选"代替了"独家中选"的中选规则以及与之匹配的选区规则密不可分。一方面，"多家中选"中选规则的确定，意味着在政策层面允许同一通用名药品可以有多个中选价格，如果不设定科学合理的最高价和最低价之间的价差红线便可能引发区域间同通用名药品价差过大。在第四批和第五批国家集中带量采购中，同时允许入围的企业最多可达到 10 家，虽然《全国药品集中采购文件（GY-YD2021-2)》中有"单位可比价"不高于同品种最低"单位可比价"的 1.8 倍的规定，但前面的实证分析表明，这一最高价和最低价之间的价差红线其实需要进一步调整，如此才能实现真正的用药公平。

另一方面，选区规则的确定进一步加剧了倒挂现象的出现。《全国药品集中采购文件（GY-YD2021-2)》规定："第一顺位企业优先在供应地区中选择 1 个地区。优先选择完毕后，从第一顺位企业开始，所有拟中选企业按顺位依次交替确认剩余地区。"这就意味着报价最低的企业可以率先选择两个供应地区，而报价最高的企业在选区中较为被动。出于利润最大化动机，报价最低的企业一般会选择需求量最大且配送半径最小的地区。由于经济发达地区往往交通更为便利、人口更加密集、用药量更大，因此容易出现越是经济发达的地区越容易优先被选中，当地居民越能够用上中选价格较低的药品；而越是经济不发达且用药需求量较小的地区越容易被留到最后，当地居民反而要使用中选价格越高的药品。这也是前述实证分析中诸如上海、广东等区域的人均可支配收入较高，对应中选企业的单位可比价较低，而新疆、西藏等人均可支配收入偏低的区域，对应中选企业的单位可比价却比较高的原因。

（五）同批次同品种药品价格差异大

在集中带量采购中，不管是国家统一组织的带量集采还是省域联盟的带量集采，由于内部发展水平、用量水平的空间差异，都必然出现"统筹"之下的分化，也就是前述多家药企中选后不同区域的药品实际供应中选价格存在较大差异的现象。进一步追溯，我们可以发现这种差异产生的直接原因是同批次同品种药品的中选价格差异。以第五批国家带量集采中选药品利伐沙班片（15mg）为例，该药一共有 8 家企业同时中选，其中最低中选价格 0.51 元/片，最高达到 11.60 元/片，两者相差 23 倍之多。同批次同种药品中选价格的差异最终将体现在不同中选价格企业最终确定的供应选区之中。

对这种同品种同规格药品价格差异如此之大的原因进行探讨之后发现，药品集中带量采购中选规则在较大程度上导致了同批同种药品的价格差异。2021 年 6 月，联合采购办公室印发的《全国药品集中采购文件（GY-YD2021-2)》规定的药品集中带量采购中选条件是："'单位可比价'≤0.1 元或'单位可比价'降价幅度超过 50%或'单位可比价'不高于同品种最低'单位可比价'的 1.8 倍。"企业申报价格只要符合上述条件之一便能够成功中选，而正是这个中选规则为同品种同规格中选药品差价过大埋下了隐患。在此以第五批国家带量集采中选药品的价格为例整体统计同一通用名下药品最高价格与最低价格的价差分布情况（如表 5-8 所示）。

表 5-8　第五批国家集中带量采购中选药品（同一规格）的价差分布

指标	1 倍	1~1.5（含）倍	1.5~2（含）倍	2~3（含）倍	3 倍以上	合计
药品数量（个）	21	28	14	9	12	84
占比（%）	25.0	33.3	16.7	10.7	14.3	100.0

注：药品数量按照中选药品规格统计。

从表 5-8 中我们可以看出，国家带量集采内同规格中选药品价差大普遍存在，第五批中选结果中价差超过两倍的药品达到 25.0%。如果不采用"二次询价"来缩小过大的集中带量采购药品价格差距，就会引起患者对带量集采药品一致性评价政策的质疑，使之对集中带量采购药品的质量层次产生认知偏差，还有可能导致"用药移民"的出现，削弱药品集中带量采购价格运行系统的稳定性。

四 药品集中带量采购价格运行机制的主要问题

药品集中带量采购价格运行的省域差异揭示了我国药品集中带量采购实践中不可忽视的区域价差问题，同时结合药品集中带量采购价格运行的两个层次及其影响因素，笔者总结分析认为药品集中带量采购价格运行机制存在以下四个方面的问题。

（一）中选药品存在局部性供求失衡

药品集中带量采购价格运行中的供求失衡是价格运行第一层次中的突出问题，指患者对药品实际的需求量（实际发生）或者中选企业药品供应量超过或者低于约定采购量，引发药品需求过剩（超计划）[①] 或者供给过剩的结构性失衡风险。药品集中带量采购价格运行机制中的供求失衡主要表现为需求过剩和供给过剩两种形式。

1. 供给不足需求过剩风险

药品集中带量采购价格运行过程中面临的供给不足、需求过剩风险指在采购周期内药品的需求量超过供给量引发的药品全域性或者局部性供给不足风险，主要表现为以下方面。

第一，约定采购量估算过低，中选药品实际需求量超过供给量引发的供给不足需求过剩，从带量集采契约来看更多地体现为需求过剩，这种需求过剩更加准确地可以定义为需求超过预期。以国家带量集采为例，前两批中选药品的实际供应量超过约定采购量的 2 倍，第三批中选药品虽还未完成首个采购周期，但是中选企业的平均供应量已高于全年协议采购量的 1. 5 倍。[②] 第二，中选企业减少供给量或者断供引发的供

---

① 此处所谓的需求过剩并非绝对的供需失衡，实际需求超过约定采购量之后，中选企业可以根据实际需要补充供给，只有当需求超出的部分超过了中选企业的生产供应能力时才真正演变为需求过剩，或者从供给侧可以理解为供给不足问题凸显。

② 《联合采购办公室答记者问》，上海阳光医药采购网，http://www.smpaa.cn/gjsdcg/2021/08/24/10262.shtml，2021 年 8 月 24 日。

给不足需求过剩，从带量集采契约来看更侧重于供给不足。引起中选企业减少供给量或者断供的主要原因，一方面是企业在中选后市场份额扩大，但企业在短时间内生产能力不足或者未按照监管部门核准的生产工艺和药品标准组织生产。如 2020 年 Celgene Corporation 因部分关键生产设施不符合我国药品生产质量管理基本要求等问题被取消中选药品供应资格。另一方面是原料药价格、劳动力价格、环保成本等上涨，中选企业利润空间被极度压缩导致生产成本超过中选价格而产生断供。比如，2021 年苏州东瑞制药有限公司中选的注射用头孢美唑钠因原料药断供而无法正常履约供应。

从供应侧来看，受制于企业的投标策略、生产能力以及信用程度等因素，当前依然存在因中选企业生产能力或者道德风险而导致的企业供应危机。在当前的实践中，企业中选的一个重要标准仍然是价格，导致部分药品生产企业为了保证自身顺利中选，往往会极力压低申报价格甚至出现以成本价竞标的现象。这类企业抱着"搏一搏"的心态，但受制于现有生产能力，短期内扩大生产也无法做到有效控制成本，最终将引发药品质量保障和供应保障风险。除此之外，不合理低价中选的企业也难以保障药品配送服务，比较典型的是药企对基层医疗机构特别是位置偏远地区的基层医疗机构的配送积极性不强，存在配送效率低下问题。

2. 供给过剩需求不足风险

药品集中带量采购价格运行中面临的供给过剩需求不足风险指带量集采药品的约定采购量超过了联盟地区所有公立医疗机构需要的实际使用数量，对中选企业的生产计划造成误导，引发的供给过剩风险。事实上，部分医疗机构由于所属区域人口密度不高，药品实际使用量年度变化幅度较大，也存在无法顺利完成约定采购量的情况。比如，在浙江省第一批带量采购的 19 个品种 20 个规格药品中，丽水市人民医院能够顺利完成协议量指标的仅占 65%（13 种），而对于剩下的 35%（7 种）并不能如期完成协议量指标（金凡茂等，2021）。带量集采药品供给过剩需求不足会对中选企业的价格实现过程造成影响，造成医药资源的浪费，也会导致带量集采药品供需关系的混乱失真，产生较高的市场维护成本。

（二）行业集中度以及垄断风险骤增

从药品集中带量采购价格运行机制的第二层次我们可以明显看出，整个药品集中带量采购价格运行正在逐步推动药品生产企业的优胜劣汰。医药行业是一个高投入、高技术和高风险的行业。过去为了解决药品短缺问题，我国仿制药审评审批标准不高，致使我国药品生产企业数量增长迅速。从 20 世纪 80 年代初的 500 多家增加到 2021 年的 8509 家。① 但是，8000 多家药品生产企业大多是从事仿制药生产的小型、中型企业，创新药品研发能力极为不足，低水平重复建设和高耗低质药品生产现象普遍存在，药品市场领域存在较多的低效供给、无效供给。

随着我国药品集中带量采购工作的稳步推进，药品的行业集中度呈现不断上升的态势。如图 5-5 所示，在第五批国家带量集采中，前 10% 和前 50% 的中选企业分别占据了 31% 和 68% 的采购份额；从第二批至第五批带量集采这一市场份额的占比处于上升通道之中。根据西方经济学的理论，企业长期平均成本曲线呈现 U 形变化，即随着企业规模的扩大，平均成本将持续下降，直到平均成本和最低点重合，企业达到最优生产规模；若企业继续扩大规模，则需要增加厂房、设备等固定投资和管理费用，进而拉高平均成本，降低产能利用率。在医药领域，当药品的行业集中度较低时，行业平均成本将低于边际成本，提高行业集中度有利于提高产能利用率；若药品的行业集中度超过最优水平，行业平均成本将高于边际成本，总体产能利用率将走低。现阶段我国药品的行业集中度并不高，通过药品集中带量采购价格有效运行提升行业集中度有利于促进医药行业的资源配置、促进医药企业的转型升级。

_____

① 数据来源：国家药品监督管理局网站，查询日期 2021 年 8 月 30 日。

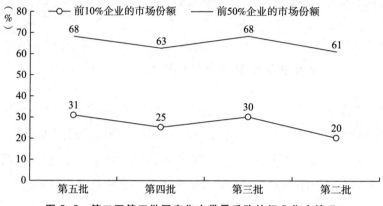

图5-5 第二至第五批国家集中带量采购的行业集中情况

垄断风险是指价格主体通过滥用市场支配地位操纵商品价格以达到排斥、限制市场竞争，获得垄断利润的目的。市场化垄断风险是指中选企业在占据较大的药品市场份额后，不断蚕食剩余市场份额从而最终掌控或垄断整个医药市场的风险。药品行业集中度过高，可能形成寡头垄断市场（杨立勋和向燕妮，2020；武士杰和李绍荣，2020），市场寡头会通过持续提升行业壁垒牟取暴利，而且会弱化行业的整体创新动力（Schmalensee，1981；于良春和张伟，2010）。资源拥有量不同而竞争者之间的技术水平无差异时，竞争过多会导致收入分配问题恶化从而出现"富者更富"（Stigler，1971；鲍静海和张远，2013），也即意味着在药品集中带量采购市场内拥有更多资源的优势企业更有机会基于药品集中带量采购的市场契机加速自己垄断市场的过程。

第一，大型企业集团或跨国公司在药品集中带量采购中拥有更多资源也更具竞争优势。从整合采购需求、固化采购周期、确定供应企业的角度来看，药品集中带量采购推动了生产企业、配送企业适度集中。因此，药品集中带量采购要发挥规模经济效应，本身就对申报企业生产规模、生产技术标准化程度、药品供应能力、抗风险能力等有比较高的要求，这在采用"双信封制"评标模式的药品集中带量采购地区体现得更为明显。相反，小型药品生产企业由于生产规模不大以及单位成本较高，而盈利空间有限，因此在与大型企业集团或者跨国公司的竞标中通常处于不利地位。

第二，中选企业在药品获得较大的市场份额后，扩张速度将加快。在药品集中带量采购模式下，企业在中选后便以契约形式获得中选区域内公立医疗机构巨大的市场份额。同时，大型企业在中选之后，品牌知名度更高、单位成本更低，其规模经济优势及品牌优势更能够在剩余零售市场份额的争夺中发挥出来。相反，未中选企业在失去集中带量采购市场后，在零售市场也面临巨大的竞争和挑战。

第三，大型中选企业转型升级更快。价格运行机制的第二层次中中选企业在药品集中带量采购中会获得资源优势，而大型企业在利用资源优势方面往往又更具优势。基于较高的品牌知名度，以及相对完善的创新体系和生产管理流程，大型企业能够更全方位地布局转型发展战略，分散市场风险、维系持续经营，不断扩充市场范围、提升市场占有率，但是大型企业的市场化垄断风险会随之攀升。

行业集中度的提高客观上是药品集中带量采购价格运行的良性结果，是整个社会福利的帕累托改进，但是行业集中度与供给侧的垄断风险同步骤增，可能对价格运行造成冲击。

（三）民营医药机构参与机制不健全

在药品集中带量采购价格运行机制的第二层次，民营医疗机构及零售药店（此处简称为"民营医药机构"）作为直接面对患者的药品销售组织，天然具有参与药品集中带量采购的诉求，但是民营医药机构如何参与、如何管理、如何激发的一系列问题都还有待探索。

第一，从民营医药机构参与药品集中带量采购的覆盖面来看，民营医药机构可参与但参与少，覆盖面不足。如表5-9所示，国家带量集采和地方带量集采原则上均支持民营医药机构参与，民营医药机构可自主选择是否参与带量集采。从第二批国家带量集采开始，随着政策的放开，部分省份试点引导省内民营医药机构参与到药品集中带量采购。统计数据显示，广东作为国内率先试点医院与药店同步报量的省份之一，在第三批国家带量集采中约有 28000 家药店参与了带量集采报量，约占广东省全量药店的 50%，总报量金额将近 10 亿元，约占广东省总报量金额的 38.5%。正是由于民营医药机构的参与，广东省报量总额较高，约占全国总量的 11%，但参与报量的主要是大型连锁药店，单体零售药店仅占约 4%。截至目前，湖南、新疆、浙江、河南、广东等多地均已出台了支持民营医药机构参与带量集采的地方指导性文件，但是从实际效果来看，民营医药机构的参与覆盖面还远未达到预期。

表 5-9　国家和部分地方组织药品集中带量采购相关情况

组织主体	批次（时间）	医药机构参与情况			是否进行一致性评价	中选规则
		公立医疗机构	军队医疗机构	民营医药机构		
国家	2018.11	全部	未参与	未参与	是	竞价
	2019.09	全部	部分	部分	是	
	2019.12	全部	部分	部分	是	
	2020.07	全部	全部	部分	是	
	2021.01	全部	全部	部分	是	
	2021.06	全部	全部	部分	是	
	2021.11	全部	全部	部分	否	
陕西等 11 省（区、兵团）省际联盟	2020.12	全部	全部	自愿	否	双信封
京津冀"3+N"联盟	2021.04	全部	全部	自愿	否	竞价
湖北等 19 省区中成药省际联盟	2021.09	全部	全部	自愿	否	综合评分
广东等 11 省区联盟	2022.01	全部	全部	自愿	否	竞价
长三角（沪浙皖）联盟	2022.01	全部	全部	自愿	是	综合评分

注：根据上海阳光医药采购网以及《陕西等 11 省省际联盟药品集中带量采购文件（SX-YPDL2020-12）》《京津冀"3+N"联盟药品联合带量采购项目采购文件（YP-J3DL-2021-1）》《广东联盟双氯芬酸等药品集中带量采购文件（GDYJYPDL202201）》《长三角（沪浙皖）联盟地区药品集中采购文件（CSJ-YD2022-1）》《中成药省际联盟集中带量采购公告（第 1 号）》整理。

第二，从民营医药机构参与机制来看，还处于试点探索阶段，未形成成熟的模式。综合医疗机构、基层医疗机构和社会零售药店（含线上）构成了我国医药三大市场主体，其中医疗机构是我国医药零售市场的主要渠道，占据了全国医药销售额的 80% 左右（综合医疗机构约占 64%，诊所和社区医院约占 15%），社会零售药店（含线上）的销售额约占 20%（何倩和曹丽君，2012）。将民营医药机构纳入药品集中带量采购有助于降低患者的全渠道用药成本，促进社会福利的帕累托改进。民营医药机构参与带量集采在参与机制上至少面临两个方面的问题。其一，民营医药机构如何报量。民营医药机构的药品销售是市场化的行为，销售额并不稳定，药品的历史销售数据往往不足以支撑它们科学测算报量。其二，民营医药机构如何销售。如何销售的关键在于是否允许民营医药机构在中选价格基础上加价销售以及如何加价的问题。在目前的实践中，浙江、湖南、云南、新疆允许药品加价不超过 15%，河南并未统一规定加价率，但是要求民营医药机构自行承诺确定加价率。在加价部分如何支付方面，各省份存在差异。新疆的加价部分由患者自付而浙江却由医保支付，云南和湖南并未明确付费对象。由此来看，民营医药机构如何参与、参与之后支付标准如何确定、参与之后如何进行管理等一系列问题都还需要进一步的探索。

第三，药品带量集采带来的"同药不同价"问题亟待关注。由于大部分民营医药机构未被纳入带量集采范围，因此带量集采中选药品在带量集采内市场与带量集采外市场存在两个价格，即"同药不同价"，增加了"窜货""跨省代购"等投机、倒买倒卖中选药品的概率。笔者在调研时发现，同一企业生产的同规格药品在参与带量集采的公立医疗机构和未参与带量集采的零售渠道之间差价较大，表 5-10 展示了部分药品价差情况。2021 年 10 月 9 日，央视《第一时间》栏目报道了一对夫妻多次前往医院虚开、多开药品，然后再加价转卖给药店获利的案件。参与带量集采的医疗机构和未参与的民营医药机构之间的价格差为不法分子提供了转卖国家带量集采药品获利的空间。

表 5-10   部分药品在带量集采内与带量集采外市场的价格差异

通用名	规格	中选企业	带量集采内价格（元）	带量集采外价格（元）	价差倍数
盐酸莫西沙星滴眼液	5ml：25mg	华润紫竹药业	23.9	34	1.42
替莫唑胺胶囊	20mg×10 粒	北京双鹭药业	486.66	969	1.99
富马酸替诺福韦二吡呋酯片	300mg×30 片	成都倍特药业	13.98	54	3.86
盐酸贝那普利片	10mg×2 片	上海新亚药业	18.97	38.5	2.03
恩格列净片	10mg×30 片	正大天晴药业	55.64	105	1.89
盐酸二甲双胍缓释片	0.5g×60 片	石药集团欧意药业	5.13	35	6.82

数据来源：根据各批次中选数据以及调研零售数据整理。

为了杜绝在医疗机构和药店之间倒卖带量集采中选药品的情况，同时也为了全面降低各渠道用药成本、促进药价全面回归，应该鼓励和引导更多民营医药机构加入带量集采中来，需尽快探索完善民营医药机构参与带量集采的相关机制。

（四）价格运行的风险预警机制缺失

价格运行包含两个层次，无论是价格实现过程还是价格的功能调节过程，价格信息监测以及价格风险预警都至关重要，但从目前来看在这一环节还存在短板。

1. 价格信息的传导监测还需要系统性强化

长期以来，药品集中带量采购价格机制中存在严重的信息不对称、信息漏损甚至信息失真现象，不仅造成信息冗余，而且导致有效决策信息缺失，影响药品集中带量采购价格机制的长效运行，这一现象在药品集中带量采购价格运行中同样存在。

一方面，当前药品集中带量采购平台割裂、信息共享困难。目前，国家统一组织集中带量采购、省级和省际联盟采购以及 GPO 采购等对应的实施平台均不互通，平台数据标准存在差异。国家药品带量集采目前委托上海阳光医药采购网实施，各省级以及省域带量集采一般由省级平台承接，比如四川省药械集中采购及医药价格监管平台、浙江省药械采购平台、陕西省公共资源交易中心药械集中采购平台等。带量集采平台的分散和割裂容易导致采购信息的孤立，难以实现平台间价格、供应信息等互通共享；采购平台相互独立容易导致申报企业资质审核互认和共享困难，增加药品申报企业和招标机构的审批交易成本；采购平台中选信息系统性共享困难，增加了其他省级、省际联盟采购的信息搜寻成本（张雅娟和方来英，2020）。另一方面，当前药品集中带量采购平台功能有待进一步完善。目前的药品集中带量采购平台主要聚焦于满足药品集中带量采购工作开展的功能性需要，未统筹考虑服务范围、价格监测体系、价格监测能力、价格信息预警等数字化系统性能力建设。

2. 价格运行的几个关键环节缺少必要的监测预警

一是缺少对供给与需求环节的风险监测预警。供给履约情况、需求履约情况影响着药品集中带量采购中选价格的实现过程，供给不足、断供、质量不达标等供给侧因素以及中选药品使用、约定采购量完成进度等需求侧因素目前都主要以结果反馈的形式提供给相关价格主体以判断药品集中带量采购价格运行状态，价格行为及信息受系统性时滞以及信息损耗等因素影响较大。另外，当前对于供给以及需求环节的风险监测预警范围比较狭窄，缺少前瞻性和预见性。药品集中带量采购中选药品的有效供给既是价格运行过程的一部分，也是企业生产过程的一部分；中选药品的使用是完成约定采购量的一部分，也是医疗机构药品管理应用的一部分；缺少对供给以及需求全流程的监测预警在客观上放大了供需失衡的风险。

二是缺少对支付结算环节的风险监测预警。从整体来说，药品集中带量采购实施后，医疗机构与企业之间的结算问题得到了较大程度的解决，但在药品集中带量采购的实践中，药品配送企业充当了医疗机构与中选企业之间支付结算的一道"屏障"。在价格运行过程中，配送企业既是连接药品生产企业和医疗机构的重要纽带，又是药品流通环节的首要载体。但事实上，药品配送企业除了提供药品物流服务以外，往往还需承担来自中选企业的资金压力，充当"资金池"角色。目前，我国大部分地区主要采用配送企业先向中选企业垫付中选药品资金，再配送药品给终端医疗机构并和医疗机构进行结算的方式（徐强等，2022），如果出现逾期未结算情况则配送企业将承担资金压力。中选价格已包括相关物流成本，配送企业利润空间比较有限，一旦医疗机构与配送企业的结算出现问题，往往会增大企业的配送压力、降低配送效率。

三是缺少全量市场的药品价格运行监测。药品集中带量采购价格运行机制第二层次各个传导环节的关键在于药品价格信号准确，各个传导环节的价格信号构成了价格决策的关键信息，而目前在全量药品市场中对价格信号的系统性监测还存在较大的空白。药品价格信息监测不同于农产品、食品、建材、房地产、能源等常规价格监测，药品本身不具有投资品的属性，因此药品价格信息监测长期以来都处于手工统计、报送、汇总、决策的监测流程中。传统的药品价格监测方式已不再满足当前药品集中带量采购常态化推进背景下的市场需要，药品集中带量采购价格科学运行迫切需要完整的市场价格信号。

总体来看，价格运行风险预警机制要以平台化、系统化的价格信息监测为基础，这是药品价格运行机制长期以来的短板，以药品集中带量采购实践为契机构建完善的药品价格运行监测、风险预警体系迫在眉睫。

第六章　药品集中带量采购的价格调控机制

　　第四章、第五章系统性地研究了药品集中带量采购价格形成与价格运行机制,回答了集中带量采购制度设计下药品价格如何被决定、如何被影响、如何实现又如何发挥调节功能的问题,重点体现了市场在集中带量采购药品价格形成、价格运行过程中的主导作用。稳定的宏观经济运行需要社会在生产、分配、交换、消费等各个环节的协同配合以实现动态平衡,调控是实现动态平衡的重要保障。对于医药市场而言,集中带量采购药品的"公益性""社会性"以及政府履职的目标导向要求政府要更加有为地参与集中带量采购药品价格调控,而市场本身的"失灵"也让"价格调控"更具必要性和紧迫性,这便是研究药品集中带量采购价格调控机制的意义所在。药品集中带量采购价格调控机制是政府为引导带量集采药品价格的科学形成和保证带量集采药品价格的有效运行,而对带量集采药品价格形成与运行进行的间接与直接调控的总和,不仅包括对价格总水平的干预和约束,也包括对生产、流通、消费等环节发生的所有价格关系的监督检查和指导管理(温桂芳,1995;国家发改委学术委员会办公室课题组,2013)。

　　本章以中国特色社会主义政治经济学中社会主义国家调控的一般理论(张宇,2016)为指导,借鉴马克思主义关于共同富裕的基本理论和中国特色社会主义共同富裕思想,从更好处理效率与公平关系角度出发构建分析框架(如图6-1所示)。

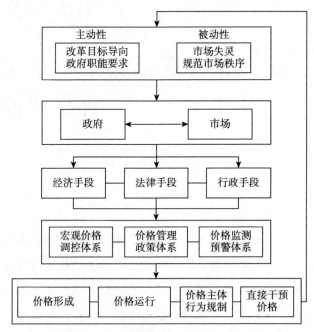

图 6-1　药品集中带量采购价格调控机制的分析框架

一　药品集中带量采购价格调控机制的内涵和特征

（一）基本内涵

国家调控是社会主义经济的本质特征，是社会主义市场经济的突出优势。在中国特色社会主义市场经济中，国家经济调控的目标之一就是最大限度地满足人们对美好生活的需要，保障人民群众的根本利益，实现人的全面发展和社会的共同富裕（张宇，2016）。价格调控是国家调控的组成部分。由于市场中容易出现竞争不充分、信息不对称和外部性等失灵问题，单纯依靠价值规律来配置资源可能导致社会效益偏离帕累托标准，因此在市场决定价格机制中国家有必要通过宏观调控来管理和调控市场价格形成和运行过程（高连和，1997；樊琦和祁华清，2015；李宏瑾和苏乃芳，2021）。我国社会主义市场经济体制改革的实践同样证明尊重市场绝不等于放任不管，政府可以采用财政政策和货币政策引导价格合理形成和有序运行（刘金全等，2018）；可以通过健全价格法律体系、明确政府价格权力界限、引导价格自律、加强价格监管和对接国家主流市场价格等方式开展价格调控（田先华，2015；王军，2015）。

药品是具有治病救人的特殊使用价值的商品，药品的可及性和安全性问题关系广大群众的身体健康，影响劳动力的再生产以及共同富裕目标的实现。习近平总书记高度重视物质生活层面的共同富裕，他表示："我们说的共同富裕是全体人民共同富裕，是人民群众物质生活和精神生活都富裕"①。药品作为与生命健康高度关联的商品，既是实现人的全面发展的基础条件之一，又关乎共同富裕目标的实现，因而在医药市场中要正确处理效率和公平的关系。但是当前医药市场竞争的不完全性和信息的不对称性等市场机制本身的缺陷决定了政府不能完全放任不管，而是需要通过采用各种手段、措施对医药市场加以调控和修正。

在总结学者们关于价格调控理论研究的基础上，结合药品集中带量采购的特征，将药品集中带量采购价格调控机制定义为：政府根据相关法律法规，引导、调节带量集采药品价格和价格总水平而采取的所有措施、方法和手段，相互联系、相互依存，共同作用于带量集采药品价格运动过程，以促进带量集采药品价格科学合理形成，保证采购药品价格平稳健康运行的内在机理。药品集中带量采购价格调控机制包括四个方面的内容：一是对带量集采药品价格形成的调控，主要通过供求关系、竞争关系来调整其价格；二是对带量集采药品价格运行的调控，主要是营造公平公正、竞争有序的市场环境，稳定价格运行过程；三是约束和规范四元价格主体的行为；四是特殊时期直接干预某些带量集采药品的价格，使之符合共同富裕的要求。

（二）主要特征

新时代中国特色社会主义市场经济条件下，药品集中带量采购价格

---

① 《习近平著作选读》（第二卷），人民出版社，2023，第 501 页。

调控机制的特征主要体现在调控对象、调控原则、调控手段和调控方法上。

第一，药品集中带量采购价格调控机制以药品价格调控为外延，以带量采购药品价格调控为内核。药品集中带量采购价格形成是基于带量采购这一种特殊形式的价格形成，是药品在入市流通后的二次价格形成过程。因此，药品集中带量采购价格的调控机制不能脱离对药品价格的一般性调控，对药品市场领域本身的生产、分配、交换、消费环节的调控都将对集中带量采购药品价格产生影响，集中带量采购价格机制中暴露的问题也可以考虑通过对整个药品市场领域的价格调控来解决。

第二，坚持以市场调节为主、以政府调控为辅的调控原则。在药品集中带量采购市场中，采购价格的决策主体是采购买卖双方，政府通过组织公立医院药品集中带量采购来减少分散采购的多次重复的交易成本（黄素芹等，2019）；政府的职能是"掌舵"而不是"划桨"，政府将医药市场完全交给市场主导，促使药品实际交易价格主要由市场竞争形成，自己只承担引导、监督工作（陈文，2015）。政府在价格调控中的作用主要通过市场的调节传导机制产生效果。政府在对带量采购药品进行价格调控时，一方面最大限度地给予药品生产企业价格自主权；另一方面加强对医药行业的监督和管理，反对价格垄断和价格合谋行为，保护医药市场的合法竞争，取缔不正当竞争，维护公平公正的市场竞争秩序。

第三，坚持以经济手段和法律手段为主，以行政手段为辅。我国药品集中带量采购价格调控体系是建立在保持药品价格总水平基本稳定的调控目标的基础上，以经济手段和法律手段为主，以行政手段为辅的药品价格调控体系。在采用必要手段引导采购药品价格机制科学、合理形成和运行的过程中，经济手段与法律手段是最主要的调控手段。经济手段主要通过调整宏观经济政策、调节税收或者利率等方式，调整医药市场中药品的供给和需求、促进药品生产者之间公平竞争以及激发药品生产企业的活力和创造力，从而达到调节药品价格水平的目标；而法律手段则是划定红线，以强制性的法律法规维护公开透明、公平公正的市场竞争秩序，确保市场机制的有效运行以及经济手段调控的有效传导。行政手段是在经济手段与法律手段无法触及或存在时滞的领域，以更加直接的行政行为直接确定价格水平、调节价格运行的重要补充手段。经济手段与法律手段是对药品价格的间接干预，而行政手段一般是对价格的直接干预。

第四，坚持政府调控和企业内控双向结合的策略。在药品集中带量采购价格调控机制中，政府除了通过政策措施实施价格间接调控以外，还通过制定相应的法律和法规引导企业以及行业内建立内部价格管控机制。政府在制定经济政策和法规时，应注意鼓励企业参与竞争，反对垄断；保护正常经营，反对价格欺诈；维护合法权益，反对价格操纵，指导药品生产企业构建层次分明、结构合理、协调统一的企业内部价格管控机制（杨继瑞，2006）。

二　药品集中带量采购价格调控的必要性和影响因素

（一）价格调控的必要性

在中国特色社会主义政治经济学中，社会主义国家价格调控的必要性不在于市场缺陷，而是国家作为社会公共利益的总代表，在全社会范围内按照社会需求有计划地调节再生产的过程，更加合理地配置资源，以满足人们对美好生活的需求，从而推动共同富裕目标的实现（张宇，2016）。由于集中带量采购仅是一种制度设计，不改变药品的本质属性，因而药品集中带量采购价格调控符合药品价格调控的一般性。药品集中带量采购价格调控的必要性主要表现在以下几个方面。

1. 价格调控机制是实现共同富裕的客观需求

构建药品集中带量采购价格调控机制是实现共同富裕的客观需求。习近平总书记指出："我们要着力提升发展质量和效益，更好满足人民多方面日益增长的需要，更好促进人的全面发展、全体人民共同富裕。"① 随着经济发展水平的持续提高，人们生产和生活的基本需要不断提档升级，当前医药、健康已经成为群众的基本诉求，而医药领域"药价虚高"和"药价虚低"等问题仍然存在，致使部分药品价格无法准确地反映其价值，以及总供给和总需求之间的关系。价格信号的失真将导致社会总福利的损耗，既不利于稳定增强人民群众药品可及性，也不利于促进药品生产企业优胜劣汰，还阻碍医药卫生体制改革目标的实现。同时，人们收入水平的差距导致对药品的支付能力不同，为了避免人民群众"因病致贫""因病返贫"，政府有必要通过价格调控，增强药品的可及性和安全性，进而提高人们生活的幸福感和满足感，助力共同富裕目标的实现。

2. 价格调控机制是社会主义国家履行政府职能的应有之义

构建药品集中带量采购价格调控机制是社会主义国家履行政府职能的应有之义。一方面，集中带量采购药品是一种准公共产品，其供应过程由市场与政府联合完成。政府在准公共产品的供应过程中主要充当引导、保障的角色，这在客观上要求政府在集中带量采购药品的价格形成、价格运行中充分发挥作用。另一方面，集中带量采购本身是一种公共服务，公共服务的属性要求政府积极履职以确保服务的有效供给，同时政府也需要通过积极有为的调控措施促进公共服务的均等化，提升服务水平。故而，药品集中带量采购是政府基于职能而开展的一项主动服务。

3. 价格调控机制是矫正市场失灵的重要手段

构建药品集中带量采购价格调控机制是矫正市场失灵的重要手段。首先，在药品集中带量采购价格机制中市场主导药品价格的形成，但带量集采药品价格形成和运行过程中又容易出现原料药垄断、供给诱导需求、局部供求失衡等问题，妨碍公平交易和市场竞争。其次，市场中存

---

① 《习近平谈治国理政》（第三卷），外文出版社，2020，第133页。

在的信息不对称以及医疗外部性问题会加大市场供需之间的矛盾，加剧市场波动性，放大市场局部失衡的影响。最后，市场机制本身在解决垄断经营、价格歧视等市场行为问题以及调整局部性和整体性不均衡方面的作用十分有限，甚至会因时滞性、区域性等特征加剧市场垄断。因此，政府这只"有形的手"需要对药品集中带量采购价格形成机制和运行机制进行适度调控优化，以打破行业垄断、促进充分竞争等方式优化资源配置。

4. 价格调控机制是实现人的全面发展的有效路径

健康是实现人的全面发展的基础，而药品集中带量采购价格调控机制所要解决的药品可及性和公平性问题，关系人们的身体健康和劳动力的再生产，是实现人的全面发展的有效路径。首先，构建药品集中带量采购价格调控机制有利于降低药价总水平。在实践中，除了国家统一组织药品集中带量采购外，省级和省际联盟也都组织服务于本区域和联盟区域的药品集中带量采购，除了发挥中央政府在药品集中带量采购战略及政策上的整体布局和方向引领作用之外，也要激发地方政府"因地制宜"开展药品价格调控的积极性和创造性，尽可能地推动药价总水平的下降。其次，构建药品集中带量采购价格调控机制有利于缩小区域间药品价格差异，保障用药公平。由于我国人口众多、幅员辽阔、各地医药发展水平不均衡，人们的支付能力差异较大。通过行之有效的价格调控来缩小药品价格的区域差距，提高低收入人群的药品支付能力，有利于保障用药公平。故而，药品集中带量采购价格调控机制体现了"以人为本""生命至上"的思想理念，可以维护人民群众的根本利益，在护卫全民健康的同时有助于保障人的全面发展。

（二）价格调控的影响因素

药品集中带量采购价格调控机制的调控力度、精准度和时效性受到诸多因素的影响，具体而言包括以下几个方面。

一是宏观价格调控体系。运用经济手段进行价格调控的所有政策措施主要通过宏观价格调控体系应用生效，宏观价格调控的组织管理体系以及政策传导机制决定了经济手段的实际效能。一方面，药品集中带量采购的宏观价格管理具有统一性，从中央政府到地方政府已构建了一套集医药、医疗、医保于一体的组织管理体系，国家组织药品集中带量采购、实施带量集采管理政策等都有赖于组织管理体系的系统效率。另一方面，宏观价格调控体系中政策传导机制的有效性以及时效性影响价格调控的实施效果。不同层级宏观价格调控体系下政策传导的时效性以及有效性方面存在差异。中央政府既要统筹管理也要对地方政府的价格调控给予指导及支持。地方政府是价格调控政策传导的基础单元，侧重于政策杠杆在价格主体以及行业、市场中的落地应用。

二是价格管理政策完备性。价格管理政策由价格管理法律法规及价格管理行政手段共同构成。价格管理政策本质上界定了市场发挥作用的底线，越是完备的价格管理政策，越有助于规范市场价格主体的行为，增强价格调控的有效性。从法律法规维度来看，一方面，药品价格调控本身需要有法律法规的依托，以确定价格调控的合法性，并赋予其政策措施法律刚性；另一方面，在社会主义市场经济体制下需要完备的法律法规来约束药品集中带量采购价格主体的违法违规行为，以法律作为底座与准绳，为药品集中带量采购市场提供清晰的法律框架。从行政管理政策维度来看，一方面，行政管理政策属于"以备不时之需"，不可不用、不可多用，要提前部署、尽早谋划、相机应用，行政管理政策本身的完备性有助于强化价格调控的预期，明确市场的边界；另一方面，行政管理政策的完备性为经济手段的有效应用提供有力支持，为法律手段的应用提供有效补充，完备的行政管理政策体系能够助力畅通宏观价格调控传导机制，行政管理政策在法律法规框架下，对于快速纠正不正当竞争、避免价格垄断、维护市场秩序拥有先天敏捷的优势。

三是价格监测预警。价格监测预警是影响价格调控的关键技术因素。一方面，价格监测预警是政府能够掌握医药市场价格动态的工具，能够为价格调控提供第一手的参考信息。在成熟的价格监测预警体系下，价格调控机构在价格运行风险出现后能够及时发现、解决并通过提前研判防范更大的系统性风险。相比传统的建立药品价格监测信息点、手工登记以及统计数据、定期报送阶段性药品价格监测信息等价格监测手段而言，基于药品集中带量采购平台化运作能力搭建的一套价格监测预警体系将从根本上改变原有药品价格监测的格局，为药品价格调控提供新的实施路径。另一方面，价格监测预警体系为药品集中带量采购数字化发展、精准价格调控奠定基础。基于统一平台的价格监测预警体系正是药品集中带量采购数字化优化升级的核心所在，统一平台、信息共享助力精细化的药品集中带量采购价格调控。

三　药品集中带量采购价格调控的三种手段

前文中我们已提到经济手段、法律手段、行政手段是药品集中带量采购价格调控的三种主要手段，本部分主要分析在中国特色社会主义市场经济中，三种手段在药品集中带量采购价格调控领域的主要形式和作用机理。

（一）运用经济手段调控带量集采药品价格

药品集中带量采购价格调控机制的经济手段是政府为了引导带量集采药品价格科学合理的形成和运行，调节医药市场供应关系和竞争关系而使用的财政政策、货币政策以及其他经济配套政策措施的总和。价格调控的经济手段具有间接性、利益诱导性、滞后性以及组合型等特征（周春等，1990）。经济手段是药品集中带量采购价格调控机制中最主要、最常用的手段，它以市场中价格主体的经济关系为基础，通过引导市场资源配置、利用市场经济的价格传导机制来调节价格主体的行为，达到预期的调控目标。经济手段所关联的经济政策调节往往与价格主体的经济利益息息相关，价格主体受到利益的牵引而适时调整其经济行为。经济手段的应用往往是一系列政策的组合，各种政策组合的配套使用更有助于价格调控目标的达成，但由于经济手段的非强制性以及政策传导的时效性，经济手段在价格调控过程中存在滞后性，因为从经济政策调整到资源再配置，从生产调整到供需、竞争关系转变都需要一个时间过程。

1. 财政政策的运用

财政政策主要通过对总供给与总需求及对产业、企业的结构性调节来发挥对药品集中带量采购价格机制的调控作用。

首先，财政政策要服务于经济调控大局，促进社会总供给与总需求的平衡，避免因持续的财政赤字带来医药领域的持续性价格上涨。国家财政政策影响社会总供求水平，作为重要的新兴产业，医药行业的价格总水平受到国家财政政策对医药总需求与总供给的调节影响，药品价格跟随财政政策呈现整体性的波动，这与我国的整体通货膨胀率态势（蒋和胜，1997）基本一致。

其次，医药领域受到国家结构性财政政策的影响，结构性财政政策可定向调控药品价格。一方面，结构性财政收入政策可通过税收调节、费用调节等手段对药品生产、配送、消费、再生产等各个环节进行调节。对于国家鼓励支持的医药行业、重点病症药品技术攻关、仿制药一致性评价等，财政政策可通过减税降费等政策组合，减轻企业负担、增强企业创新发展的外部动能。我国针对罕见病药品、抗癌药品、自产创新药、生物制药等均出台了相关配套的税收优惠政策，全国各地针对医药高新技术企业也有相关的减税降费政策配套。2021 年，我国整体新增减税降费约 1.1 万亿元，推出将医药行业纳入先进制造业企业增值税留抵退税政策范围、免征相关防疫药品注册费等政策措施①，对于激发市场活力、增加市场有效供给有重大意义。

另一方面，结构性财政支出政策可通过产业投资、补贴等方式推动医药行业、重点医药企业、医药重点领域的发展，保障优质药品供给，

---

① 数据来源：财政部发布的《2021 年中国财政政策执行情况报告》。

稳定药品价格水平。针对我国医药短板领域,通过财政结构性专项投入,促进医药价格领域补短板、强弱项,促进价格形成更加科学、价格运行更加稳定。2021 年,为了支持国家基本药物制度实施,财政下达基本药物制度补助资金 91 亿元①,为了常态化推进药品集中带量采购制度,财政专项推动建立健全职工医保门诊共济保障机制。除了财政投入之外,在药品集中带量采购领域引入审慎的财政补贴机制,有助于缓解药品集中带量采购价格机制中存在的区域性、行业性差异问题,引导企业在药品集中带量采购领域更加关注公共性、服务性问题。

2. 货币政策的运用

货币政策主要通过对需求与供给的调整而实现对药品集中带量采购价格机制的调控。一是货币政策通过对社会总需求与总供给的宏观调节影响药品价格水平。为了促进宏观经济发展,货币政策需要以积极、稳健或紧缩的导向对社会总需求与总供给进行调节,医药领域总供给与总需求也将受到宏观货币政策的影响,而在价格水平上呈现整体性波动,此时需要重点关注的是避免药品在价格总水平的变动中呈现过大或过小的波动,以货币政策的逆向调节平抑药价波动。但是需要注意的是药品具有使用价值的特殊性,因此通过货币政策直接调节药品总需求几无可能,但药品的总供给必然会受到流动性的影响。

二是基于结构性的货币政策,定向对药品价格进行调控。狭义来看,货币政策指的是中央银行实施的调节货币总供给与总需求的政策总和,但从广义来看,产业政策中的货币金融手段也属于货币政策的范畴。货币政策定向调控价格与财政政策基本一致,在产业与企业中主要通过定向政策以紧缩或宽松的调节方式发挥作用。一方面,可以通过定向宽松的货币政策手段加大对重点行业、重点领域、重点企业的信贷资金投放力度,以及实施优惠利率政策、促进专项金融产品创新,助力企业开展技术研发、技术攻关、扩大再生产,增加优质药品的有效供给,

---

① 数据来源:财政部发布的《2021 年中国财政政策执行情况报告》。

稳定药品价格水平。2020 年，我国面临疫情冲击，中国人民银行通过专项再贷款的政策模式支持金融机构向疫情防控相关企业提供专项信贷资金①，起到了平抑相关医药物资价格水平的作用。另一方面，针对技术门槛低、产能过剩的药品生产领域，可以通过收缩信贷政策、调节利率水平等方式倒逼企业退出、淘汰落后产能，促进产业及行业升级，促进价格水平在合理区间运行。

（二）运用法律手段调控带量集采药品价格

药品集中带量采购价格调控的法律手段是指国家通过制定药品集中带量采购法律法规的形式，规范价格主体的权利和义务，确定中选价格形成、价格运行的依据和必要程序，明确价格监管的权限及形式。此处所指的法律手段包括国家的价格立法、价格司法以及其他与价格相关的经济法规。

价格调控的法律手段是划定市场调控价格的底线，具有普遍性、强制性以及稳定性特征。从法律手段的适用范围来看，药品集中带量采购的四元价格主体都受到相关价格法律法规及相关经济法规的约束，其调控对象具有普遍性和一般性，它们针对不同调控对象的调控作用效力具有一致性。从法律手段的执行效力来看，国家意志保证了法律手段在执行中的刚性和强制性，价格主体一旦违反相关法律法规的条款要求，国家机器将让违法者接受法律的制裁，法律手段的效力强制性奠定了法律手段在价格调控中的基础作用。从法律手段的执行效果来看，相关价格法律法规一旦颁布就具有法律效力，法律既能起到震慑违法犯罪的作用，也明确了法无规定不为罪的范围，其调控效果具有极强的预期稳定性。

价格调控的法律手段主要由各类法律法规文件构成。各类法律法规文件基本覆盖价格调控的目标、价格形成过程、价格运行过程、价格行

---

① 资料来源：《中国人民银行关于发放专项再贷款支持防控新型冠状病毒感染的肺炎疫情有关事项的通知》（银发〔2020〕28 号）。

为规范、价格管理、价格违法行为法律制裁等各方面内容。自2018年底推行药品集中带量采购以来，我国暂未针对药品集中带量采购颁布单行法律及法律性文件，而是以全国性以及地方性行政法规、政府规章文件为主。从我国药品集中带量采购工作开展至今的实践来看，也是以《价格法》《药品管理法》《政府采购法》《招标投标法》《反垄断法》《反不正当竞争法》等（陈明红，2019）为主要法律法规依循，并没有进行药品集中带量采购的专项立法。但是在众多涉及药品、医疗的法律法规文件中都对药品集中带量采购提出了具体的要求。

（三）运用行政手段调控带量集采药品价格

药品集中带量采购价格调控的行政手段指政府相关部门在管理采购药品价格及其形成、运行过程中所制定的行政管理制度、措施和方法的总和。药品集中带量采购价格调控的行政手段对规范价格主体行为和维护价格运行秩序具有重要作用。行政手段在实践中往往体现为各类行政法规、行政措施行政监督以及行政处罚等，药品价格调控相关部门以各类行政规范性文件对行政手段予以明确（蒋和胜，1997）。

价格调控的行政手段是经济手段与法律手段的重要补充，具有直接性、公权力性以及局部性特征。从作用机制来看，行政手段与经济手段的最大区别在于它直接作用于价格主体以及价格客体本身。行政管理机关通过直接调节价格主体的价格行为、直接确定价格水平或者限定价格变动区间等方式直接调控价格水平，影响大、见效快。从执行效力来看，行政手段与法律手段比较类似，都是以国家公权力为后盾，背靠国家机器，具有强制性和政策刚性，违反价格调控的行政法规就需要接受行政处罚，确定的行政调节的标准规范就必然需要贯彻执行。从效果范围来看，以行政手段调控药品价格水平具有一定的局部性，这主要是因为行政手段往往是针对价格形成、运行过程中的具体环节、具体流程、具体标准，在解决具体问题上具有高效灵活的优势，但是在解决总体及系统性问题方面缺少长效机制。

　　行政手段在价格调控中有独特的作用。前述内容中我们已经明确带量集采药品具有准公共产品属性，带量集采具备公共服务属性，行政手段执行力强的特征正好能够发挥其优势。从行政手段的具体形式来看，我们可以进一步将之划分为行政管理手段以及行政调节手段。

　　第一，行政管理手段主要是指通过各种行政命令、管控措施、执纪监督等方式对价格主体、价格行为直接进行统一组织、限定、监督和制裁等。通常而言，政府直接参与产品定价（如麻精药品的政府指导定价）、价格差率管控、价格限制（如最低限价、最高限价）等都属于行政管理的范畴。行政管理手段有赖于权责明确、职能清晰的行政管理权限界定，是最为典型的价格调控行政手段，它们具有的强执行力特征奠定了自身在价格调控行政手段中的基础地位，但同时行政管理手段也具有较高的政策风险，行政管理手段的不当应用极易带来"一管就死""一放就乱"的市场怪象。

　　第二，行政调节手段主要是指通过各种行政引导、行政建议、行政信息咨询等方式对价格主体、价格行为进行支持、牵引、规劝、约束等。随着经济发展体系日趋复杂，价格调控的行政手段日趋多元化，行政调节手段就是在行政管理手段基础上的一种政策措施延伸。行政调节手段依然基于国家公权力生效，但是其效果相比直接的行政管理手段增加了更多的"柔性成分"，行政调节手段通过更多地让权于民，使价格主体能够自主地调节自己的行为，使行政手段变得更加有弹性、有温度。

四　药品集中带量采购价格调控机制的主要问题

　　药品集中带量采购价格调控机制相对而言比较成熟，其作用机理依赖于现有的社会主义国家宏观调控以及行政管理框架，其调控红线构建于我国药品、药品集中采购、药品集中带量采购的法律法规体系之上。药品集中带量采购价格调控要在全社会范围内按照社会需要调节再生产，从更好地满足人们对美好生活的需要来看，目前我国药品集中带量采购价格调控机制存在以下四个方面的问题。

（一）招标主体行政化垄断的潜在风险

在价格运行机制的分析中，我们从药品集中带量采购参与方角度阐述了行业集中度与垄断风险骤增的问题，当我们将视线转向药品集中带量采购的组织方，发现行政化垄断风险也在悄然增长。行政化垄断风险指行政机构或者具有管理公共事务职能的组织滥用行政权力，限定单位或个人使用、购买指定经营者或组织销售的商品以及服务的风险。政府对经济增长模式的掌握，在土地、资本、技术等资源领域的行政配置，在产业发展方面的支持与引导以及在财政税收等领域的政策导向等都可能引致行政垄断（姜琪和王越，2020）。

药品集中带量采购的招标主体行政化垄断，一方面指政府利用行政权力将药品带量集采任务长期委托给单一采购组织或企业，并限定所属行政区域内医疗机构以及有意愿参与带量集采的药品生产企业均只能使用该采购组织或企业提供的服务；另一方面指政府行政机构在药品集中带量采购中既当"参赛者"，又当"裁判员"，药品集中带量采购在整合原有分散需求的同时也促进了市场需求的垄断，垄断需求的买家拥有强大的市场势力，具有制定规则、操纵市场的能力（王庆云和郑剑，2007）。招标主体行政化垄断风险是政府滥用行政权力的结果，不仅扰乱了市场正常竞争秩序，属于行政违法行为；而且极易造成经济效率低下和社会总福利损失（王俊豪等，2021）。

1. 行政化垄断的第一层含义

从行政化垄断的第一层含义来看，我国药品集中带量采购起步晚，采购市场发育尚不健全，采购主体发展不成熟，能够独当一面的采购主体并不多，因而政府机构更倾向于将药品集中带量采购任务委托给有运营经验的单一采购主体实施。药品集中带量采购常态化推进之后这一问题更加凸显，加剧了招标主体行政化垄断风险。在我国药品集中采购中曾经出现地方政府将药品采购权力下放，分流给行政机构或企业的案例。2016年8月，深圳市卫生计生委通过遴选方式，委托深圳市全药网药业有限公司（以下简称"全药网"）作为深圳市唯一的集团采购组织，代理深圳市所有公立医院开展药品集中带量采购工作。但不到一年，国家发改委认定这样的单一对象委托存在违反《反垄断法》行为而叫停。深圳卫计委只允许全药网一家集团采购组织提供上述服务且不再通过省级药品集中采购平台的行为，违反了《反垄断法》第八条[①]的规定，在事实上排除、限制了其他具有同等竞争力的经营者公平参与竞争的权利，破坏了市场正常竞争秩序。另外，据《中国医院院长》不完全统计，安徽、四川、浙江等地区也出现过类似事件（宋攀，2018）。随着药品集中带量采购常态化推进，一方面招标主体所覆盖的服务范围越来越大；另一方面搭建统一的带量集采平台系统是大势所趋。因此，在药品集中带量采购越来越集约化的背景下，招标主体行政化垄断风险不容小觑。

2. 行政化垄断的第二层含义

从行政化垄断的第二层含义来看，招标主体如果具备行政化垄断能力且本身具有盈利诉求，便可能加剧需求垄断，影响药品集中带量采购价格运行。首先，需求垄断改变市场格局，导致过分压低药品价格。招标主体一旦取得行政化垄断地位也就可以统筹区域内公立医疗机构的药品采购市场份额，加之公立医院在药品销售市场的绝对垄断地位，因此在绝对的买方市场内招标主体可能滥用市场支配地位一味追求低价，过度压缩药企的利润空间。从长远来看，不合理的低价中选将打击药品生产企业的积极性，可能导致中选企业弃标、不正常履约，对整个医药产业的可持续发展造成不利影响。其次，需求垄断滋生差别待遇（孙晋和闫晓梦，2018）。差别待遇是指招标主体以不合理的条件或者差别化抬高准入门槛等方式对药品集中带量采购的申报企业进行歧视或者设定差

---

① 《中华人民共和国反垄断法》第八条规定："行政机关和法律、法规授权的具有管理公共事务职能的组织不得滥用行政权力，排除、限制竞争。"

别化待遇。需求垄断滋生的差别待遇往往与药品集中带量采购的腐败、串谋等违法行为相关联，可能出现在设计招标文件时通过设置"明暗交织"的限制条款或者以"量身打造"入围申报企业资格的形式恶化药品集中带量采购的市场环境，危害药品集中带量采购的价格运行，阻碍药品集中带量采购政策目标的实现。

（二）药品集中带量采购法律法规缺位

法律法规划定了药品集中带量采购中的制度红线，法律法规的完备程度决定了药品集中带量采购价格调控的法理性强弱，依法调控、依规调控应该是药品集中带量采购价格调控的基本遵循。虽然法律法规不能"面面俱到"，但是总体来看，药品集中带量采购领域的法律框架还不完善，法律法规还存在缺位。

第一，现行法律没有涉及药品集中带量采购工作的专章精细化立法。《中华人民共和国药品管理法》（2019 年版）的第八十四条对国家完善药品采购管理制度做出了规定①，但没有涉及药品集中带量采购程序，只是从药品采购管理的原则和方向进行了指引（张骁华，2020）；"完善药品采购管理制度"的描述已难以满足当下药品集中带量采购常态化推进的现实需要。药品集中带量采购根植于药品集中采购，但药品集中带量采购并不是一个局限于"药品"或者"价格"的单一问题，而是涉及药品生产、药品管控、价格形成、价格运行等多方面的复杂共同体，尤其是药品集中带量采购常态化推进之后可能产生的一些新问题、新趋势应当在法律法规中得到必要的体现。除此之外，关于药品集中带量采购以及集中带量采购下的价格形成制度、成本调查制度、中选评审制度、价格公示公告制度、信用评价制度等涉及药品集中带量采购制度的详细内容，主要通过政府行政性法规文件进行补充明确，而在法

① 《中华人民共和国药品管理法》第八章"药品价格和广告"中的第八十四条规定："国家完善药品采购管理制度，对药品价格进行监测，开展成本价格调查，加强药品价格监督检查，依法查处价格垄断、哄抬价格等药品价格违法行为，维护药品价格秩序。"

律维度仍存在空白区。

第二，药品集中带量采购制度中的价格调控和监督管理法律主体并不明确。《中华人民共和国药品管理法》（2019 年版）明确指出"国务院药品监督管理部门主管全国药品监督管理工作"，并划定了各级政府在药品监督管理中的职责①。《中华人民共和国价格法》明确了国务院以及县级以上地方政府价格主管部门、相关部门在价格管理中的职责。② 但是药品集中带量采购在实践中的统筹协调和督促指导责任由国家医保局承担，从药品集中带量采购的常态化推进来看，药品集中带量采购主管部门、价格调控部门、质量监督部门、运行管理部门等的一系列职能、职责都还需要进一步在法律主体层面进行明确，避免"多头管理"或者"相互推诿"。

随着我国药品集中带量采购工作常态化制度化的建设逐渐展开，分散的药品集中带量采购试点和制度创新已经不能满足和符合当前实践的需要和政策的导向。正因如此，药品集中带量采购的法律法规需要与实践保持同步，并适当超前于实践。

（三）配套保障制度落实生效亟待加强

药品集中带量采购价格调控是经济手段、法律手段、行政手段之间有侧重、有配合的"组合拳"，有赖于一系列配套保障制度措施的落实生效，但目前相关配套保障制度还需要进一步完善与落实。

---

① 《中华人民共和国药品管理法》第一章"总则"中的第八条规定："国务院药品监督管理部门主管全国药品监督管理工作。国务院有关部门在各自职责范围内负责与药品有关的监督管理工作。国务院药品监督管理部门配合国务院有关部门，执行国家药品行业发展规划和产业政策。省、自治区、直辖市人民政府药品监督管理部门负责本行政区域内的药品监督管理工作。设区的市级、县级人民政府承担药品监督管理职责的部门负责本行政区域内的药品监督管理工作。县级以上地方人民政府有关部门在各自职责范围内负责与药品有关的监督管理工作。"

② 《中华人民共和国价格法》第一章"总则"中的第五条规定："国务院价格主管部门统一负责全国的价格工作。国务院其他有关部门在各自的职责范围内，负责有关的价格工作。县级以上地方各级人民政府价格主管部门负责本行政区域内的价格工作。县级以上地方各级人民政府其他有关部门在各自的职责范围内，负责有关的价格工作。"

从经济手段的配套保障来看，必要的财政税收政策还需要完善。财政税收政策作为调控药品价格的重要手段，与药品生产企业的发展紧密相关，也与地方政府在药品集中带量采购中的资源配置情况紧密相关。药品集中带量采购政策如何更好地创造优质的药品供给，如何更好地激发药品生产企业在一致性评价方面的自主能动性，如何进一步淘汰和压缩药品生产领域低效，甚至无效的供给等，都还需要通过必要的财政税收政策的精准施策来解答。另外，从保证药品集中带量采购价格运行来看，如何以财政税收政策更好地缩小中选价格的空间差异、促进药品价格与经济发展水平相适应，如何应用医保支付政策更好地调动带量集采各价格主体的积极性等，还需要通过进一步的政策与制度的衔接支持来回应。药品集中带量采购对于 2018 年以前的医药市场是一种革新与发展，而面向未来的常态化推进则必然需要更多的经济政策的保障。

从法律手段的配套保障来看，法律法规的执法执纪监督环节还需要更加完善的配套保障。除了法律法规本身的缺位之外，如何让现有的法律法规更好地服务于药品集中带量采购的常态化推进是当前的重要课题。药品集中带量采购的法律手段应用是"旧瓶装新酒"，在药品集中带量采购领域尽快排除盲区、划定红线是法律手段应用的基础环节。同时，从法律手段的应用保障来看，明确药品集中带量采购领域的执法执纪流程，强化专业领域的执法执纪队伍，确保政令畅通、法令有效是法律手段有效应用的重要保障。

从行政手段的配套保障来看，重点环节的科学行政需要进一步强化。行政手段的刚性、公权力性以及局部性特征保证了其实施效果，也极易放大行政手段的负面影响。因此，行政手段不应是面面俱到的手段，而应该是对重点环节的科学管控手段。在对价格运行机制主要问题进行研究的过程中，本书着重提出了对供需环节、支付结算环节以及全量市场环节的风险监测预警。药品集中带量采购价格调控的行政手段应当与价格形成、价格运行的关键问题相对应，更加注重对药品价格形成、价格运行过程中出现的影响供给保障、影响价格实现的违规行为进行必要的调节，对于价格形成、价格运行的其他环节可以更多地在法律手段的保障下发挥经济手段的调节作用。

从目前的药品集中带量采购实践来看，药品集中带量采购价格机制需要加强供给侧的全行业综合监管，构建需求侧的药品使用和反馈制度，强化结算保障制度与现代医院管理制度的融合，促进经济手段、法律手段、行政手段之间的衔接与融合，进一步形成强有力的价格调控制度保障体系等政策配套，形成合力才能真正解决药品集中带量采购价格形成和价格运行存在的问题。

（四）药品集中带量采购政策普及度低

从药品采购到药品集中带量采购，普通百姓并不能十分准确地感受到政策的重大转变，药品集中带量采购政策乃至其中选结果的执行在宣传普及方面远没有达到社会的预期。

从药品集中带量采购的政策和一致性评价的普及度问卷调查来看，43.33%的受访对象表示不知道集中带量采购政策，56.67%的受访者表示了解集中带量采购政策（如图6-2所示），其信息渠道主要包括新闻媒体、宣传手册、医生介绍、亲友介绍等。近年来，针对专利药、创新药、罕见病中药等开展的医保谈判得到了全社会的极大关注，笔者在调研中发现诸多老百姓对药品集中带量采购以及医保谈判的了解存在混淆与误区。

一致性评价作为医药领域的一个专业术语，因与药品集中带量采购的关联性也逐渐进入大众视野，一致性评价政策知晓率基本代表了老百姓对仿制药质量的认知情况。根据问卷调查数据（如图6-3所示），仅有5.04%的受访者表示对一致性评价比较了解，24.37%的受访者表示稍有了解，而26.89%的受访者表示听过这个词，更有高达43.70%的受访者表示对一致性评价一无所知。

从带量集采药品的使用情况（如图6-4所示）来看，20.83%的受访者表示自己使用过集中带量采购的药品，36.67%的受访者表示自己

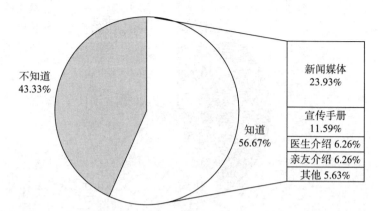

图 6-2　药品集中带量采购政策普及度

数据来源：问卷调查。

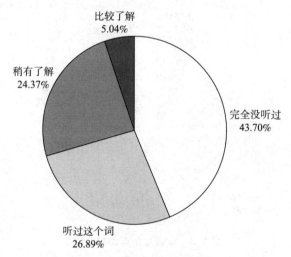

图 6-3　一致性评价政策知晓率

数据来源：问卷调查。

没有使用过带量集采药品，42.50%的受访者表示自己无法分辨哪些药品属于带量集采中选药品。这一结果和政策普及度的调查结果基本一致，验证了带量集采政策在宣传普及方面的不足。

从带量集采药品的患者接受度来看（如图 6-5 所示），超过一半的受访者表示愿意将药品选择权交给医生、谨遵医嘱，41.18%的受访者表示愿意使用带量集采药品，这与药品使用中的信息不对称紧密相关，

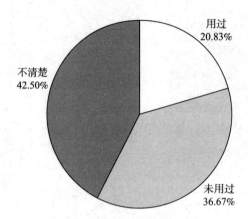

图 6-4　带量集采药品使用度

数据来源：问卷调查。

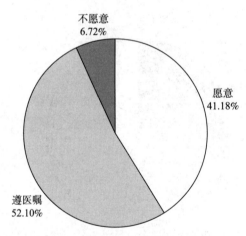

图 6-5　带量集采药品接受度

数据来源：问卷调查。

也验证了医疗机构依然存在供给诱导需求的空间。

　　从患者药品购买渠道来看，70.83% 的受访者会选择直接在就诊医院根据医嘱购买药品，29.17% 的受访者选择根据处方自行在零售药店或线上自助购药，这也验证了公立医疗机构在药品销售市场中的占比情况。

　　总体来看，我国药品集中带量采购政策实施以来，在降低患者的实际用药成本方面取得了显著成效，但在政策本身面向普通老百姓的推广普及方面还比较薄弱。老百姓是药品的最终消费群体，让老百姓真正理解到药品集中带量采购背后的逻辑，充分认可药品集中带量采购背后的一致性评价，了解带量集采药品价低且质优特征，培养患者自觉接纳、使用带量集采药品的习惯，弱化供给诱导需求的现实可能，是常态化推进药品集中带量采购的应有之义。

第七章　药品集中采购的国际经验

通过药品集中采购降低药品价格、减轻患者负担是国际上大多数国家的通用做法。不同国家的医疗保障制度体系不同，医药市场情况不一，药品集中采购模式也存在明显的差异。研究主要发达国家的药品集中采购模式和它们关于药品集中采购的先进做法，对于完善我国药品集中带量采购模式、制定更加科学的药品集中带量采购政策具有重要的借鉴作用。本章主要介绍政府主导的采购（英国的 NHS）和私营部门主导的采购（美国 GPO）两种形式。

一　英国模式

（一）英国医疗保障制度简介

英国是世界上医药卫生产业最发达的国家之一，其医疗保障制度的关键是通过国家医疗服务体系（NHS）来为全民提供有效的健康服务。NHS 运行的典型特征是国家调控和各个环节的公共化。它采用分区单独管理、医药分开和分级保健制度。一般而言，患者在全科医院处面诊后需要凭借处方到社区药店取药，除了英格兰收取少许处方费外，苏格兰、北爱尔兰和威尔士都是完全免费（王蕴，2014）。2016 年，NHS 向药店和公立医院支付的药品费用分别为 90 亿英镑和 77 亿英镑，英国药品预算开支中大部分的份额归属药店，而剩下的药品预算开支才归属于公立医院（龚文君，2019）。可见，英国药品销售市场主要在药店而非医院，这与我国国情明显不同。由于英国坚持"全民享有、免费医疗"的基本原则，为了控制成本支出，英国十分重视对药品价格的调控。英国药品采购是建立在合理的药品价格管理和调控的基础之上，因此本章先介绍英国的药品价格调控。

（二）英国药品价格的调控

英国药品价格调控并非"一刀切"，而是有针对性地进行分类管理。对于纳入 NHS 用药范围的专利药，英国通过"药品价格管制方案"（PPRS）实行总额利润控制（Elias and Adam，2005）；对于非专利药品则通过政府和英国仿制药制造商协会（BGMA）协商的医保支付价格进行管理。

一是专利药品的价格调控。为了确保 NHS 涵盖药品的安全有效性、价格合理性及调动制药企业研发新药的积极性，英国制定了主要针对专利处方药品的 PPRS。PPRS 是由英国卫生部和英国制药行业协会（代表广大药品生产企业）在坚持自主自愿原则的前提下签订的协议，并规定所有想要将药品销售给 NHS 的制药企业都必须参与并且服从该协议。PPRS 通过限制药品生产企业销售给 NHS 的专利处方药品的利润率来达到控制药品价格的目的。PPRS 明确规定所有向 NHS 销售的药品，其总利润率必须维持在 17%~21%，并且每个加入 PPRS 的制药企业的具体目标利润率需要由英国卫生部确定。卫生部在制定制药企业的目标利润率时一般会参考该企业的药品创新程度、企业资产负债情况和运营情况等。同时，政府需要对加入 PPRS 的企业年度财务报告进行全面审核和校对。如果药品生产企业的实际利润率在目标利润率的 40% 以内，该企业可自行在一定幅度内上调药品价格。相反，一旦药品生产企业的实际利润率超过目标利润率的 40%，卫生部就要求该药品生产企业返还超额利润，或者降低至少一种药品的价格，或者延缓上涨已经获准调高的药品价格，或者限制获准上涨价格药品的价格上涨幅度和范围（Grooten-dorst et al.，2005；Elias and Adam，2005；龚文君，2019）。据统计，加入 PPRS 的制药企业提供了英国全民医疗服务制度中 90% 的药品（蒋华栋，2015）。

同时，英国依靠国家临床规范研究所（NICE）对单个药品的价格再一次进行调控。NICE 是一个第三方独立机构，主要负责从成本-效益维度对新上市药品进行评估。NICE 的评估结论是药品能否被 NHS 购买和使用的关键衡量指标。如果 NICE 对某一种药品做出不好的成本-效益评价，则该药品可能不会进入 NHS 的考虑范围。因此，药品生产企业需要十分重视 NICE，在实践中部分药品生产企业通过适当降低药品价格的方式来换取 NICE 更好的评价。故而，NICE 的成本-效益评估报告也成为推动药品价格下降的重要力量。2019 年 PPRS 升级为"品牌药品定价和准入自愿计划"（VPAS）后，英国仍然采用总额利润控制法来间接管控药品价格。

二是非专利药品的价格调控。英国非专利药品的价格调控在不同时期有不同的管理方案。早期英国政府并未直接干预非专利药品价格，为了避免医药市场动荡，2000~2004 年英国通过对非专利药品实施最高限价措施进行价格管理。当时的最高限价主要包括 NHS 覆盖的药品生产企业销售给药店和配药医生的药品，非处方药和医院出售的药品并不在内。最高限价对维持非专利药品价格的稳定性起到了一定的积极作用（叶露和胡善联，2005），但是该政策行政干预色彩太重，于是 2004 年英国开始使用"新补偿价格"代替原本的最高限价政策。补偿价格根据每个药品的不同包装、剂量、出厂价来确定（吕兰婷和刘文凤，2021）。现在英国对药品的价格管理主要通过调控 NHS 的医保支付价格来进行，非专利药品的支付价格由政府根据 BGMA 的计算结果确定。

（三）英国药品集中采购的主要模式

英国的药品销售市场主要包括医院和药店两类，由于两者的采购主体、采购方式和采购规模完全不同，因而出现了两种采购模式。

一是公立医院的药品采购。公立医院的药品采购根据它是否属于专利药品实施不同的采购方案。专利药采购以自主采购为主，医院可直接和药品供应商协商价格或通过药品采购平台进行议价采购，政府一般不进行干预。除非涉及市场垄断或者竞争不充分的临床急需或者替代性较弱的高价药品，相关部门才可能组织和药品供应商进行价格谈判。非专利药品采购主要实行集中招标采购，依托卫生部商业药品处（CMU）统筹推进，通过线上平台开展信息传递。英国公立医院非专利药品的集中招标采购运行特点主要包括：首先是行政分区，以行政大区为单位进行采购量的整合；其次是 CMU 负责需求信息的汇总和招标信息的发布；最后是中选条件囊括价格和质量双重标准。①

二是药店的药品采购。英国药店的药品采购充分体现了分散采购机动灵活的特性。由于社区药店本身占据了较大的药品需求份额，所以药店可直接以买方身份与药品供应商对接议价。药店在药品价格谈判中的议价能力与药店的药品采购数量成正比，即采购数量越大它获得的采购价格优惠力度越大。另外，政府为了控制药店之间由于采购数量差异而引起的采购价格差距，通常会对谈判价格进行调整。调整方法是要求药店将获取的价格折扣返还一定比例给 NHS（李倩等，2016）。

二　美国模式

美国拥有全世界最独特的医疗保障体制，即由雇主为雇员提供商业

---

① 英国非专利药品的集中招标采购程序如下。第一，英国将全国划分为 6 个大区，每个大区成立一个采购团队，专门负责该区域内所有公立医院的药品采购工作。同时，CMU 汇总区域内所有公立医院的非专利药品需求信息，然后发布招标公告，鼓励和邀请符合招标要求的企业参与投标。第二，按照药品报价从高到低排序。投标企业在投标时需要对投标药品进行报价，然后由招标机构将药品报价从高到低排序，并选出最低报价药品。第三，组织药品质量监控机构对最低报价药品进行质量评估，一旦评估通过则顺利中标。第四，招标机构就药品价格、采购数量、采购期限等细节与中标企业进行谈判，谈判成功则签订协议。所有的公立医院必须按照采购协议约定的采购数量和采购种类进行采购。

保险而非政府向全民提供医保的医疗保障体制（张维，2016）。美国医疗保障体制虽然已历经百年，但至今未覆盖全民。美国目前的医疗保障体制主要是满足商业保险公司、医药公司、医院和医生等资本势力的利益诉求，这些资本势力在医疗市场中充分掌握了话语权，十分抵触实施政府控制费用的医改政策（高芳英，2014）。因此，不同于英国采用政府主导的药品集中采购模式，美国主要依靠私营部门主导的集团采购组织开展药品集中采购。集团采购组织（GPO）起源于 20 世纪初，经过长时间的实践探索，当前美国集团采购组织（GPO）已走向规模化、集约化和竞争激烈化发展阶段。

（一）美国集团采购组织简介

美国的医疗行业集团采购协会曾将 GPO 界定为：GPO 是在整合会员医疗机构的采购需求量后，代表会员医疗机构和药品生产企业、经销企业等供货商进行价格谈判，以达到降低采购药品价格和提高采购效率目标的采购组织（Weinstein，2006）。GPO 在美国药品集中采购中具有举足轻重的地位。据统计，美国采购总量的 72%~80% 是通过 GPO 实现的，平均每家医疗机构会参加 2~4 个 GPO 来购买药品。医疗机构通过 GPO 购买药品不仅可以将自身从烦琐的采购事务中解放出来，而且可以获得更加质优价廉的药品（Zhou et al.，2017；龚文君，2019）。当然，医疗机构也可以选择不加入任何的 GPO，通过自行采购或者自行组织采购联盟来实施药品批量采购。

美国大部分的 GPO 是营利性组织。作为第三方采购组织，GPO 在组织与药品供应商的价格谈判、日常办公运作过程中都有大量的费用支出，故而需要持续稳定的收入来源来维持自身的正常运转。美国 GPO 的收益来源主要有三种途径。其一，药品供应商缴纳给 GPO 的合同管理费，美国的 GPO 可以收取不高于采购合同总金额 3% 的合同管理费，这部分费用是 GPO 最主要的经费来源。其二，参会医疗机构向 GPO 缴纳的会员费，若是医疗机构自己投资组建 GPO 则不需要缴纳会员费

（常峰和刘洪强，2015）。通常来说，参会的医疗机构数量和 GPO 获取的会员费成正比。其三，GPO 提供的其他服务项目收费，如定制合同服务、药品临床评估服务和新技术服务等。提供的服务越丰富，收取的费用越多，而这些个性化、多样化、定制化的服务往往只有大型的 GPO 才会开展（杨晓娜，2020）。

（二）美国集团采购组织的运行机理

1. 美国集团采购组织的运行特点

和政府主导的药品集中采购模式不同，美国私营部门主导的 GPO 药品集中采购在运行过程中具有特殊性。

首先，GPO 是第三方中介组织而非需求方。GPO 本身没有采购需求，而是作为第三方中介组织在药品集中采购中负责制定采购方案、发布需求公告、评审企业资质和药品质量、与药品供应商进行价格谈判、达成意向协议等工作。其次，通过整合需求实现以量换价。美国 GPO 采购是一种批量团购模式，通过集中参会医疗机构的采购需求量形成较大购买力来作为谈判筹码，以换取药品供应商较大的优惠力度。因而，参会成员越多，药品需求量越大，GPO 的谈判议价能力越强，拿到的药品供应商价格折扣力度越大（周苑等，2018）。再次，GPO 参与机制灵活。GPO 不会强制要求会员医疗机构必须使用它提供的服务，会员医疗机构既可选择不使用它提供的服务，也可以选择在 GPO 协商结果的基础上与供应商二次议价。最后，GPO 采购合同期较长。GPO 鼓励药品供应商和自己签订 3~5 年的长期合同，因为 GPO 认为长期稳定的合作不仅能够节约每次药品采购的交易费用，而且能够保障药品质量的安全性和供应的稳定性（丛鹂萱等，2019）。

2. 美国集团采购组织的运行风险

虽然美国医药市场成熟的采购模式增强了 GPO 和药品供应商的议价谈判能力（Saha et al.，2010），但 GPO 采购模式也隐藏垄断风险。在市场经济中 GPO 的议价能力和参会的医疗机构（药品需求）数量直接挂钩，参与成员越多则议价能力越强，获取的药品采购优惠力度越大。反过来，较大的优惠力度会吸引更多的医疗机构加入，由此形成闭环，极易触发垄断风险。数据显示，2010 年美国排名前六位的 GPO 的药品采购数量超过了美国采购总量的 90%（常峰和刘洪强，2015）。为了解决垄断问题，1993 年美国相关部门就发布了《卫生保健反垄断执法政策声明》，指明了判断 GPO 是否存在垄断的方法。1996 年，在此基础上进行修订并提出两条新标准：第一，医疗机构在依靠某个 GPO 采购某种特定药品时，采购量不得超过该医疗机构市场总采购量的 35%；第二，医疗机构在单个 GPO 中的采购成本不能高于其总利润的 20%（孙晋和闫晓梦，2018）。除此之外，美国政府还专门指定司法部、卫生与公众服务部和联邦贸易委员会三个部门对 GPO 是否涉嫌垄断、是否存在收取贿赂、是否超标收取合同管理费等扰乱正常的市场秩序的违规行为进行全方位的监督。

3. 美国集团采购组织的运行效果

虽然美国 GPO 在药品集中采购运作中已然十分成熟，但其运行效果仍然存在争议。争议的焦点在于 GPO 能否真正节约采购成本、降低采购药品价格（Hu and Schwarz，2011）。对于这个问题，大部分的研究者是持肯定态度的，他们认为美国通过 GPO 采购，不仅能为医疗机构节省 10%~15% 的非劳动成本，同时还能帮助医疗机构购买到质优价廉的药品（顾海，2011；张新鑫等，2017）。但也有研究者认为，GPO 本身也会产生交易费用，因为 GPO 并非提供无偿服务，医疗机构和药品供应商需要向 GPO 缴纳会员费、合同管理费，这两项支出都将作为交易费用增加到药品价格中并最终由患者买单。另外，按照成交金额一定比例收取的合同管理费会导致 GPO 失去寻求最低价格的动力。

三　经验借鉴

药品集中采购受到供求、竞争、政策等多重因素的影响，英国和美国在药品集中采购中实践经验丰富，成效较为突出。对比两国药品集中采购模式的运行机理，总结两国药品集中采购的经验做法，对于构建我国的药品集中带量采购价格机制、增强药品集中带量采购政策的科学性有重大的借鉴意义。

第一，坚持政府引导，明确采购组织机构的地位。从国际来看，药品集中采购主要分为政府主导的采购和私营部门主导的采购两种形式，其中前者占据主导地位。政府主导的采购模式不仅可以提升药品的质量层次和保障采购药品的及时供应，而且可以发挥批量采购的优势以争取更大的药品价格折扣。以美国为代表的营利性 GPO 采购模式是与其高度市场化的医药市场相匹配的，并不适合我国国情。我国药品的最大销售市场是公立医院，而公立医院坚持公益性定位。因此，政府主导的药品集中采购模式更适合我国医药采购市场，但我国可以借鉴美国 GPO 采购模式成立第三方独立采购机构，由它全权负责药品集中采购的统筹协调和日常运转工作。需要强调的是，我国的第三方独立采购机构仍然应该坚持公益性定位。借鉴美国 GPO 的运作机理，第三方独立采购机构的组成人员应当是包括相关部门工作者、经济学专家、药物学专家、医生等在内的利益相关者，并应当通过组建采购小组、评审小组和监督小组的方式，促进三个小组分工合作、密切配合。其中，评审小组要邀请经济学、药物学、医学等相关领域专家加入，参照英国模式对采购入围药品进行成本-效益的评估（顾海，2011）。

第二，发挥医保支付标准在协同控费中的重要作用。英国通过制定 NHS 的医保支付价格来控制费用支出。一方面，在英国药品如何顺利进入 NHS 覆盖范围是供应企业需要重点考虑的事情，因为一旦失败就意味着可能没有销量。另一方面，药店虽然可以和供应商进行药品价格谈判并自主采购，但政府制定的 NHS 医保支付价格能够发挥限定药店购销环节利润空间、控制药品费用增长的作用。我国可以借鉴英国模式，发挥医保支付标准在控制医保基金支出和引导采购药品价格合理形成中的重要作用。对于集中采购的药品要做好中选价格和医保支付标准的协同，采购药品在医保药品目录内直接将中选价格作为医保支付标准，同时规定同通用名药品超出医保支付标准的费用需要患者自行承担，这样既可以合理调节患者对高价药品的需求，间接引导医药市场的供求；又能控制医保基金支出，促进非中选价格向中选价格靠拢。

第三，实施多样化的药品采购方式。不同药品竞争环境不同、质量参差不齐，药品生产企业在医药市场的话语权不同，因此在采购方式上不能一概而论，而是要坚持多样化的采购方式。国际上通用的药品采购方式包括招投标采购和价格谈判采购两种方式。在具体分工上，两种采购方式适用的药品范围并不相同。药品招投标采购主要适用于采购金额高、临床使用量大且竞争较为充分的仿制药。而药品价格谈判采购主要适用于专利药、创新药等价格较高、需求量相对较小且竞争不充分的药品。我国人口众多、医疗卫生机构数量大、医药市场复杂，在药品集中带量采购时需要结合国情，根据不同类型药品的特点，实行不同的采购方式，而不能完全照搬英国模式仅做专利药和非专利药分类采购（徐源等，2021）。从国家组织药品集中带量采购来看，药品集中带量采购虽然在降低药价、保障供应等方面效果明显，但不适用于所有的药品。具有一定垄断支配权的专利药和原研药，愿意参与国家带量集采的并不多，这类药品更适用药品价格谈判。当然除了招投标采购和价格谈判采购两种采购方式之外，还可以使用邀标采购、议价采购、备案采购等多样化的采购方式。

第四，加强药品集中采购监管，防范运行风险。药品集中采购不是一个孤立的环节，而是需要与监管系统密切配合。虽然国际上药品集中采购和采购监管通常归属于不同的部门，但药品集中采购全流程离不开政府的有效监管。如美国为了避免出现 GPO 垄断，出台了《卫生保健反垄断执法政策声明》并且安排三个行政部门对 GPO 进行全方位的监管。美国针对 GPO 采购量设定控制标准的做法和部门联合监管的做法对于我国仍有参考意义。新中国成立以来几十年的采购历史中也曾经出现行政主体滥用行政权力，排除、限制其他具有同等竞争力的经营者平等竞争的案例。因此，可以借鉴美国，加强部门之间的合作交流，制定药品采购相关法律法规来约束采购市场中价格主体的行为，也可以使用市场分析阈值来监测市场份额。

第八章　药品集中带量采购价格机制的优化

药品集中带量采购价格机制的优化不是对带量集采药品价格的调节，而是对价格机制本身的优化。本章在坚持发挥政府引导、市场主导作用的基础上，基于国外经验借鉴以及前面章节的规范分析和实证分析结论，结合我国人口众多、医疗资源发展不平衡不充分的实际，提出药品集中带量采购价格机制的优化原则、优化导向和优化路径。

一　药品集中带量采购价格机制的优化原则和优化导向

（一）优化原则

药品集中带量采购价格机制的优化以保障人民健康、维护劳动力再生产、促进人的全面发展和实现共同富裕为长期目标，以促进药品降价、药企转型升级、医保基金高效运行和多方共赢为阶段性目标，在此基础上提出优化原则。

一是应坚持民本性与公共性，彰显中国特色。这既是药品集中带量采购价格机制优化应遵循的首要原则，也是党领导政府全面履行职能的重要体现。首先，民本性体现为药品集中带量采购价格机制优化始终坚持以人民为中心，始终以保障人民健康，防止"因病致贫""因病返贫"，提升人民获得感、幸福感和安全感为核心提出目标和路径。其次，公共性体现为应发挥社会主义集中力量办大事的制度优势，坚持在党的领导下推动药品集中带量采购价格机制的优化，让"集中"的优势在药品价格机制领域持续发挥作用，持续深化集中带量采购公共服务。同时，应当充分把握我国医药市场供需结构，科学合理发挥药品集中带量采购价格机制在深化医药卫生体制改革过程中的作用，推动阶段性目标和长期目标尽早实现。

二是应注重均衡性与协同性，推动可持续发展。一方面，均衡性原则既包含四元价格主体的利益协同与均衡，同时也体现了整个药品集中带量采购市场的均衡。药品价格关联的价格主体众多，药品集中带量采购价格机制的优化要围绕如何形成科学合理、公平公正，消费者、医院、医保机构三方均可承受，药企获得合理回报率的药品价格（胡善联，2021）展开。药品集中带量采购价格机制的优化要通过机制的设计不断激发市场经济主体的创新活力，尤其是确保优质药品的研发与供应，注重医药市场的可持续发展。另一方面，协同性原则体现为，药品集中带量采购价格机制的优化过程是一项涉及药品集中带量采购价格形成、价格运行以及价格调控等方面的系统性联动工程。价格机制的优化是四元价格主体、多种价格因素之间的协同动态调整，而非单一主体、单一因素的动态调整。因此，价格机制的优化过程必须是一个整体协同推进的过程，而不是"头痛医头、脚痛医脚"。

三是应重视整体性与层次性，体现系统性发展。药品集中带量采购价格机制内生于药品价格机制。首先，药品集中带量采购价格机制优化要从整体上满足价格机制的目标要求，同时又要统筹机制优化的目标导向以及结果导向，从价格形成、价格运行、价格调控的不同层次促成整体优化目标的实现。其次，机制优化要在目标导向下，结合我国庞大的医疗卫生服务体系，实现整体性与层次性的系统性融合，既要强调全国步调一致，又要讲究因地制宜。整体性与层次性既包含对药品集中带量采购市场实践、组织层级等的总体考虑，也将药品种类差异、需求差异、地域差异等内容纳入药品集中带量采购价格机制优化当中。

（二）目标导向优化："一主两翼多极支撑"的分级分类采购

推进药品集中带量采购价格机制分级分类布局是基于药品属性要求和药品集中带量采购实践探索的现实选择。一方面，由于药品种类多，市场需求和竞争程度等方面差异大，对所有药品选用同一套采购机制显然不合常理，因此有必要在药品集中带量采购价格机制中引入分类采购方式。另一方面，从带量集采药品的准公共产品属性来看，政府组织集中带量采购属于职责所在，但是不同层级的政府机构职能也各有侧重，加上地区间人民的支付能力和药品需求结构不同，因此不同层级、不同区域的政府应该坚持需求导向原则，根据实际情况确定与之相适应的集中带量采购方案，实施分级采购方式。因此，药品集中带量采购应该设计横向分类与纵向分级的采购机制，在合理划分国家带量集采和地方带量集采职能分工的同时，结合药品的生物特征和市场特征确定更加科学的采购方式，以更好地满足人们多层次、多样化的药品需求。

1. 纵向分级

纵向分级主要是指按照国家级、省区市级、地市级的层级组织实施药品集中带量采购。结合药品横向分类特征，我国需要构建"一主两翼多极支撑"的分级分类药品集中采购框架，促进招采主体多样化、层级多元化。

"一主"即以国家集中带量采购为主。国家带量集采首先聚焦临床用量大、采购金额高、通过一致性评价的仿制药或者原研药，其次针对临床应用特殊的药品应逐步探索专项集中带量采购。

"两翼"即以省级及省际联盟为翼。第一，省级和省际联盟药品集中采购作为国家统一组织集中带量采购的有效补充，要在临床应用上存在区域特色，以及在国家集中带量采购未能覆盖的临床使用量大、质量疗效确切、采购金额较高、竞争较为充分的各类药品上实现应采尽采，避免因统一带量集采而导致省域之间价格水平与经济发展水平的严重倒挂。第二，省级以及省际联盟要发挥灵活机动的优势，当好药品集中带量采购常态化推进的排头兵，主动整合资源、扩大试点范围，探索构建不同品类、不同形式下的药品集中带量采购，建立与国家统一组织药品集中带量采购之间的良性互补关系。

"多极支撑"指以 GPO、药交所等其他具有特色的集中采购模式为支撑。第一，针对国家级、省级集中带量采购均未覆盖到的品种，在有序组织的基础上可以赋予药品交易所、GPO、医疗机构联盟等市场化组织参与集中带量采购的权限，使之以更加市场化的形式发展，进一步满足市场多样化的需求。第二，在逐步探索将民营医疗机构以及零售药店纳入药品集中带量采购的"双通道"改革趋势下，要更加注重发挥药品交易所、GPO、医疗机构联盟等市场化组织的主体灵活性，以"多极支撑"满足日益多元化的药品集中带量采购价格运行需求。

2. 横向分类

横向分类主要是指根据采购金额、临床用量、市场竞争程度等方面的不同，在药品集中带量采购中可以选用招标采购、谈判采购、议价采购、专项采购等不同采购形式，具体横向分类如表8-1所示。

表8-1　不同市场结构下的药品集中采购形式

项目	完全垄断市场	寡头垄断市场	垄断竞争市场	完全竞争市场
企业数量	1个	少数（几个）	较多	众多
进入壁垒	极高	较高	较低	无
产品差异	无替代品	存在差异	差异很小/无差异	无差异
价格影响力	决定权	有限	很少	无
药品类型	专利药、独家药等独创性药品	原研药、首仿药等竞争不充分药品	过评药、普通仿制药等竞争较为充分药品	非处方药
采购形式	谈判采购	议价采购、招标采购、专项采购	招标采购	分散采购

第一，专利药、独家药等独创性药品处于完全垄断市场，应采用谈判采购形式。一般来说，新药研发需要投入的资金量巨大，周期长且成

功率不高，而新药研发一旦成功，制药公司就可以申请专利并在专利期间得到国际知识产权保护。也就是说，专利期内该企业成为市场上唯一的生产厂商且专利药不得被仿制。因此，专利药、独家药等独创性药品处于完全垄断市场，厂商在逐利性的驱动下往往会制定垄断高价。因此，为了增强患者对专利药的可及性，维护患者的健康，有必要对专利药、独家药等独创性药品进行带量集采，以"垄断买家"与"垄断卖家"进行价格博弈的方式，削减垄断卖家的价格垄断能力。在药品集中带量采购价格形成机制中，对于专利药、独家药等独创性药品，由于生产企业没有竞争对手也没有替代药品，因而在带量集采时不能通过招标采购，而是需要采用谈判采购的方式集中采购。

第二，原研药、首仿药等竞争不充分的药品处于寡头垄断的医药市场。由于市场准入壁垒较高，生产企业数量少且竞争不充分，有一定的价格协商空间。因此，在药品集中带量采购价格形成机制中，原研药、首仿药等竞争不充分的药品可以采用议价采购、招标采购或者专项采购的方式集中采购。

第三，过评药、普通仿制药等竞争较为充分的药品由于市场上厂商较多，市场进入壁垒较低，产品之间差异较小，归于垄断竞争的医药市场。在药品集中带量采购价格形成机制中，这类药品生产企业众多、竞争日趋白热化，产品的替代性较强，因此可以采用招标采购的方式集中采购。

第四，部分同质化严重、低水平重复建设的非处方药市场视为完全竞争医药市场。由于完全竞争市场的标准极为严格，没有完全符合定义的完全竞争医药市场，但是部分同质化严重、低水平的非处方药由于生产厂商数量多、市场准入壁垒低、产品同质化严重、每个厂商都是价格的接受者，而使对应市场十分接近完全竞争市场。除此之外，完全竞争市场中的非处方药，消费者完全可以根据生活常识或者以往购买经历自主选择，并在购买过程中反复比较药品价格、质量等信息从而做出最优选择。因此，在药品集中带量采购价格形成机制中完全竞争市场中的药品由于竞争充分，可以不需要集中带量采购而通过市场竞争形成价格。

（三）结果导向优化："成本效益兼顾"的成效评价体系

药品集中带量采购价格机制优化从结果层面来看主要是对药品集中带量采购价格实践的一种复盘重检。复盘重检的过程坚持以药品集中带量采购价格机制优化的目标为导向，以药品集中带量采购价格实践的全局①为客观对象。药品集中带量采购价格机制遵循医药卫生体制改革深化的总体要求，从药品作为商品的特殊性以及集中带量采购药品的准公共产品特征出发，聚焦药品集中带量采购价格形成、价格运行、价格调控三个机制，涉及四元价格主体的利益诉求，涵盖集中带量采购药品准入与集中带量采购实施等一系列问题，最终体现为一系列专业性强、覆盖面广、影响深远的价格机制实践集合。在这一系列持续的价格机制实践中，各个价格主体的价格行为是否符合法律法规、集中带量采购的整体流程是否顺畅高效、集中带量采购价格结果是否符合预期，是否符合兼顾成本与效益的总体评价要求等，都属于集中带量采购价格机制结果导向优化过程中需要重点关注的问题。如果没有基于实践结果的复盘重检及机制优化安排，则可能导致目标与实践（包含市场与政府）的分离，目标与结果的割裂，从而出现"事与愿违"的情形而不自知抑或"事倍功半"而得不偿失。

一是药品准入的效益评价。哪些药品可以纳入药品集中带量采购的范围涉及对带量集采药品准入的评价标准。国家集中带量采购以原研药和通过一致性评价的仿制药为门槛，较高的质量入围标准保证了集中带量采购药品的品质，另外通过同一通用名、同一规格下的国家集中带量采购的最高有效报价来对入围企业再次设定一个价格申报上限。这为药品集中带量采购价格机制的优化提出了一个方向，既要丰富药品技术评价与经济评价的双重标准，又要更加注重技术评价与经济评价的关联性

---

① 包括药品集中带量采购的主体、流程、结果以及药品集中带量采购价格机制等。

与一致性，将药品的成本与效益挂钩于带量集采准入。基于价格理论和药物经济学指标，通过成本-效益分析法来设置药企申报入围及药品中选的评估体系，可适当增加经济技术指标权重，适当向通过 GMP 认证的药品倾斜，减少知名度、美誉度等主观评价指标，增强中选指标评选的客观性和科学性。另外，为了有效避免药品成本-效益评估工作耗时耗力地反复进行，可以参照英国模式，在药品进入医保药品目录的过程中新增药品审批工作，根据药品质量层次设计不同的报销标准并启动药品使用后的追踪评估机制。

二是集中带量采购工作的成效评价。药品集中带量采购的成效评价聚焦于患者和医保两个"买单者"的直接目标，主要评价药品集中带量采购实践后患者的用药成本是否下降、药品可及性是否增强、医保控费目标是否实现等。药品集中带量采购本身作为一种促进药品价格形成的市场化方式，对医药市场的牵引作用已经得到了比较广泛的认可，但药品集中带量采购具体能够挤出多少药价水分、为患者带来多大的益处、能够节约多少医保基金等问题，与药品集中带量采购实施过程和效果有极大的关联。因此，通过药品集中带量采购工作的成效评价，能够进一步验证药品集中带量采购对深化医药卫生体制改革的重要作用，也能够进一步校验不同药品集中采购形式的差异与优劣，促进药品集中带量采购实践的优化与提升。

三是参与价格主体的评价。对药品集中带量采购价格主体的评价相比对价格主体的监管及风险管控而言，更倾向于是对价格主体价格行为的事后溯源与评价，包括应用诚信约束手段、建立负面清单、提高违约成本、引入多方主体绩效评价、建立信用积分挂钩制度等。通过对集中带量采购价格机制相关价格主体的评价制度，配合以相关的风险管控措施，能够有效地促进及矫正各价格主体的价格行为，助力整个药品市场的稳定运行，实现价格机制的长期系统性优化。

四是价格机制的自评价。药品集中带量采购价格机制的自评价与药品集中带量采购工作的成效评价最大的区别在于价格机制的自评价更侧重于系统流程评价，无论药品集中带量采购达成直接目标的效果如何，价格机制都可以从系统工程的角度在价格主体行为、流程效率等方面对机制本身进行评价。一方面评价价格机制的市场化运行是否有助于整体目标的实现，另一方面关注价格机制的设计是否能够促进企业的药品价值创造、促进供需关系以及竞争关系的调整，从而形成更加科学的带量集采药品价格。同时，价格机制的自评价也是对政府调控手段的一种评价，是对"相机抉择"调控的一种结果反馈，是优化"相机抉择"具体运行管理措施的重要参考。

二 药品集中带量采购价格形成机制的优化路径

如第四章所述，药品集中带量采购价格形成机制中存在优质药品有效供给不足、原料药垄断、供给诱导需求、医药市场分化等问题。聚焦价格形成机制中的重点问题，同时为了进一步完善政府引导、市场主导的药品集中带量采购价格形成机制，发挥医保基金的战略性购买作用，促进带量集采药品价格更趋合理，本部分从以下几个方面提出价格形成机制的优化路径。

（一） 创建量价联动的递减阶梯定价机制

阶梯定价是一种非线性定价方式，递减阶梯定价指价格随着消费量的增加而下降，让不同消费量面临有所差异的最终边际价格（Carter et al.，2012；田露露等，2019）。作为一种准公共产品，带量集采药品的价格要兼顾可及性和效率性，创建量价联动的递减阶梯定价机制，有助于进一步促进药品价格合理化，也有助于在分化的医药市场中探索统一的带量集采实施方式，节省医保基金支出。

带量集采药品的阶梯定价可以由档数、约定采购量和价格折扣三个部分组成。创建量价联动的递减阶梯定价机制，首先，需要合理确定阶梯定价的档数。药品带量集采可参考大多数公共产品的情况实施三档阶梯定价。其中，第一档是整个阶梯定价的基石，第二和第三档则在第一档的基础上进行价格折扣。其次，科学制定每一档的约定采购量基数和折扣幅度。第一档的约定采购量基数仍按照目前带量集采的报量方式确定，同时规定第一档的价格折扣为100%（即将中选价格确定为第一档的价格）。第二、第三档约定采购量基数的确定需要在对上一年度医疗机构的实际使用量进行充分调查的前提下，结合市场竞争格局、临床使用特征、人口数量、健康状况等因素进行综合考量。第二、第三档的价格折扣确定需要基于大数据进行更加严谨的科学测算。阶梯定价中每一档的价格折扣直接关系价格杠杆作用的发挥，价格折扣太小会使折扣政策失去意义，价格折扣太大则可能打击企业的生产积极性（林金凤，2017；刘自敏等，2017）。再次，建立动态的阶梯定价反馈机制。递减阶梯定价机制并不是静态的定价机制，每一档的约定采购量基数和价格折扣并非一成不变。阶梯定价的标准需要在每一个采购周期结束后，根据上一期的实际使用量进行调整，并配合启动企业、医疗机构和医生、患者的跟踪反馈，为后续集中带量采购的接续工作提供客观翔实的数据支撑，增强阶梯定价的延伸性、科学性。最后，建立并规范医疗机构和患者的阶梯定价社会福利分配机制，优先考虑在医保基金以及患者之间分配新增社会福利，审慎考虑医疗机构对新增社会福利的分配，避免新的诱导需求动机滋生。

总之，量价联动的递减阶梯定价机制适用于已经广泛开展的带量集采，同时也可以探索在新药、专利药等领域应用该机制。

（二）实施"激励相容"的多方利益协同机制

"激励相容"的多方利益协同是促进药品集中带量采购价格形成更加科学合理的重要手段，也是保障药品有效供给、促进药品合理使用的一大命题。"激励相容"最早由哈维茨在其"机制设计理论"中提出，本意在于强调以一种机制设计或制度安排让市场经济中的理性经济人在追求个人利益的同时，促进集体利益最大化目标的实现（陈思等，

2010)。"激励相容"旨在连通机制设计者同机制需求者的最终目的，以实现两者合而为一，倡导机制设计者应该明确机制需求者的行为基础和行为模式（陆雄文，2013）。从四元价格主体的利益诉求来看，我们可以将药品集中带量采购的三重目的理解为"激励相容"的政策实践：第一，降低药品价格，保障药品质量，增强患者用药的可及性和安全性，增进民生福祉；第二，促进药品生产企业转型升级；第三，提高医保基金使用效能，助力共同富裕目标实现。

一是强化对药品生产企业的激励设计。首先，政府可通过税收优惠政策、融资扶持政策支持药品生产企业改进生产技术、提高药品质量、实现转型升级。我国药品生产企业存在"小、散、多、低"的现象，药品同质化竞争激烈。药品集中带量采购的常态化推广在客观上将提高药品面市的质量门槛。一方面，政府需要在税收政策上给予药品生产企业一定的优惠，通过降低税率或者允许按投资比例抵扣部分应纳所得税的方式，引导企业将资金用于提升药品质量和附加值，加速药品生产工艺和流程的标准化和现代化，进而在客观上提升医药市场整体供给能力。另一方面，政府可以通过融资扶持政策，鼓励金融机构结合药品生产、新药研发、仿制药一致性评价等推出专项融资方案，以加速流贷尽调、审查审批和放款的方式支持药品生产企业发展。

其次，政府可以通过主动激励或者税收优惠的形式，促进药品生产企业增加 R&D 投入。一方面，政府可加大财政资金对药品研发的支持力度，对于研发投入在主营业务收入中的占比超过特定比例的药品生产企业，可以给予财政奖励或者适当的税收优惠（焦云龙，2017），激励企业参与集中带量采购，促使企业形成研发的良性循环。另一方面，对于仿制药通过质量和疗效一致性评价的企业或者研发创新药、改良型创新药、首仿药的企业，政府可给予一定的奖励。

最后，政府可以通过建立专项风险投资平台和担保中心等方式，鼓励有潜力、有实力的企业积极参加药品集中带量采购，为企业提供必要的资金支持、助力企业扩充融资渠道，减少企业参与药品集中带量采购的后顾之忧，激发药品生产企业参与集中带量采购的积极性和能动性。

二是注重对医疗机构和医生的激励设计。针对医疗机构和医生的激励主要通过结余留用以及绩效奖励实现。首先，通过医保基金结余留用制度充分调动医疗机构在集中带量采购药品使用方面的积极性，依托医保支付制度的变革，促进医疗机构应用价格更低、质量疗效更加确切的药品；在医保基金结余留用的政策范畴下，各省级以及省际联盟在开展药品集中带量采购的过程中要充分结合本地医保基金整体情况，因地制宜地确定结余留用政策。其次，督促医疗机构按照临床需要首选中选药品，并在约定的时间内完成约定采购量，以达到通过制度设计和经济手段调节药品采购和使用的目标；医院等级评定、医疗机构负责人目标责任考核、医务人员薪酬改革等配套制度也需要与药品集中带量采购价格形成机制挂钩，统筹评价医疗机构的集中带量采购参与度，促进正负激励协调。

三是着重探索对民营医药机构的激励设计。一方面，要强化对民营医药机构参与集中带量采购试点的制度弹性，强化政府主管部门的引导与协调，避免出现因报量问题导致的中选价格失真问题，甚至也包括因强制销售、违约、供需失衡、延期结算等导致的价格运行问题。另一方面，要积极探索通过适当上浮医保支付标准、采取合理的用量激励等方式增强民营医药机构参与带量集采的积极性。同时，要在现有试点的基础上尽快推动民营医药机构参与带量集采的管理制度完善。

（三）改进药品集中带量采购的规则设计

集中带量采购中选规则对于调节价格形成的供需关系至关重要，也在极大程度上影响着最终价格的形成。

理想的药品集中带量采购市场交易规则是建立在公平竞争、诚信守法基础上的，以需求为导向，以实现效率和效益最大化为目标，最大限度地维护国家和人民的利益。药品集中带量采购的规则是价格主体参与带量集采的行动指南，因此规则需要明确采购形式、评审方法、中选规则、退出规则等，同时还要明确采购双方的权利与义务，并通过制度建设促进权利与义务的实现与承担。在带量集采的全流程中，价格主体需要严格遵守交易规则，让带量集采价格合理反映价值以及供求与竞争关系。

一是建立健全最高有效申报价和最低申报保护价制度。首先，科学设计最高有效申报价。在价格形成的博弈分析中我们发现最高有效申报价和最终中选药品价格呈正相关关系，最高有效申报价的科学性直接影响最终价格形成的合理性。一方面，最高有效申报价的确定方法采用"第三方独立测算价"替代"历史交易低价"。结合《药品差比价规则》科学合理进行药品定价，使药品价格既能够真实反映药品价值和疗效，又能够反映市场供求与竞争关系。另一方面，参照医保谈判模式，组织药物经济学专家、临床医生和医保工作人员等形成独立第三方，在对药品有效性和安全性等基本信息展开评估后，在充分调研掌握企业生产成本、配送费用、税率的基础上，从药品效益最大化和企业可持续发展等角度科学测算，最终形成医保基金能承受的最高有效申报价。其次，加快设立带量集采药品最低申报保护价。药品最低申报保护价的下限要基于企业的生产成本进行测算。通过引入最低申报保护价制度，避免竞选药企为了中选而过度竞争或者恶意报价，以促进价格回归到合理区间，避免过高或过低，在维护带量集采市场竞争秩序的同时避免因成本问题而出现断供。

二是合理设置入围企业数量，鼓励充分竞争。价格形成的博弈分析证明，入围企业越多，供给者之间的竞争越激烈，药品带量集采价格往往越低；反之入围企业越少，供给者之间的竞争越不充分，带量集采价格则越高。因此，在带量采购中，"多家中选"规则明显优于"独家中选"规则，应当充分应用申报企业数量、中选企业数量比例对价格形成的影响机理，在统一的准入标准下，增加入围企业数量，激励企业参与，扩大竞争范围、提升竞争活力。

三是建立医药质量评价体系，完善多维度综合评估中选规则。首先，为了打破目前带量集采中药品质量参差不齐的困境，需要尽快建立医药质量评价体系。具体来看，要加快推进仿制药一致性评价进程，推进一致性评价在省级以及省际联盟的广泛应用；结合药物经济学、临床综合评价、患者反馈意见等，出台医药质量和疗效量化评分细则，建立科学的医药产品质量分层标准；建立全国统一的医药编码体系，确保药品生产、流通信息全程可追溯（常峰和李毅仁，2020）。其次，改革"唯低价中选"制度，在带量集采中适当考虑根据申报企业资产实力、生产供应能力、研发能力、申报药品质量疗效、医疗机构和医生评价以及申报价格等因素设立多维度综合评分指标，根据综合化评价最终确定中选企业。

（四）强化价格形成过程的主体行为监管

价格形成过程是药品集中带量采购价格机制中最薄弱、最敏感的环节，尤其需要强化价格形成过程的主体行为监管，对价格主体影响价格形成的违法行为，应当以最严的标准依法予以查处。

一是加强对招标机构的行为监管，谨防出现权力寻租。一方面，加强对药品招采程序的公平性监管，避免招标机构与申报企业串谋，让招采程序流于形式。这类监管重点在于调查是否存在"量身定做"药品带量集采方案，人为设置入围障碍，排除、限制其他具有同等竞争力的生产者公平参与竞争的行为。另一方面，加强对招标机构及其工作人员的有效监管，避免权力寻租，创造公平正义的带量集采竞争环境。

二是强化对原料药企业的价格行为监管，防止它们滥用市场支配地位操纵带量集采价格形成。原料药企业因其特殊性对药品价格形成以及后续的价格运行都具有关键性影响，对原料药企业的价格行为监管应纳入常态化的带量集采价格监管之中。首先，创新原料药价格监测手段，做好原料药产量、价格、销售等信息的系统性收集和监测，建立原料药价格异常波动识别机制。其次，加大对原料药垄断的处罚力度，提高罚款金额、增加违法成本，提升《反垄断法》等相关法律法规的威慑力

（邓勇，2021）。最后，适时考虑将原料药企业引入药品集中带量采购流程中来，构建原料药企业与药品生产企业的价格行为监管链条。

三是加强对申报企业的价格行为监管，避免申报企业间的串通投标或价格合谋。申报企业间的串通投标指多个申报企业缔结成利益共同体，以协商投标报价的方式，排斥其他申报企业的一种不正当竞争行为。串通投标既损害了正常的投标秩序，又影响了资源的优化配置。因此，在药品集中带量采购价格形成机制中要重点监测打击串通投标、价格合谋、主动陪标、签订利益分割协议等行为。

四是加强对医疗机构和医生的行为监管，减少供给诱导需求。首先，通过大数据监测医生处方、调查暗访、自查自纠、定期巡检等方式，整治医疗机构和医生的作风和腐败问题；重点查处医生开具"大处方""高价药"等加重患者负担、造成医保基金浪费的行为，净化医疗环境。其次，改革医保支付方式，利用医保基金结余留用、动态绩效考核等激励方式引导医生制定更加合理的治疗方案（朱铭来和王恩楠，2021），在现行结余留用政策的基础上不断拓展和延伸结余留用的具体实施方案。最后，通过建立医疗机构负责人目标责任考核机制，引导医疗机构利用互联网、大数据、人工智能等现代化工具增强药品约定采购量基数报送的精准性和科学性。

五是加强对民营医药机构的价格行为监管，杜绝倒药、串药等现象出现。针对未参与带量集采的民营医药机构，可通过裁减零售包装、盖章销售、登记和核验购买人身份凭证、加强处方执行监管等方式，防止中选药品的倒买倒卖问题。针对已参与带量集采的民营医药机构，可通过专柜管理、零售价格监测、销量检测等方式加强对中选药品销售过程的监管。

（五）构筑带量集采药价形成的坚实支撑体系

市场主导药品集中带量采购价格形成，要持续多方面地优化市场环境，为加快形成公开透明竞争有序的医药市场环境、充分发挥市场在医药资源配置中的决定性作用，构筑坚实的支撑体系。

一是加快形成统一开放的医药大市场。政府在实施药品集中带量采购时要广泛引入竞争机制，鼓励和引导更多的药品生产企业参与，打破地区间封锁和地方保护主义。除国家组织带量集采之外，我国推行省级以及省际联盟带量采购。一方面，在省级以及省际联盟采购实施的过程中，为了避免一些地方政府片面保护本地的利益，应杜绝任何形式的本地企业优先条款，不得在编制采购方案和设置评标标准时偏袒本地药品生产企业以及配送企业，严禁招标主体和本地企业私下串通；另一方面，要提高带量集采全流程市场信息的公开度，保障带量集采在阳光下运行，保障所有价格主体的采购信息知情权。总之，地方政府应该积极放开医药带量集采市场，既要给予本地企业和外地企业同等的竞争机会，坚决抵制明招暗定、弄虚作假、串通投标等违法违规行为，又要发挥价值规律在药品集中带量采购中的调节作用，加快形成统一开放的医药大市场。

二是构建覆盖合理、竞争充分的集中带量采购生态。首先，要继续支持扩大高质量药品的稳定供给、逐步扩大药品集中带量采购覆盖范围。一方面，除了前述的激励措施之外，要在药品集中带量采购中坚持科学的价值观，追求药品的合理价格，在确保药价大幅下降的同时要为企业预留合理的利润空间，增强企业改进生产、持续投入的积极性；另一方面，要充分调动省级、省际联盟开展药品集中带量采购的积极性，全国统一布局，促进药品集中带量采购快速上量扩面、提质增效。其次，要促进药品集中带量采购在供需稳定、竞争充分中形成价格。一方面，从供给侧来看，要疏通供应保障链条，从原料药到加工配送以及临床应用的全部环节都应挂钩企业、医疗机构的考核激励；另一方面，从需求侧来看，要提升合理报量、科学报量水平，同时与扩大带量集采覆盖面保持同步，逐步扩大带量集采药品在医疗机构的使用渗透率。最后，引入备选企业机制。为中选的每一带量集采药品配置备选生产企业和配送企业以备不时之需。

三是试点构建医保基金和医药企业直接结算制度。药品集中带量采购价格运行机制已通过规定回款期限、设置医保基金预付比例、加强监管等行政手段对中选企业回款予以保障，但仍有一些中选企业因为医疗机构资金周转问题而延迟回款，加上药品配送企业垫款的因素，客观上降低了整个药品集中带量采购价格运行效率，不利于中选企业的资源优化配置。因此，在现有医保基金预付等政策基础上，加快药品带量集采结算制度改革，建立健全医保基金和医药企业直接结算制度刻不容缓（孙长胜和张寒菊，2022），需要尽快构建带量集采结算付款的新模式。

三 药品集中带量采购价格运行机制的优化路径

如第五章所述，药品集中带量采购价格运行机制中存在局部性供求失衡、行业垄断初现、民营医药机构参与机制不健全、风险预警机制缺失等问题。价格运行机制的优化既要聚焦于解决价格运行中的短期问题，同时也要着眼于机制的长期性与系统性。从短期来看，药品集中带量采购价格运行机制首先面对的便是药品供需的失衡。为了防止供需失衡带来的药品价格总水平的动荡，需要建立行之有效的药品供求动态调整机制来修正失衡。从长期来看，药品集中带量采购价格运行机制的优化方向是建立"平稳高效"的价格运行预期，"平稳"的价格运行预期为价格主体奠定了稳定的市场行为基础，"高效"的价格运行预期强化了对市场运行的效率判断。在一个平稳高效运行的市场中，药品价格相关主体更倾向于维持整个价格体系的稳定。"短期调供需、长期稳预期"是价格运行机制优化的主线，本部分从以下几个方面对价格运行机制提出具体优化路径。

（一）引入"二次询价"缩小区域价格差距

国家和地方带量集采中选规则大部分以"多家中选"代替了"独家中选"。"多家中选"可以缓和市场潜在矛盾，避免少数企业独占市场以致形成垄断或者因生产能力不足而影响价格运行。但"多家中选"的弊端也易导致区域间价格不均衡。如第五章研究发现，国家带量集采的"多家中选"模式在同批次同种药品中选价差较大的基础上，带来了省域药价和经济发展水平倒挂的问题。药品中选价格与经济发展水平长期倒挂，往往会加剧区域间的不平衡，降低人民群众对带量集采政策的满意度，影响人民群众用药的公平可及性。显然，单纯依靠市场机制解决带量集采药品区域间价差过大问题的效率不高，需要对中选规则的优化以及政府经济手段调控的配合。

一是引入"二次询价"制度鼓励拟中选企业再次竞价。"二次询价"指同批次同通用名药品在第一轮竞价中产生多家拟中选企业和多个拟中选价格后，若拟中选价格间差距超过设定阈值，则以第一轮报价中的最低拟中选价为准对其他拟中选企业依次进行询价，并将最终询价结果挂钩选区顺序的带量集采中选制度；若拟中选价格间差距未超过设定阈值，则无须启动"二次询价"。"二次询价"结果挂钩选区顺序是以"二次询价"的企业最终报价为依据，由低到高确定拟中选企业供应的选区顺序。由于每个供应地区的地理区位和市场份额差异显著，因此供应企业在选区顺序上越靠前，越能选择到与自身生产能力和供应范围匹配度最高的供应区域。[①]

二是制定科学合理的带量集采药品中选价差阈值。由于每个企业生产规模和经营管理能力不同，它们的生产成本不可能完全一致，因此价差阈值设置的高低是决定"二次询价"制度效率的关键。带量集采药品中选价差阈值的设定需要充分考虑企业生产成本和社会平均利润率，在缩小供应企业价格差距的同时为它们保留一定的利润空间，阈值的设定正是推动中选药品利润率走向平均利润率的一种尝试。

三是通过财政税收政策与"二次询价"制度的配合，引导企业更好地支持偏远地区的药品供给。"二次询价"强化了企业之间的竞争、

---

① 《专访 | 史录文：如何让药品带量采购和临床使用更好地结合？》，搜狐网，https://www.sohu.com/a/483975998_439958，2021 年 8 月 17 日。

收缩了企业之间的价差，同时也一定程度上挤压了企业的利润空间；在"二次询价"的基础上向供应偏远地区的企业给予适当的财政税收政策支持，通过政策将原由患者承担的超额药价成本转化为国家对企业的补贴或者对企业的减税让利。

"二次询价"并不是通过行政手段强制供应企业降价，而是发挥规模经济效应和边际成本递减效应，通过强化竞争压缩同类药品价差；"二次询价"有助于缓解"多家中选"情况下的区域价格差异问题，但并不能彻底解决药品价格的区域差异问题。因此，采用财政税收政策支持来控制偏远地区的供应成本是缓解区域价差的重要手段。"二次询价"本质上不是淘汰机制，不是对拟中选企业的二次筛选，而是对中选药品价格的二次修整。

（二）科学设计价格主体的信用评价制度

信用评价制度是一种引导企业加强信用管理、重视信用建设，奖励诚实守信者、惩罚违约失信者的制度。为了维持带量集采药品价格总水平的稳定，需要在药品集中带量采购价格运行机制中构建价格主体的信用评价制度，将招标机构、药品生产企业、配送企业、医疗机构等价格主体的价格行为纳入信用评价范围，并将信用评价结果联动药品带量集采奖惩体系来约束价格主体的行为。

一是形成参与价格主体的信用评价框架体系。将成本调查、函询约谈、信息披露、价格指数等管理工具与信用评价方法有效结合，建立招标机构、药品生产企业、配送企业、医疗机构、零售药店等价格主体的诚信管理档案；构建参与价格主体信用积分体系，在供给端覆盖从原材料到药品生产、疗效评价、药品供应管理、临床应用评价等全流程[1]，在需求端覆盖从市场调研、需求统筹、规则制定及发布到采购申报、中

---

[1] 以甘肃省为例，相关政府部门制定了《甘肃省药品集中采购诚信管理办法》和《甘肃省药品集中采购积分规则》，并以此建立了对药品交易三方（医疗机构、药品生产企业和药品流通企业）的失信惩戒依据，以规范药品集中采购行为。

选管理、中选药品使用、采购支付、采购成效评价等各个环节。

二是科学设计参与价格主体信用评价标准和评价指标。医疗机构的药品集中带量采购信用评价标准和评价指标可以从中选药采购量完成度、药品支付结算周期、用药投诉率、药品生产企业评价等方面进行设计（高翔和陈荣秋，2007）；招标机构的信用评价标准和评价指标可采用平台投诉率、医疗机构及药企满意度等指标；药品生产企业和配送企业可选择合同履约进度、借款还款周期、商业纠纷数量、药品不良反应率、配送精准率和及时率、医疗机构评价等指标；民营医药机构可参考约定采购量完成度、药品回款率等指标。

三是形成联动信用评价的激励惩戒体系。构建药品带量集采价格主体信用评价结果与药品带量集采激励惩戒联动制度，推动信用评价结果与相关价格主体的负责人目标责任考核、医疗机构等级评审、医保费用考核清算、医保定点资格核定、带量集采接续入围资格等有机结合。联动多维度信用评价的激励惩戒体系是实现集中带量采购价格平稳运行、促进价格运行机制迭代优化的有效手段。

（三）持续探索"平稳高效"的接续机制

药品集中带量采购价格运行机制是一个动态的机制，第一层次的价格实现是静态中选价格基础上的动态供需平衡，第二层次的价格调节功能是基于价格运动动态过程的一系列静态结果的组合，而接续就是价格运行动态过程的重要表现。药品集中带量采购的接续不单是一个药品带量集采协议期满后的续约或重新签约的过程，还是以带量集采价格运行阶段性结果为依托的主动调整修正过程。接续不是与前批次中选企业就新一轮采购周期内采购数量、采购价格进行议定，而是要在稳定市场预期、稳定市场供应的前提下，进一步去探索合理的价格水平，持续达成价格机制的长期目标和阶段性目标。国家就药品集中带量采购的接续工作出台了部分指导性意见，但具体的接续实践还需要不断探索，笔者认为应该构建"平稳高效"的药品集中带量采购接续机制。

　　一是要牢牢坚持量价挂钩原则，在坚持"平稳高效"的基础上稳步增强约定采购量新基数测算的精准性。量价挂钩是药品带量集采接续过程中必须遵守的基本原则，接续必须明确采购周期和采购量，不得出现"只招不采"，坚决防止带量采购政策因接续而出现异化。接续是有基础、有经验的接续，医疗机构要基于前批次的整体运行过程增强约定采购量主动报送的精准性；同时，基于统一的药品集中带量采购平台数据沉淀，要完善药品集中带量采购前批次运行的价格主体画像，并结合健康监测大数据科学指导约定采购量新基数的测算报送过程。

　　二是要完善价格发现机制，促进合理竞争，鼓励符合条件的未中选企业参与接续。在目前的接续实践中，国采及省级、省际联盟采购都是以省份为单位自主开展接续工作。部分省份采用了价格联动、直接续约的模式。这在一定程度上提高了接续效率，但不利于营造开放竞争的市场环境。中选药品的接续工作要公开透明，允许符合入围标准且自愿参与的非中选企业基于其成本价格优势参与相关药品的接续竞价；同时，也支持同批次不同中选价格的药品参与特定区域的接续竞价。要让接续工作成为中选企业的"不确定因素"，成为未中选企业的"机会"，以竞争性增强"效率性"，保障药品中选价格的形成过程在接续迭代中更加科学合理。

　　三是要结合具体药品接续的市场情况，设计"科学高效"的分类接续机制。对于仅有 1~2 家入围企业的药品而言，可通过询价确定接续中选企业和中选价格，询价的上限是上一采购周期的中选价格（货币价值和原料药成本显著变化等情况单独考虑）。对于达到 3 家及以上入围企业的药品而言，要建立综合竞价接续机制。综合竞价接续机制是从药品、价格和企业三个维度构建多元化的接续综合评价体系；尤其是要将中选企业上批次的综合履约评价、企业信用评价等因素作为重要的评价因素，在确保质量与疗效一致性的基础上，摒弃"唯价格论"的接续理念，以更好地保障人民群众对药品应用的需求。

　　四是要在药品带量集采接续机制中引入递减阶梯定价机制，同时完善药品使用、回款结算、质量检测、供应保障等相关配套政策。

（四） 加快构建价格运行的监测预警系统

构建药品集中带量采购价格运行的监测预警系统是在统一的平台基础上，通过构建有效的价格监测体系，实现对药品集中带量采购价格运行全面常态化的监测。价格运行风险监测要有助于保障价格运行两个层次的功能实现，要促成价格实现以及中选价格优化，要在价格运行风险出现时及时以数据为支撑提供系统性的风险缓释路径，并通过提前的研判防范更大的系统性风险。

一是稳步推进一体化平台系统建设。首先，要建设全国一体化的药品集中带量采购管理实施系统[①]，该系统应涵盖药品集中带量采购信息发布、企业申报、入围评审、中选管理、结算监督、效果评价等基本功能；同时，在全国平台系统下可设省级平台子系统、区域联盟平台子系统等模块，统一渠道、统一认证、统一架构。对于全国已经在运行的药品集中带量采购管理实施系统，应当开放数据接口，要求现有系统按照国家级的系统规范进行统一接入，实现存量系统与新增系统的渠道互通、统一认证。其次，要推进药品集中带量采购的数据标准化治理。要顺应医药产业向数字化、智能化方向转型发展的趋势，厘清药品集中带量采购的底层数据逻辑，搭建稳固可持续的集中带量采购底层数据架构，探索构建从原材料到药品、从药品定价到药品流通消费、从药品供需关系变化到药品集中带量招采联动、从药品使用到药品用后评价的全流程数据链条，建设巩固药品集中带量采购领域的数据基础设施。

二是构建价格运行的监测体系。药品集中带量采购价格运行机制中的监测体系是基于系统化能力以及药品价格信息共享而形成的高效药品价格监测体系，这需要以统一的药品集中带量采购一体化平台系统建设

---

① 按照《中共中央国务院关于深化医疗保障制度改革的意见》的要求，国家正在推进建立招标、采购、交易、结算、监督一体化的省级招标采购平台，推进构建区域性、全国性联盟采购机制，形成竞争充分、价格合理、规范有序的供应保障体系。

以及统一的数据治理为基础，具体监测体系应包括两个方面的内容。首先，构建完整全面的药品价格信息库，包括已集中带量采购药品的中选交易价格、未集中带量采购药品的市场交易价格、市场交易价格的阶段性变化、跨区域的药品交易价格差异，甚至是国外的药品价格等；同时，药品价格信息库应该形成动态管理能力，真实反映供求关系、使用价值变化、竞争关系等对药品价格的影响，为药品价格形成及价格相关决策提供基础价格信息。其次，实现集中带量采购药品价格信息监测的常态化。以药品价格信息库为参照标准，基于系统建设以及数据能力实现对药品集中带量采购药品价格形成、价格运行过程的跟踪式、常态化监测；围绕药品生产企业、医疗机构、患者对药品价格运行进行效果监测，为价格运行调整提供有力的信息传导支撑。

三是构建价格运行的风险识别预警机制。药品集中带量采购价格运行的风险识别预警机制需要侧重于风险识别、风险反馈以及风险响应三个方面。首先，风险识别。风险识别重点需要关注价格垄断、串通投标、供求失衡等风险事件，要通过系统以及制度运行的方式强化价格末端管控。风险识别的核心是预设风险特征并对相应的识别对象特征进行系统性的信息采集及行为模型比对，进而提前发现影响药品价格运行的风险信号。其中，最关键的就是对风险特征的预设，这一环节既可以来源于既有市场经验的总结，也可以通过机器学习、人工智能等技术手段进行。其次，风险反馈。风险反馈重点需要关注风险信息的传导流程，强化风险识别后的预警信息传导通路。通过确定患者、医疗机构管理部门、医保管理部门等多层次、多主体角色在风险反馈过程中的职能，形成价格运行风险信息传导的标准流程；对于突发的重大药品价格风险事件要有风险反馈的应急机制。最后，风险响应。风险响应重点是对风险信息进行初加工并联动风险处置。风险识别预警后的风险响应事关风险处置效率、效果及药品价格的持续稳定运行，对前期预设的相关药品价格运行风险特征要有预设的处置策略；同时，可以联动建立药品价格运行绩效监测体系，通过行业监管机制和第三方评估机制优化风险处置策略。

四　药品集中带量采购价格调控机制的优化路径

如第六章所述，药品集中带量采购价格调控机制中存在行政化垄断、法律法规缺位、配套保障待落实、政策普及度低等问题。要优化调控机制，一方面是要完善调控手段，另一方面是要增强调控的精准性与科学性。具体来看，本部分从以下几个方面对价格调控机制提出优化路径。

（一）建立"相机抉择"的供需动态调整制度

"相机抉择"是带量集采药品价格调控机制优化的目标，也是价格调控机制优化的最高要求。"相机抉择"是指政府在锚定宏观经济发展目标的前提下，为了保障经济的正常运行，根据市场情况以及运行特点采用机动灵活的宏观调控举措调节社会总供给和总需求，以保证宏观经济在合理范围内运行的一种宏观调控方式。将"相机抉择"的宏观调控理念应用于药品集中带量采购的市场环境中，意味着政府要在带量集采的药价调控中更加主动有为，对药品供给进行相应的政策调控与引导，确保全社会群众的用药需求得到满足，根据医药市场供需状况对企业行为进行调节引导，促进供需关系的动态平衡。

"相机抉择"主要是回答政府应该以何种方式来对集中带量采购药品价格进行调控的问题。一方面，"相机抉择"意味着政府要更加主动有为，能够为市场传递更加积极的信号。相比"规则行事"而言，"相机抉择"是政府作为药品价格调控责任部门的一种主动作为表现，它作为依据是机制优化的目标，它作为路径是根据药品市场、药品价格的变化对相关价格主体进行调节。在政府主动作为的背景下，市场中的各个主体往往对市场的规范化运行抱有更强的信心，主动作为的政府能够为药品市场、药品价格机制的运行提供积极的信号。另一方面，"相机抉择"不仅要调需求也要调供给。"相机抉择"一般来说是一种需求调控的手段，通常来说政府根据经济周期的轮动，运用逆周期的财政政策或者货币政策对总需求进行调节，从而实现抑制经济过热或避免经济萧条。

但是药品市场中，对于大部分患者而言，药品的需求具有一定的刚性，在需求选择上具有代理性。因此，根据全民的健康发展水平以及过往用药经验初步确定药品需求之后，政策的首要策略是对药品供给进行相应的政策调控支持与引导，确保全社会的用药需求得到满足。"相机抉择"的前提是当前市场中的总需求具有真实性，市场规则不允许对药品囤积居奇，因此对于药品供给来说首要是满足社会总需求，满足人们依托药品改善健康状况、维系生命的需要。同时，从维持药品生产企业扩大再生产的角度来说，政府应根据药品市场供需状况对药品生产企业盲目增产、加量的行为进行必要的调节，通过外部手段让药品生产企业能够融入药品集中带量采购的价格机制中来，实现供需均衡。

"相机抉择"的带量集采药品价格调控包括三个方面的内容。第一，以价格机制优化目标导向为主，以价格机制具体运行规则为辅。"相机抉择"的具体政策措施是灵活可变化的，但它灵活变化的基础是对药品市场供需关系、竞争关系、风险因素等的整体判断，以药品集中带量采购价格机制优化的长期以及阶段性目标为导向。"相机抉择"具体体现为政府引导确立价格机制的具体运行规则，这些规则在价值决定价格的基础上，对药品价值的创造、药品疗效的评估、药品供需关系的调节、竞争关系的调节等都给出了明确的指导。目标导向决定了运行规则，运行规则体现了目标导向。

第二，集中带量采购药品价格调控要保持对药品市场的敏感性。目标决定了"相机抉择"将要如何调控，运行规则决定了"相机抉择"可以怎样调控，而对市场的敏感性决定了调控措施的适用性以及效果。政府调控的边界必须融入市场的触角，也即意味着市场不能充当政府的角色，但是政府可以模拟市场的角色；政府的药品价格调控只有从相关价格主体真实的市场利益出发，才能真正实现科学的"相机抉择"，而非"任意妄为"。

第三，药品价格调控政策的传导过程要注重流畅高效。在确定了"相机抉择"的目标、手段以及适用性之后，"相机抉择"的政策传导过程尤为关键，如果没有流畅高效的政策传导机制，极有可能导致"相机抉择"演变为"滞后抉择"，不仅不能实现应有的调控效果，反而可能会进一步扰乱整个药品价格机制的运行，导致药品市场的混乱。

（二）完善药品集中带量采购的法律法规

随着"法治中国"建设不断推进和药品集中带量采购工作常态化制度化开展，将药品集中带量采购纳入系统性的法制建设轨道已为大势所趋。如前文分析，由于目前我国药品集中带量采购工作主要在政府法规性文件的指导下开展，存在药品集中带量采购专章精细化法律缺位以及价格调控和监督管理法律主体不明确等问题。为了加强药品集中带量采购工作管理，规范政府宏观调控和市场调节的"两只手"，保障药品集中带量采购工作的规范化、合理化推进，保障广大群众的用药安全和合法权益，需要完善药品集中带量采购的法律法规。

考虑到进行药品集中带量采购专项立法成本过高，且时机并不成熟，可以在《招标投标法》《药品管理法》等法律的实施条例里添加药品集中带量采购专章精细化条款，以法律制度形式对带量集采事前、事中和事后工作加以明确（李悦，2019）。

首先，药品集中带量采购相关指导性文件、指导意见和采购政策的制定主体以及采购价格的监管主体应该获得法律授权资格并在法律允许权限范围内开展工作。相关药品集中带量采购政策在正式公布前应该公开听证，组织专家进行充分论证，并广泛听取和吸收社会大众的意见。其次，药品集中带量采购政策的制定程序和内容应该符合法律规定。药品集中带量采购政策制定过程要坚持公平、公正、公开原则，不得在编制采购文件、审核申报企业资格和制定中选标准时暗藏隐性条款，利用职权实行地方保护主义，拒绝或者限制外地供应商进入采购市场；更要明确界定严惩私下与本地企业串通、泄露采购标底以及评标标准等信息的违法行为。最后，药品集中带量采购价格主体的行为规范应当法律化。药品集中带量采购相关法律需要对价格主体的合法行为和违法行为有清晰明了的界定。药品供应商和配送企业在参加集中带量采购时，应当恪守法律准则，自觉抵制违背商业道德和法律法规的不良行为，不得通过串标、合谋等不正当手段排斥其他竞争者，影响公平竞争的市场秩序。

（三）加强药品集中带量采购的专项宣传

加强药品集中带量采购的专项宣传主要是让更多患者、更多老百姓充分了解、认识药品集中带量采购政策本身的科学性，充分接纳带量集采药品，打消患者因药价下降而产生的质量顾虑，保障价格主体的知情权、参与权、表达权和监督权。多措并举开展药品集中带量采购的专项宣传，是畅通价格调控机制的重要手段之一。

一是多形式开展药品带量集采宣传。一方面，加快落实药品集中带量采购最新指导文件和相关政策的解读工作，通过印发药品带量集采宣传折页、宣传海报，悬挂横幅、设置展板和宣传展台、张贴标语、发放宣传单等形式开展宣传，提高社会公众对带量集采政策和一致性评价的认识与接纳水平。另一方面，组织医疗机构（包含民营医院、零售药店）和相关医务工作者集中培训，采用药品带量集采专题培训会、座谈会和讨论会等形式加强宣传引导，提升医务工作者对带量集采工作重要性的认识，鼓励民营医院和零售药店积极参与，引导医生主动使用中选药品。

二是多渠道打造带量集采宣传阵地。着重打造"线下+线上"的带量集采宣传阵地，在全社会形成多方协同参与的良好氛围。首先，稳步推进线下宣传广泛覆盖。充分利用医疗机构门诊大厅、带量集采药品应用科室、医保经办大厅、定点零售药店、公园和地铁等人口密集地区宣传药品集中带量采购政策，确保政策入户到村，提高广大人民群众的政策知晓率。其次，持续创新多元化的线上宣传形式。借用新媒体功能，通过制作动漫宣传片、录制专家政策解读、开展临床医生带量集采药品功效介绍等在微信公众号、抖音短视频平台、门户网站、广播电视等线上渠道投放，加大药品带量集采政策宣传力度。

三是多指标加强带量集采宣传考核。尽快完善药品带量集采宣传考核指标和考核办法，开展定期和不定期药品带量集采宣传检查、辖区广大群众政策知晓度调查，以药品带量集采反馈机制来实现宣传普及的过程考核和结果考核。

（四）健全多层次多维度的综合监管体系

药品集中带量采购综合监管体系是政府围绕决定和影响中选药品价格形成、波动的因素开展的全方位多层次的监管。

一是建立政府主导、行业组织自律、社会监督协同发力的多层次监管体系。要发挥政府在药品集中带量采购制度设计、药品质量入围标准制定、企业准入门槛设定和行政执法等方面的引导作用，整合卫健委、药监局、医保局等的监管资源，细化部门权责清单；建立由医保局牵头，药监局、卫健委等相关部门协调配合的监管和奖惩机制。在组织结构上，实行省、市、县三级联动的药品带量集采监管制度。

二是发挥行业组织在药品生产标准、技术标准、纠纷协调处理、信誉维护等方面的指导、约束作用，推动药品带量集采价格监管中政府执法和行业自律机制的有效衔接。具体而言，行业组织要督促企业完善价格档案制度，定期对药品生产成本、价格、数量等信息进行整理、归类、建档、报备，以备在企业药品定价、调价以及政府成本调查和价格调查时使用；引导药品生产企业建立内部价格管控制度，提高企业内部价格行为的自我约束、自我管理能力；指引企业内部建立规范化、标准化价格自查自纠制度。鼓励社会各界参与监督，重视企业、医生和患者对药品带量集采工作的反馈和评价（史武男和杨秀云，2020）。

三是健全多维度的全社会监督反馈机制。由于药品集中带量采购环节多、链条长，容易滋生垄断、腐败等价格违法行为，因此除了加强政府监督之外，还要健全社会监督反馈机制。社会监督反馈包括舆论监督反馈和公众监督反馈。首先，建立药品集中带量采购监管信息公开制度。监管信息公开是接受社会监督的前提条件，公众对监管信息掌握的全面程度决定了社会监督的广度和深度。因而，政府相关部门要主动公开在药品集中带量采购诸多环节中监管到的相关信息，保障公众的知情权。各省级药品集中采购平台要开放社会公众以游客身份进入通道，方便社会公众及时了解和掌握申报企业、申报价格等相关申报信息以及中选情况。其次，畅通社会公众意见反馈和举报路径。由于不同的违法行为往往归属不同的行政执法部门处理，为了方便社会公众反馈意见和举报违法行为，完善社会监督反馈机制，政府应该建立一条专门的社会公众意见反馈和举报路径。一条畅通的社会公众意见反馈和举报路径应该具备归口管理和分级管理两个特征，即每个县以上地方政府统一设置一个权威部门，专门接受药品集中带量采购的意见反馈和群众举报。最后，健全社会公众举报的法律保护制度。按照谁受理谁保护的原则，设立举报人个人信息保密制度，完善药品集中带量采购价格调控的监管保护机制（李梅和董士昆，2013）。

参考文献

巴泽尔.2006.产权的经济分析 [M].费方域,段毅才,译.上海:上海人民出版社.

白暴力.1999.价值与价格理论 [M].北京:中国经济出版社.

白暴力.2002.劳动生产率与商品价值量变化分析 [J].当代经济研究,(2).

白暴力.2006.价值价格通论 [M].北京:经济科学出版社.

白臣.2020.新时代中国特色社会主义市场价格运行机制研究 [J].价格月刊,(11).

白彦锋,潘越.2012.政府采购药品集中招投标制度存在的问题及改善措施——以广东省为例 [J].甘肃行政学院学报,(3).

鲍静海,张远.2013.市场竞争与通货膨胀关系之研究 [J].河北大学学报(哲学社会科学版),(2).

布坎南.1993.民主财政论:财政制度和个人选择 [M].穆怀朋,译.北京:商务印书馆.

蔡雪妮.2017.中国药品集中采购的演变以及与医保支付的逻辑关系 [J].中国卫生政策研究,(6).

曹波,邵蓉.2007.广东省药品挂网采购模式的成功与不足 [J].中国药业,(4).

曹建军,曾安平.2005.药品价格:问题、原因与对策(上) [J].中国物价,(4).

曹阳,邵明立.2010.我国药品价格管理体系的问题与优化研究——基

于国际比较的视角 [J]. 南京社会科学, (6).

常峰, 李毅仁 . 2020. 新时代医药采购改革的成效分析和问题研究 [J].
中国医疗保险, (7).

常峰, 刘洪强 . 2015. 美国集中采购组织实施效果研究及其对我国药品
采购的启示 [J]. 中国卫生经济, (10).

常峰, 罗修英, 路云 . 2015. 药品支付价格制定方法的国际经验及其启
示 [J]. 价格理论与实践, (9).

常峰, 孙洁 . 2014. 日本新药国际参考定价方法对我国的启示 [J]. 中
国新药杂志, (5).

常峰 . 2017. 我国医保药品价格谈判机制与管理创新研究 [J]. 价格理
论与实践, (5).

陈兵 . 2019. 新中国 70 年价格机制运行的基本经验与改革路向 [J]. 兰
州学刊, (10).

陈海波 . 2021. 让人放心的仿制药离不开一致性评价这一环 [N]. 光明
日报, 7-11 (6).

陈昊, 饶苑弘 . 2019. 新时代的药品带量采购实践与思考 [J]. 中国药
物经济学, (7).

陈昊 . 2021. 通过战略购买发现药品价格 "真相" [J]. 中国卫生, (3).

陈宏辉, 贾生华 . 2004. 企业利益相关者三维分类的实证分析 [J]. 经
济研究, (4).

陈力勇, 陶淮舟 . 1999. 对药品价格形成机制的探析 [J]. 价格理论与
实践, (11).

陈明红 . 2019. 药品集中采购制度的完善——从药企在法律纠纷中的尴
尬境遇来看 [J]. 湖北经济学院学报 (人文社会科学版), (1).

陈其林, 韩晓婷 . 2010. 准公共产品的性质: 定义、分类依据及其类别
[J]. 经济学家, (7).

陈思, 罗云波, 江树人 . 2010. 激励相容: 我国食品安全监管的现实选
择 [J]. 中国农业大学学报 (社会科学版), (3).

陈文，胡善联，程晓明 . 1997. 发达国家药品价格管制政策的比较研究 [J]. 中国卫生经济，(10).

陈文 . 2015. 从政府控制转向市场主导：药品价格形成机制的新转变 [J]. 中国卫生资源，(7).

陈文静，汤少梁，臧运森，等 . 2017. 放开政府定价后我国药品价格调整方向与国际经验借鉴 [J]. 中国卫生事业管理，(1).

陈晓红，王陟昀 . 2010. 欧洲碳排放权交易价格机制的实证研究 [J]. 科技进步与对策，(19).

陈烨，丁锦希，郝丽，等 . 2020. 集中带量，还是挂网议价采购——生物类似物采购模式研究 [J]. 中国医药工业杂志，(4).

陈吟，孙静，刘远立 . 2017. 药品医保支付价格形成机制的国际经验及启示 [J]. 中国药房，(24).

陈永正，黄滢 . 2017. 我国专利药独家药价格谈判机制的战略问题 [J]. 现代经济探讨，(6).

陈元燮 . 1980. 社会主义社会价格形成基础只能是价值 [J]. 学术研究，(1).

陈志洪，徐宏 . 2021. 中国药品集中采购政策解读与实证分析 [J]. 系统管理学报，(1).

陈志洪，张洲驰 . 2019. 带量采购下中国药品市场变局——以降血脂药为例 [J]. 价格理论与实践，(12).

成致平 . 2014. 邓小平理论是价格改革的指路明灯 [J]. 价格理论与实践，(8).

丛鹂萱，陈珉惺，邹璇，等 . 2019. 美国集团采购组织核心要素介绍及与深圳模式对比分析 [J]. 中国卫生经济，(12).

代敏 . 2003. 药品降价怎么这么难 [J]. 价格月刊，(1).

代志明 . 2016. 中国公立医院垄断的社会成本测算研究 [J]. 现代经济探讨，(3).

邓勇 . 2021. 原料药，垄断为何难治 [N]. 光明日报，7-11 (6).

丁存振，肖海峰 . 2019. 中国农业纺织原料市场价格溢出效应与动态关
    联——基于不同政策背景下比较分析 [J]. 中国农业大学学报，(6).

丁声俊 . 2008a. 健全价格机制促进构建和谐社会 [J]. 宏观经济管理，
    (7).

丁声俊 . 2008b. 形成粮食和谐价格机制促进经济社会稳定发展——纪念
    我国粮食改革 30 周年 [J]. 价格理论与实践，(8).

董礼胜，等 . 2006. 中国公共物品供给 [M]. 北京：中国社会科学出版社 .

杜奋根，赵翠萍 . 1995. 马克思的劳动价值理论是社会主义市场经济条
    件下价格形成的理论基础 [J]. 价格月刊，(9).

杜丽娟，杜美卿，任伟，等 . 2019. 大型企业内部碳交易价格机制研究
    [J]. 价格理论与实践，(9).

杜雪，马珺，黎雯霞 . 2020. 药品带量采购存在的问题与对策分析 [J].
    卫生经济研究，(8).

樊琦，祁华清 . 2015. 国内外粮价倒挂下粮食价格调控方式转型研究
    [J]. 宏观经济研究，(9).

范超 . 2016. 国家产品虚拟（CPD）法综述与研究展望 [J]. 经济统计
    学（季刊），(1).

范长生，赵蒙蒙，谢洋，等 . 2020. 关于医保谈判药品价值评估和支付
    标准形成的若干探讨 [J]. 中国医药保险，(11).

方龙宝，左根永，贾莉英 . 2015. 我国低价药品挂网采购政策比较研究
    [J]. 中国卫生事业管理，(8).

冯谦 . 2019. 两票制下我国药品流通市场现状问题及对策分析——基于
    国外药品流通特点 [J]. 天津经济，(3).

付昕，袁晓晶 . 2007. 对完善我国药品定价制度的思考 [J]. 价格理论
    与实践，(7).

傅鸿鹏 . 2020. 药品集中招标采购的发展和展望 [J]. 中国医疗保险，
    (3).

刚健华，杜涣程，刘鹏程，等 . 2020. 基于因子模型的商品房住宅价格

机制研究 [J]. 中国软科学，(7).

高芳英 . 2014. 美国医疗体制改革历程探析 [J]. 世界历史，(4).

高和荣 . 2018. 改革开放 40 年药品采购制度的成就与挑战 [J]. 人民论坛·学术前沿，(21).

高虹，何忠正 . 2001. 我们对政府采购与药品集中采购的见解 [J]. 中华医院管理杂志，(2).

高健 . 2014. 马克思恩格斯社会管理思想及其当代价值 [D]. 大连海事大学博士学位论文 .

高连和 . 1997. 完善市场价格机制的基本思路 [J]. 价格月刊，(5).

高萍 . 2009. 我国药品价格规制失灵的经济学分析 [J]. 商业时代，(10).

高奇，邓春宁 . 2012. 试论价格机制与企业的性质 [J]. 人民论坛，(29).

高翔，陈荣秋 . 2007. 中国医药市场信用监管体系探讨 [J]. 中国行政管理，(9).

高原 . 2020. 新医改十年 [N]. 法治周末，1-8.

耿鸿武 . 2019. 我国医药集中采购进入第五个新阶段 [J]. 中国招标，(48).

龚文君 . 2019. 药品价格谈判理论、机制及实践 [M]. 北京：社会科学文献出版社 .

顾海 . 2011. 国外药品采购谈判实践及启示 [J]. 中国医疗保险，(9).

顾昕 . 2010. 公立医院药价虚高冲击医疗保险体系 [J]. 中国医疗保险，(9).

郭春丽 . 2013. 中国药品生产流通：体制现状、存在的问题及政策取向 [J]. 经济学家，(9).

郭春丽 . 2014. 中国药品生产流通的体制现状及存在的主要问题 [J]. 经济研究参考，(31).

郭庆方 . 2015. 循环经济技术经济特征与价格运行机制研究 [J]. 特区经济，(1).

郭志刚，洪冬，刘伊，等 . 2015. 我国基本药物集中采购量价挂钩实施

影响因素分析 [J]. 中国卫生政策研究，（12）.

国家发改委学术委员会办公室课题组 . 2013. 新形势下我国棉花价格问题研究 [J]. 经济研究参考，（39）.

韩汉君，燕麟 . 2017. 我国股票市场价格机制与资金配置效率研究 [J]. 上海经济研究，（2）.

韩宇坤 . 2018. 公立医院药价虚高问题成因及对策分析 [J]. 财会学习，（33）.

何倩，曹丽君 . 2012. 我国药品流通体制的现状、问题及对策 [J]. 中国医疗保险，（6）.

何庆红，赵绍阳，臧文斌 . 2019. 国家基本药物制度实施减轻了患者医疗负担吗？[J]. 经济评论，（5）.

何锐，葛靖，何梦娇，等 . 2020. 博弈论视角下药品带量采购降价的影响因素分析 [J]. 中国药房，（9）.

洪远朋 . 1989. 价格理论的发展与社会主义价格的形成 [M]. 北京：经济科学出版社 .

洪远朋 . 1994. 市场经济体制与市场价格机制 [J]. 当代经济研究，（12）.

洪远朋 . 2010. 经济理论比较研究 [M]. 上海：复旦大学出版社 .

胡超 . 2020. 带量采购背景下药企价格决策行为的博弈分析 [D]. 成都理工大学硕士学位论文 .

胡登龙 . 2016. 我国碳交易价格影响因素及价格机制研究 [J]. 价格月刊，（10）.

胡钧，贾凯君 . 2008. 马克思公共产品理论与西方公共产品理论比较研究 [J]. 教学与研究，（2）.

胡培兆 . 1985. 社会主义商品价格应以价值为基础——兼谈生产价格理论是吃“大锅饭”的理论 [J]. 社会科学辑刊，（6）.

胡善联，陈文，程晓明，等 . 2006. 药物经济学研究荟萃 [M]. 上海：第二军医大学出版社 .

胡善联．2012．建立药品定价基准——WHO 推崇外部参考定价［J］．医药经济报，5-23（12）．

胡善联．2013．国内外药品价格和费用控制政策的比较研究［J］．中国药房，（44）．

胡善联．2019．带量采购的经济学理论基础和影响分析［J］．卫生软科学，（1）．

胡善联．2021．国家组织药品集中采购的卫生经济学理论基础及完善建议［J］．中国卫生资源，（1）．

胡希家，叶向明，冯芳龄，等．2020．药品集中带量采购的政策内涵及改革挑战——"药品集中带量采购政策研讨会"综述［J］．卫生经济研究，（12）．

胡耀国．1998．价格机制与市场机制［J］．价格月刊，（6）．

黄枫，甘犁．2012．医疗保险中的道德风险研究——基于微观数据的分析［J］．金融研究，（5）．

黄海天，尹伯成．2009．经济学演进中的"综合"与"折中"［J］．社会科学研究，（2）．

黄均华．2016．金融改革与资产价格机制中的美国因素——基于 TVP-VAR 模型［J］．财经科学，（5）．

黄茂兴，叶琪，陈洪昭．2016．马克思主义竞争理论及其在当代中国的运用与发展［J］．数量经济技术经济研究，（5）．

黄茂兴，叶琪．2017．中西方竞争思想：历史流变、差异比较与当代影响［J］．马克思主义研究，（2）．

黄锐，龙琴，刘彬，等．2006．医院药品双重垄断引起社会福利的损失探讨［J］．医药导报，（10）．

黄素芹，田侃，张乐君，等．2019．带量采购政策对我国药品价格影响研究［J］．价格理论与实践，（5）．

黄涛，颜涛．2009．医疗信任商品的信号博弈分析［J］．经济研究，（8）．

霍布斯．2008．利维坦［M］．吴克峰，译．北京：北京出版社．

季树忠.2005.药品价格管理面临的困境和改革方向 [J]. 价格理论与实践,（9）.

江世英，胡晗.2020.药品的中标价格形成机制研究 [J]. 中国卫生经济,（1）.

姜琪，王越.2020.行政垄断如何影响山东省经济增长？基于需求侧和供给侧双重视角的经验分析 [J]. 经济与管理评论,（3）.

姜晓萍，陈朝兵.2018.公共服务的理论认知与中国语境 [J]. 政治学研究,（6）.

姜鑫，罗佳.2012.马克思主义经济学与西方经济学关于公共物品的思想体系比较 [J]. 天津商业大学学报,（4）.

蒋昌松，李熹阳，唐菲.2021.医用耗材集采模式历史变迁及展望 [J]. 中国医疗器械信息,（11）.

蒋和胜，曾兴，李小瑜.2019.中国四十年价格改革研究 [M]. 成都：四川大学出版社.

蒋和胜，王振平，方锐.2015.我国医保机构主导的药品价格谈判机制研究 [J]. 价格理论与实践,（4）.

蒋和胜.1994.论我国农产品市场形成价格机制 [J]. 四川大学学报（哲学社会科学版）,（3）.

蒋和胜.1997.农产品价格机制论 [M]. 成都：四川大学出版社.

蒋华栋.2015.国外如何管理药品价格 [N]. 经济日报,5-13（12）.

蒋建华.2011.我国药品差比价规则效果评价 [J]. 价格理论与实践,（4）.

焦云龙.2017."健康浙江"战略下医药产业转型升级 [J]. 浙江经济,（6）.

金凡茂，叶芳敏，梁晓美，等.2021.医院药品带量采购现状分析与管理对策探讨 [J]. 中医药管理杂志,（6）.

寇宗来.2010."以药养医"与"看病贵、看病难"[J]. 世界经济,（1）.

雷诺兹.1994.微观经济学——分析和政策 [M]. 马宾，译.北京：商务印书馆．

李琛，刘艺敏，王文杰，等．2018．我国药品集中采购工作回顾与展望
[J]．中国医院管理，(9)．

李成勋．2018．平均利润和生产价格理论及其在《资本论》中的地位——
纪念马克思诞辰200周年 [J]．毛泽东邓小平理论研究，(3)．

李翀．2000．马克思劳动价值论与马歇尔均衡价格论的比较和思考——评
近年发生的对马克思劳动价值论的批评 [J]．马克思主义研究，(3)．

李翀．2009．马克思主义垄断价格理论的构建 [J]．马克思主义研究，
(11)．

李海涛，夏慧，李士保，等．2007．利用药物经济学评价指导药品定价
的探讨 [J]．中国药房，(13)．

李恒兴，鲍钰．2018．采购管理 [M]．北京：北京理工大学出版社．

李宏瑾，苏乃芳．2021．货币数量调控还是利率价格调控 [J]．经济社
会体制比较，(5)．

李洪超．2009．基本药物和基本药物制度的公共产品性质分析 [J]．中
国药物经济学，(4)．

李洁，叶凯．2013．我国药品政府定价制度分析及完善策略 [J]．中国
卫生事业管理，(2)．

李力，杨焕荣，李建文，等．2015．新疆医疗服务价格改革背景下药品
价格机制的探索 [J]．中国卫生经济，(10)．

李林茂，冷崇总，李群．2009．建立粮食收购"三元一补"价格机制的
思考 [J]．价格日刊，(11)．

李玲，江宇．2021．如何实现公立医院高质量发展 [J]．中国党政干部
论坛，(5)．

李梅，董士昙．2013．试论我国食品安全的社会监督 [J]．东岳论丛，
(11)．

李盼道，徐芙蓉．2019．公共产品供给的理论逻辑与实践 [J]．西安石
油大学学报（社会科学版），(4)．

李倩，官海静，董国卿，等.2016.英国药品采购供应机制研究及对中国的启示［J］.中国新药杂志，(2).

李荃，余斌，俎景川，等.2020.优化天然气发电价格机制问题研究——上海市优化天然气发电定价机制的探索［J］.价格理论与实践，(3).

李瑞丰，陈燕.2017.专利布局视角下药企应对"专利悬崖"策略研究及思考［J］.电子知识产权，(6).

李胜利.2020.论政府采购领域中行政垄断的反垄断法规制——从五个典型案例出发［J］.中国政府采购，(6).

李诗杨，但斌，李红霞.2017.公益性和自我药疗影响下的药品供应链定价与双渠道策略［J］.管理学报，(8).

李世杰，李伟.2019.产业链纵向价格形成机制与中间产品市场垄断机理研究——兼论原料药市场的垄断成因及反垄断规制［J］.管理世界，(12).

李文生.1990.价格学［M］.天津：天津科技翻译出版公司.

李闻涓，李慧，陈颖，等.2020."4+7"药品招标的反思［J］.中国合理用药探索，(1).

李毅仁，路云，卢钰琼，等.2020.帕累托改进：我国医保战略性购买的践行路径［J］.卫生经济研究，(10).

李银才.2014.管办不分：公立医院医生道德风险的本源［J］.现代经济探讨，(6).

李悦.2019.新中国成立70周年以来药品价格法律监管：历史回眸、现状检视与未来方向［J］.中国卫生经济，(7).

李蕴明.2019.绕不过的带量采购 跨国药企直面"专利悬崖"［N］.医药经济报，10-14.

梁发芾.2021.斩断医药企业"带金销售"的链条［N］.中国经营报，4-19（A07）.

林金凤.2017.完善福建省公共产品阶梯定价机制的对策——以福州市自来水定价为例［D］.福州大学硕士学位论文.

刘凤义，陈胜辉 .2018. 医药属性的政治经济学分析 [J]. 南开经济研究，（1）.

刘凤义，曲佳宝 .2019. 马克思主义政治经济学与西方经济学关于供求关系分析的比较——兼谈我国供给侧结构性改革 [J]. 经济纵横，（3）.

刘华 .2006. 对药品价格虚高问题的分析与思考 [J]. 中国卫生资源，（4）.

刘惠杰 .2005. 国际市场石油价格运行机制与我国的政策选择 [J]. 上海财经大学学报，（6）.

刘佳丽，谢地 .2015. 西方公共产品理论回顾、反思与前瞻——兼论我国公共产品民营化政府监管改革 [J]. 河北经贸大学学报，（5）.

刘金全，张菀庭，徐宁 .2018. 中国房地产价格调控模式比较——李嘉图范式还是非李嘉图范式 [J]. 财经科学，（7）.

刘经伟，袁名松 .2020. 中国特色社会主义价格理论对马克思生产价格理论的继承与发展 [J]. 价格月刊，（11）.

刘俊杰，胡永宏 .2021. 仿制药一致性评价政策对药品供应链上下游股价相依性的影响研究 [J]. 系统工程理论与实践，（10）.

刘敏，姜永强 .2017. 采购与供应管理 [M]. 济南：山东人民出版社 .

刘乃铭 .2014. 我国完善市场决定价格机制的必要性研究 [J]. 求是学刊，（4）.

刘儒，郭荔 .2020. 新中国 70 年价格机制改革：演进逻辑、显著特征与基本经验 [J]. 湘潭大学学报（哲学社会科学版），（3）：96-102.

刘树杰 .2013. 价格机制、价格形成机制及供求与价格的关系 [J]. 中国物价，（7）.

刘涛 .2020. 区块链技术对碳交易价格机制的影响研究 [J]. 价格理论与实践，（8）.

刘欣 .2017. 中国药品价格形成机制及变革路径研究 [J]. 改革与战略，（6）.

刘颖，王岳 .2015. 公立医院现行药品集中采购模式属性及其法治化初

探 [J]. 河北学刊，（3）.

刘永贵. 2007. 充分发挥价格机制在西部地区经济结构调整中的作用
　　[J]. 价格月刊，（4）.

刘友华，隆瑾，徐敏. 2015. "专利悬崖"背景下制药业的危机及我国
　　的应对 [J]. 湘潭大学学报（哲学社会科学版），（11）.

刘自敏，杨丹，冯永晟. 2017. 递增阶梯定价政策评价与优化设计——
　　基于充分统计量方法 [J]. 经济研究，（3）.

卢凤霞. 2013. 改革药品价格形成机制 助推健康事业可持续发展 [J].
　　中国医药保险，（3）.

卢凤霞. 2018. 药品价格形成机制取向研究 [J]. 价格理论与实践，（8）.

陆守坤，郑胜寒. 2020. 医疗服务价格动态调整运行机制研究 [J]. 中
　　国卫生经济，（4）.

陆雄文. 2013. 管理学大辞典 [M]. 上海：上海辞书出版社.

陆瑜. 2011. 药品的价值构成及交换价值研究 [J]. 中国药房，（16）.

吕兰婷，刘文凤. 2021. 英国药品定价政策与最新进展及对中国的启示
　　[J]. 中国现代应用药学，（3）.

马宝成. 2011. 马克思的公共服务理论与我国服务型政府建设 [J]. 行
　　政管理改革，（9）.

马特. 2015. 基于 Hedonic 价格模型的我国药品价格形成机制和管理体
　　系优化研究 [D]. 天津大学博士学位论文.

马歇尔. 1981. 经济学原理（上）[M]. 北京：商务印书馆.

马勇. 2005. 药价虚高症结何在 [J]. 经济论坛，（24）.

曼瑟尔·奥尔森. 1995. 集体行动的逻辑 [M]. 陈郁等，译. 上海：上
　　海人民出版社.

么乃琦，姜哲. 2020. 医院药品流通信息分析与思考 [J]. 中国社区医
　　师，（32）.

潘倩莹，熊康，陈昊. 2021. 药品和耗材跨区域带量采购的实践与思考
　　[J]. 中国卫生资源，（3）.

彭成圆，蒋黎，王晓君.2018.新时代我国农业发展亟待破解的若干问题思考——兼论完善我国农产品价格机制 [J].价格理论与实践，（1）.

彭翔，申俊龙.2013.药品价格形成机制的内涵与要素分析 [J].价格理论与实践，（12）.

彭翔.2012.药品价格形成机制研究：分析框架与治理机制引入 [D].南京大学博士学位论文.

彭韵佳，龚雯.2021."5+3+4"，建立健全医疗服务价格形成机制 [N].新华每日电讯，9-2（10）.

彭宅文，岳经纶.2018.新医改、医疗费用风险保护与居民获得感：政策设计与机制竞争 [J].广东社会科学，（4）.

乔大丽.2020.利益相关者视域下的药品安全社会共治研究 [J].商业经济，（4）.

邱海平.2003.论马克思劳动价值理论的二重功能 [J].中国人民大学学报，（4）.

仇雨临.2017.医保与"三医"联动：纽带、杠杆和调控阀 [J].探索，（5）.

任保平.2011.马克思经济学与西方经济学商贸流通理论的比较 [J].经济纵横，（2）.

任红梅.2016.马克思经济学与西方经济学供给需求理论的比较研究 [J].西安财经学院学报，（6）.

任俊生.2002.论准公共品的本质特征和范围变化 [J].吉林大学社会科学学报，（5）.

任志江，苏瑞珍.2020.增强医疗保障减贫效应的再分配实现机制研究——基于改善亲贫性的视角 [J].中国行政管理，（8）.

尚旭东，常倩，王士权.2016.政府主导农地流转的价格机制及政策效应研究 [J].中国人口·资源与环境，（8）.

沈洪涛，梁学峰.2020.中欧药品价格构成比较与对策建议 [J].中国卫生政策研究, (7).

盛亚, 鲁晓玮. 2021. 利益相关者管理理论研究的主导逻辑与议题框架: 基于 Web of Science 核心数据库的研究 [J]. 商业经济与管理, (4).

施祖东. 2014. 我国药品集中采购制度的变迁 [J]. 中国医疗管理科学, (1).

石玉对. 2016. 药品外部参考定价的国际应用及启示 [J]. 中国卫生经济, (8).

时建中, 童肖安图. 2021. 原料药 "独家经销" 模式的垄断责任主体认定 [J]. 海南大学学报 (人文社会科学版), (2).

史录文. 2017. 药品价格形成机制研究 [M]. 北京: 中国协和医科大学出版社.

史武男, 杨秀云. 2020. 集中采购制度改革能提高我国药品质量吗 [J]. 当代财经, (8).

斯蒂格利茨. 2013. 公共部门经济学 (第三版) (上) [M]. 郭庆旺等, 译. 北京: 中国人民大学出版社.

宋攀. 2018. "解谜" 集中招标采购行政垄断 [J]. 中国医院院长, (13).

宋士云. 1993. 生产价格应成为社会主义价格形成的基础 [J]. 山东医科大学学报 (社会科学版), (1).

宋文亚, 潘铁. 2000. 对当前药品集中采购的思考 [J]. 中国卫生事业管理, (10).

宋燕, 韩志, 宋奎勐, 等. 2019. 药品价格形成机制对药品可获得性的影响分析 [J]. 中国卫生经济, (9).

苏常禄. 2015. 财政补贴、外部性、价格机制与国有企业效率 [J]. 现代管理科学, (2).

孙飞, 靳毓. 2015. 可竞争市场理论下药品价格的形成机制研究 [J]. 甘肃社会科学, (4).

孙福兵, 宋福根. 2020. 新型农业经营主体信贷风险的识别与防范研究 [J]. 经济纵横, (8).

孙晋，闫晓梦．2018．反垄断法视角下药品集团采购（GPO）发展困境及突破——以深圳市 GPO 被国家发改委叫停事件为切入点 [J]．甘肃政法学院学报，（5）．

孙利华，郭朗．2012．基于价值的药品价格制定与调整的路径研究 [J]．中国药房，（28）．

孙利华，田雪莹．2004．利用药物经济学指导药品定价——完善药品定价方法 [J]．中国药房，（9）．

孙利华．2013．客观认识药品特殊性 [N]．医药经济报，12-9（F02）．

孙秀艳，申少铁．2022．前六批药品平均降价百分之五十三 集采提速扩面 医药负担降低 [N]．人民日报，2-12（2）．

孙冶方．1981．流通概论 [J]．财贸经济，（1）．

孙长胜，张寒菊．2022．张家口市药品集中采购直接结算的实践探索 [J]．中国医疗保险，（2）．

唐圣春，张新平．2009a．药品定价方法及定价模型研究 [J]．中国卫生经济，（2）．

唐圣春，张新平．2009b．药品价格规制的必要性及规制的制度环境分析 [J]．医学与社会，（4）．

田露露，冯永晟，刘自敏．2019．不同递增阶梯定价下的政策效果差异——基于定价结构陡峭程度的研究 [J]．经济学动态，（1）．

田文君，刘宝杰．2017．药品加成政策从出场、在场到终结的哲学思考 [J]．改革与开放，（13）．

田先华．2015．变故鼎新 砥砺前行 构建适应时代发展的价格机制 [J]．价格理论与实践，（11）．

瓦尔拉斯．1989．纯粹经济学要义 [M]．蔡受百，译．北京：商务印书馆．

汪偌宁，等．2020．取消药品价格管制对药品价格的影响研究 [J]．中国药房，（3）．

汪晓东，张炜，赵梦阳．2021．为中华民族伟大复兴打下坚实健康基础——习近平总书记关于健康中国重要论述综述 [N]．人民日报，8-8

（1-2）.

王爱学，赵定涛.2007.西方公共产品理论回顾与前瞻［J］.江淮论坛，
（4）.

王冰，薛才琳，陈刚.2007.马克思关于价格的相关理论及其市场经济
意义［J］.经济评论，（4）.

王朝明，李西源.2010.马克思主义公共产品理论及其建构性价值——
基于中国特色公共产品理论创新与发展的视角［J］.当代经济研
究，（7）.

王东进.2018.概论医保的战略购买与购买战略［J］.中国医疗保险，
（9）.

王东进.2021.协同推进"三医联动"构建融合发展新格局——药品集
中带量采购改革的主要成效和深刻启示［J］.中国医疗保险，（8）.

王高玲.2013.基于主要利益相关者视角的国家基本药物制度运行机制
的研究［D］.南京中医药大学博士学位论文.

王静.2005.药品价格过高的原因分析及解决措施［J］.卫生经济研究，
（10）.

王军.2015.加强价格调控监管 预防通货紧缩风险［J］.宏观经济管理，
（3）.

王俊豪.2021.中国特色政府监管理论体系：需求分析、构建导向与整
体框架［J］.管理世界，（2）.

王俊豪，金暄暄，刘相锋.2021.电网企业纵向一体化、成本效率与主
辅分离改革［J］.中国工业经济，（3）.

王立君.2009.基于利益相关者理论的企业社会责任体系的构建［J］.
生产力研究，（12）.

王利娜.2012.公共品定价理论评述［J］.东岳论丛，（1）.

王梦媛.2020.新时期医保制度改革下的药品市场价格形成机制研究［J］.
中国医疗保险，（6）.

王强，毛华.2011.集团采购组织在药品采购中的降价机制与发展阶段

的经济学分析 [J]. 中国卫生政策研究，(8).

王庆云，郑剑. 2007. 市场供求关系中的需求垄断分析 [J]. 综合运输，(6).

王润奇. 2019. 基于国家产品虚拟法的区域购买力平价模拟研究 [D]. 江西财经大学硕士学位论文.

王淑敏. 2006，"打压"药品价位虚高应从源头抓起 [J]. 中国卫生经济，(2).

王廷群，杨守卫. 2004. 如何加强军队医院药品政府采购的财务监督与管理 [J]. 武警医学，(12).

王万山. 2005. 软件产品价格机制研究 [M]. 北京：中国财政经济出版社.

王学庆. 2013. 中国"价格改革"轨迹及其下一步 [J]. 改革，(12).

王莹. 2016. 药品集中采购是否适用《政府采购法》的相关思考 [J]. 中国政府采购，(1).

王永利. 2021. 深圳药品集采 GPO 模式值得总结推广 [J]. 中国经贸导刊，(10).

王蕴. 2014. 英国药品生产与流通体制现状、经验及启示 [J]. 经济研究参考，(32).

王振霞. 2007. 价格运行机制研究新趋势 [J]. 中国物价，(12).

王振霞. 2008. 价格理论体系研究综述及其发展新趋势 [J]. 价格月刊，(1).

王振霞，温桂芳. 2018. 中国价格改革 40 年：回顾与启示 [J]. 财贸经济，(10).

王振之. 1988. 深化价格改革的几个问题 [J]. 财贸经济，(7).

魏铭. 2018. 我国药品定价制度分析和国外经验启示 [J]. 经济师，(7).

魏巍，张健. 2019. 药品集中采购模式比较分析与展望 [J]. 天津药学，(3).

温桂芳. 1995. 市场价格学新论 [M]. 北京：中国物价出版社.

温桂芳. 2012. 转方式调结构需更好地发挥价格机制的作用 [J]. 中国

物价，（9）.

吴建文，沈莉，乔延清 . 2006. 药价虚高博弈分析［J］. 中国工业经济，（7）.

吴晶，黄泰康，田洪尧 . 2007. 英国的药品定价和报销政策［J］. 中国卫生经济，（4）.

吴天 . 2018. 药品集中采购价格与药品费用控制研究［J］. 卫生经济研究，（12）.

吴易风，方福前，张宇，等 . 2009. 马克思主义经济学与西方经济学比较研究（第3卷）［M］. 北京：中国人民大学出版社 .

吴易风，等 . 2012. 马克思经济学数学模型研究［M］. 北京：中国人民大学出版社 .

吴遵杰，陈勇 . 2016. 一般均衡理论批判［J］. 政治经济学评论，（1）.

武士杰，李绍荣 . 2020. 市场不确定下的价格机制与产能过剩［J］. 中央财经大学学报，（9）.

肖卫东，吉海颖 . 2014. 准公共产品的本质属性及其供给模式：基于包容性增长的视角［J］. 理论学刊，（7）.

肖正再 . 2007. 基于交易成本范式解析市场价格机制［J］. 社会科学战线，（4）.

谢金平，胡紫馨，王苑如，等 . 2021. 国家药品集中采购政策对四直辖市药品价格、费用及仿制药替代的影响分析［J］. 中国卫生经济，（9）.

谢明明，王美娇，熊先军 . 2016. 道德风险还是医疗需求释放？医疗保险与医疗费用增长［J］. 保险研究，（1）.

谢识予 . 2016. 经济博弈论（第四版）［M］. 上海：复旦大学出版社 .

休谟 . 1980. 人性论［M］. 关文运，译 . 北京：商务印书馆 .

徐强，杨慧，解雪峰，等 . 2022. 芜湖某区多家医院国家组织药品集中采购实施效果评价研究［J］. 中国药事，（2）.

徐源，何江江，陈珉惺，等 . 2021. 药品集中采购国际经验及对我国国家层面带量采购的启示［J］. 中国卫生经济，（4）.

许光建.2017.全面深化价格机制改革展望 [J].价格理论与实践，(12).

许光建，苏泠然.2019.新时代药价形成机制研究 [J].价格理论与实践，(11).

许广崇.2007.挂网采购的四大亮点 [J].中国药店，(5).

许军，夏聪，向前，等.2016.基于药品价值的定价机制研究进展 [J].中国卫生经济，(10).

许毅，陈宝森，梁无瑕.1983.社会主义价格形成 [J].经济学动态，(6).

许有伦.2013.经济学研究四题 [J].西安财经学院学报，(3).

宣亚南，潘勇，张英.2000.技术商品作价的误区及其避免 [J].研究与发展管理，(5).

薛暮桥.1985.调整价格和改革价格管理体制 [J].经济研究，(1).

亚当·斯密.1974.国民财富的性质和原因的研究（下卷）[M].郭大力，王亚南，译.北京：商务印书馆.

鄢奋.2009.马克思公共产品思想解读 [J].中共福建省委党校学报，(9).

严敏.1996.粮食价格形成和运行机制分析 [J].经济学家，(4).

严盼盼.2018.我国药品价格虚高问题研究 [J].新西部，(5).

杨继瑞.2006.价格理论与实践 [M].成都：四川大学出版社.

杨静.2016.从"社会共同需要"思想到"共需品"理论——对西方"公共产品"理论的批判性超越 [J].教学与研究，(3).

杨立勋，向燕妮.2020.中国钢铁行业集中度与产能利用率关系研究 [J].统计与决策，(20).

杨莉，刘春艳，张建静，等.2011.国际药品价格管制方式及效果研究的系统综述 [J].中国卫生政策研究，(7).

杨荣耀.1995.生产价格是社会主义市场经济条件下的价格基础 [J].理论与改革，(1).

杨瑞龙，周业安.1998.相机治理与国有企业监控 [J].中国社会科学，

（3）.

杨圣明 . 2014. 对马克思流通理论的再学习、再认识 [J]. 毛泽东邓小平理论研究，（7）.

杨蔚林 . 2011. 对我国卫生医药领域政府采购的建议 [J]. 中国政府采购，（2）.

杨晓娜 . 2020. 药品集中采购模式国际比较及借鉴 [J]. 合作经济与科技，（16）.

杨心悦，李亦兵，海桑 . 2019. 我国医药行业可竞争性与市场效率研究——兼析带量采购对药品价格的影响分析 [J]. 价格理论与实践，（1）.

杨燕绥，常焙莶 . 2020. 我国卫生总费用的国际比较与绩效研究 [J]. 中国国情国力，（10）.

叶露，胡善联 . 2005. 药品价格及其管理政策的英国经验启示 [J]. 中国药房，（9）.

易汉东，李陕生 . 2003. 政府采购与药品集中招标采购的区别 [J]. 医疗卫生装备，（8）.

殷勤 . 2016. 药品招标价格对我国药品定价方法改进的启示 [J]. 中国药物经济学，（4）.

尤伟清 . 把好集采的度 让药械生态圈良性循环 [N]. 医药经济报，2021-6-21（005）.

于良春，刘慧敏 . 2020. 利益相关者、医疗公平与中国医疗体制改革 [J]. 山东社会科学，（7）.

于良春，张伟 . 2010. 中国行业性行政垄断的强度与效率损失研究 [J]. 经济研究，（3）.

于良春，甘超 . 2020. 垄断与竞争：中国医疗行业市场效率分析 [J]. 经济与管理研究，（6）.

于长永 . 2020. "4+7" 药品带量采购的实践效果与制度隐忧 [J]. 西南民族大学学报（人文社会科学版），（4）.

余斌 . 2014. 西方公共产品理论的局限与公共产品的定义 [J]. 河北经

贸大学学报，（6）.

余斌，许敏.2014.西方公共产品供给理论局限与公共经济的有效供给
　　［J］.重庆社会科学，（9）.

余晖.1997.中国药业政府管制制度形成障碍的分析（上）［J］.管理世
　　界，（5）.

俞心怡，茅宁莹.2021.药品价格异常波动的原因分析和对策建议［J］.
　　卫生经济研究，（7）.

袁媛.2019.基于 CPD 法的国内购买力平价测度研究［D］.青岛大学硕
　　士学位论文.

曾献钧.2019.遏制采购回扣 降低采购成本［J］.经济师，（2）.

张国鹏，王玉斌.2018.中国农民合作社内部交易价格机制的比较分析——
　　基于盈余分配的视角［J］.哈尔滨工业大学学报（社会科学版），（5）.

张海涛.2017.构建医保药品价格谈判机制的研究［J］.价格理论与实
　　践，（10）.

张磊.2019.近30年我国疾病谱发生重大变化［N］.健康报，6-28.

张燊，何江波.2021.全国8个省短缺药品清单分析及其集中采购策略
　　研究［J］.昆明学院学报，（3）.

张维.2016.美国医改的政治经济分析——历史视角兼论对中国医改的
　　启示［J］.政治经济学评论，（1）.

张骁华.2020.国家药品采购价格制度完善研究［D］.中国政法大学硕
　　士学位论文.

张新鑫，侯文华，申成霖，等.2017.集中采购参与意愿、制药企业议
　　价能力与药品市场绩效［J］.中国管理科学，（7）.

张雪敏，林小兰.2016.我国药品价格虚高的原因与对策研究［J］.技
　　术与市场，（8）.

张雅娟，方来英.2020.药品集中采购制度的发展与改革研究［J］.中
　　国药房，（21）.

张永峰，王坤汻，路瑶.2021.土地流转如何影响农户收入增长——基

于规模经济与要素配置的视角 [J]. 农业经济与管理, (5).

张于喆, 王俊. 2014. 我国蔬菜价格调控机制研究综述 [J]. 华中农业大学学报 (社会科学版), (1).

张宇. 2016. 中国特色社会主义政治经济学 [M]. 北京: 中国人民大学出版社.

张卓元. 1986. 社会主义价格理论与价格管理体制改革 [J]. 管理世界, (1).

章程, 龚波. 2021. 上海市优化药品挂网议价采购监管机制的实践及成效 [J]. 中国医疗保险, (8).

赵峰, 段雨晨. 2019. 马克思的竞争理论及其现代意义 [J]. 经济学家, (3).

赵洁, 李巍, 王皋俊. 2021. 价值医疗视角下国家药品集中带量采购在某公立医院的实施效果评价 [J]. 中国药房, (19).

赵书敏. 2022. 三问 2022 医药集采怎么玩 [N]. 医药经济报, 1-27 (A4).

赵小平. 2005. 价格管理实务 [M]. 北京: 中国市场出版社.

郑洁, 张潇尹, 金喆. 2021. 药品集采冲击波: 外企 "消极竞标" [J]. 中国外资, (7).

周春, 蒋和胜, 毛道维, 等. 1990. 社会主义价格管理学 [M]. 北京: 中国物价出版社.

周春, 蒋和胜. 2006. 市场价格机制与生产要素价格研究 [M]. 成都: 四川大学出版社.

周明海, 贾凯君. 2009. 马克思主义公共产品理论及其现实意义 [J]. 探索, (5).

周学荣. 2008. 我国药品价格虚高及政府管制研究 [J]. 中国行政管理, (4).

周亚里, 王中亮, 赵青平, 等. 1992. 价格学 [M]. 北京: 北京经济学院出版社.

周苑，汤质如，刘守明，等 . 2018. 药品集中采购模式研究及问题探讨
　　[J]. 卫生经济研究，（3）.

朱刚令 . 2016. 发挥医保对药品价格形成的基础作用 [J]. 中国医疗保
　　险，（7）.

朱丽，朱菊艳，申俊龙 . 2018. 我国药品价格治理机制问题的研究 [J].
　　价格月刊，（11）.

朱铭来，王恩楠 . 2021. 医保支付方式改革如何减轻道德风险？来自医
　　保基金支出的证据 [J]. 保险研究，（4）.

朱沛智，高梅 . 2009. 论我国药品政府定价机制的法律完善 [J]. 甘肃
　　政法学院学报，（6）.

Arrow K J. 1963. Uncertainty and the welfare economics of medical care [J].
　　The American Economic Review, 53 (5).

Bloch H. 2018. Neo-Schumpeterian price theory with Sraffian and post-
　　Keynesian elements [J]. *Journal of Evolutionary Economics*, 28 (5).

Blundell R. 1988. Consumer behaviour: Theory and empirical evidence—A
　　survey [J]. *The Economic Journal*, 98 (3).

Buchanan J M. 1968. *The Demand and Supply of Public Goods* [M]. Chicago:
　　Rand Mcnally & Company.

Carter A, Craigwell R, Moore W. 2012. Price reform and household demand
　　for electricity [J]. *Journal of Policy Modeling*, (2).

Chu N, Runyan A, Walker O, et al. 2020. The impact of international refer-
　　ence pricing (IRP) in France, Italy, Spain, United Kingdom, and
　　Canada to new and existing marketed medications [J]. *Value in Health*,
　　23 (2).

Coscelli A. 2000. The importance of doctors' and patients' preferences in the
　　prescription decision [J] . *The Journal of Industrial Economics*, 48
　　(3).

de Jager H, Suleman F. 2018. The impact of generics and generic reference pricing on candesartan and rosuvastatin utilisation, price and expenditure in South Africa [J]. *International Journal of Clinical Pharmacy*, 41 (1).

Deroo C. 2013. Pay-to-play: The impact of group purchasing organizations on drug shortages [J]. *American University Business Law Review*, 3 (1).

Donaldson T, Preston L E. 1995. The stakeholder theory of the corporation: Concepts, evidence, and implications [J]. *The Academy of Management Review*, 20 (1).

Ehrmann M, Fratzscher M, Rigobon R. 2011. Stocks, bonds, money markets and exchange rates: Measuring international financial transmission [J]. *Journal of Applied Econometrics*, 26 (6).

Ehrmann M, Fratzscher M. 2009. Global financial transmission of monetary policy shocks [J]. *Oxford Bulletin of Economics and Statistics*, 71 (6).

Elias M, Adam O. 2005. An overview of pharmaceutical policy in four countries: France, Germany, the Netherlands and the United Kingdom [J]. *The International of Health Planning and Management*, 20 (4).

Evans R G. 1974. Supplier-induced demand: Some empirical evidence and implications [M] // Pelman M, ed. *The Economics of Health and Medical Care*. London: Palgrave Macmillan.

Forder J, Allan S. 2014. The impact of competition on quality and prices in the English care homes market [J]. *Journal of Health Economics*, 34.

Freeman R E. 1984. *Strategic Management: A Stakeholder Approach* [M]. Cambridge: Cambridge University Press.

Friedman M. 1968. The role of monetary policy [J]. *American Economic Review*, 58 (3).

Fu H, Li L, Yip W. 2018. Intended and unintended impacts of price changes for drugs and medical services: Evidence from China [J]. *Social Science & Medicine*, 211 (August).

Fuchs V R. 1978. The supply of surgeons and the demand for operations [J]. *Journal of Human Resources*, 13.

Grant D. 2008. Physician financial incentives and cesarean delivery: New conclusions from the healthcare cost and utilization project [J]. *Journal of Health Economics*, 28 (1).

Greer S L, Klasa K, Ginneken E V. 2020. Power and purchasing: Why strategic purchasing fails [J]. *Milbank Quarterly*, 98 (4).

Grootendorst P V, Marshall J K, Holbrook A M, et al. 2005. The impact of reference pricing of nonsteroidal anti-inflammatory agents on the use and costs of analgesic drugs [J]. *Health Services Research*, 40 (5).

Hellerstein J K. 1998. The importance of the physician in the generic versus trade-name prescription decision [J]. *The Rand Journal of Economics*, 29 (1).

Hicks J R. 1937. Mr. Keynes and the classics: A suggested interpretation [J]. *Econometrica*, 5 (2).

Hu Q J, Schwarz L B. 2011. Controversialrole of GPOs in healthcare-product supply chains [J]. *Production and Operations Management*, 20 (1).

Jerónimo C, Prasad M D. 2021. Welfare effects of public procurement of medicines: Evidence from Ecuador [J]. *International Journal of Industrial Organization*, 75 (3).

Klasa K, Greer S L, van Ginneken E. 2018. Strategic purchasing in practice: Comparing ten European countries [J]. *Health Policy*, 122 (5).

Krugman P. 1980. Scale economies, product differentiation, and the pattern of trade [J]. *The American Economic Review*, 70 (5).

Lanzillotti R F. 1958. Pricing objectives in large companies [J]. *The American Economic Review*, 48 (5).

Lizuka T. 2007. Experts' agency problems: Evidence from the prescription drug market in Japan [J]. *The Rand Journal of Economics*, 38 (3).

Mitchell R K, Agle B R, Wood D J. 1997. Toward a theory of stakeholder identification and salience: Defining the principle of who and what really counts [J]. *The Academy of Management Review*, 22 (4).

Moriya A S, Vogt W B, Gaynor M. 2010. Hospital prices and market structure in the hospital and insurance industries [J]. *Health Economics, Policy and Law*, 5 (4).

Phelps E S. 1968. Money-wage dynamics and labor-market equilibrium [J]. *Journal of Political Economy*, 76 (4).

Pochynok K, Antonova O, Barehamian S, et al. 2019. The challenges of legal regulation of public procurement of medicines and medical products in Ukraine [J]. *Georgian Medical News*, 296.

Rand L Z, Kesselheim A S. 2020. International reference pricing for prescription drugs in the United States: Administrative limitations and collateral effects [J]. *Value in Health*, 24 (4).

Rice T H. 1983. The impact of changing medicare reimbursement rates on physician-induced demand [J]. *Medical Care*, 21 (8).

Saha R L, Seidmann A, Tilson V. 2010. A research agenda for emerging roles of healthcare GPOs and their evolution from group purchasing to information sharing to strategic consulting [C]. 2010 43rd Hawaii International Conference on System Sciences.

Samuelson P A. 1954. The pure theory of public expenditure [J]. *The Review of Economics and Statistics*, 36 (4).

Sandler T. 2006. Regional public goods and international organizations [J]. *The Review of International Organizations*, 1 (1).

Schmalensee R. 1981. Output and welfare implications of monopolistic third-degree price discrimination [J]. *The American Economic Review*, 71 (1).

Shapiro N. 1981. Pricing and the growth of the firm [J]. *Journal of Post*

Keynesian Economics, 4 (1).

Shapiro N. 2003. Post Keynesian price theory [J]. *Journal of Post Keynesian Economics*, 25 (3).

Stern N. 2008. The economics of climate change [J]. *The American Economic Review: Papers & Proceedings*, 98 (2).

Stigler G J. 1971. The theory of economic regulation [J]. *The Bell Journal of Economics and Management Science*, 2 (1).

Summers R. 1973. International price comparisons based upon incomplete data [J]. *Review of Income and Wealth*, 19 (1).

Tirole J. 1986. Procurement and renegotiation [J]. *Journal of Political Economy*, 94 (2).

Van De Ven W P M M, Schut F T. 2008. Universal mandatory health insurance in the Netherlands: A model for the United States? [J]. *Health Affairs*, 27 (3).

Vogler S. 2012. The impact of pharmaceutical pricing and reimbursement policies on generics uptake: Implementation of policy options on generics in 29 European countries—An overview [J]. *Generics and Biosimilars Initiative Journal*, 1 (2).

Weinstein B L. 2006. The role of group purchasing organizations (GPOs) in the U. S. medical indutry supply chain [J]. *Estudios de Economia Aplicada*, 24 (3).

Zhou M, Dan B, Ma S, et al. 2017. Supply chain coordination with information sharing: The informational advantage of GPOs [J]. *European Journal of Operational Research*, 256 (3).

Zweifel P. 2000. Moral hazard and consumer incentives in health care [J]. *Handbook of Health Economics*, (1).

附　录

附录1：药品集中带量采购政策执行情况
调查问卷（公众版）

尊敬的女士/先生：

　　您好！自从 2018 年国家医疗保障局组织药品集中带量采购"4+7"城市试点以来，国家层面已经成功组织多批次药品集中带量采购。2021年1月，国务院办公厅印发《关于推动药品集中带量采购工作常态化制度化开展的意见》。为了进一步掌握药品集中带量采购的落地执行情况，我们设计了此问卷。调查内容仅用于学术研究，绝不会泄露您本人的任何信息。感谢您的支持与配合。

　　1. 您的年龄？［单选题］

　　○18~25 岁　　　　○26~40 岁　　　○41~60 岁　　　　○60 岁以上

　　2. 您的学历？［单选题］

　　○高中及以下　　　　　　　　　○专科

　　○本科　　　　　　　　　　　　○硕士研究生及以上

　　3. 您的家庭状况？［单选题］

　　○未婚　　　　　○已婚未育　　　　○已婚已育

　　4. 您的家庭药品费用支出状况？［单选题］

　　○无固定药品费用支出

　　○有固定的药品费用支出

5. 您的家庭用药是否选择特定的品牌/规格？［单选题］

〇是，选择特定的品牌及规格

〇否，遵循医生开具的处方

〇否，选择价格更低的药品

6. 一般在医院就诊后，您的家庭用药购买渠道主要是？［单选题］

〇直接在就诊医院购买

〇依据处方到药店或者线上购买

〇国外代购

7. 您的家庭药品费用支出（自费以及医保个人账户支付）金额范围？［单选题］

〇年均 500 元以内

〇年均 500~1000 元

〇年均 1000~5000 元

〇年均 5000~10000 元

〇年均 10000 元以上

8. 您知晓国家组织药品集中带量采购吗？［单选题］

〇是　　　　　　〇否

9. 您从哪些途径了解到国家组织药品集中带量采购的政策？［可多选］［多选题］

□新闻媒体

□医院、医保经办机构宣传册

□医生介绍

□其他朋友介绍

□其他

10. 您或您的家庭是否使用过集中带量采购的药品？［单选题］

〇是　　　　　　〇否　　　　　　〇不清楚哪些是带量采购药品

11. 您的家庭常用药是否纳入了国家集中带量采购的药品范围？［单选题］

○是　　　　　　　○否　　　　　　　○不清楚

12. 您觉得国家组织药品集中带量采购后您的家庭药品费用支出是否显著减少？［单选题］

○是　　　　　　　○否　　　　　　　○没有感觉

13. 家庭药品费用支出相比药品集中带量采购之前降低了多少？［单选题］

○降低了 10% 以内

○降低了 10%~30%

○降低了 30%~50%

○降低了 50% 以上

○感觉没有降低

14. 您觉得使用集中带量采购药品的疗效与您之前使用的药品疗效有差别吗？［单选题］

○疗效更好　　　○没有差别　　　○疗效更差　　　○不清楚

15. 您在就医时愿意选择集中带量采购药品吗？［单选题］

○愿意

○无所谓，根据医生的处方确定

○不愿意

○非常不愿意

16. 请问您是否了解仿制药一致性评价？［单选题］

○完全没听说过　　　　　　　○只听说过这个词

○听说过这个词且稍有了解　　　○比较了解

17. 在药效相同的情况下，您会选择使用价格较高的进口原研药还是价格更低的国产仿制药？［单选题］

○进口药　　　○仿制药

18. 您对药品集中带量采购政策的整体评价？［单选题］

○满意　　　　　　　○一般　　　　　　　○不满意

19. 您认为国家组织药品集中带量采购政策存在哪些不足？［多选题］

□药品品种少

□价格偏高

□担心药品质量和疗效得不到保证

□医生为完成考核任务，开"大处方"

□其他

20. 您在就医过程中，是否感觉被医生开了过多的药？［单选题］

○很少感觉到　　○经常感觉到　　○从未感觉到

21. 您对进一步完善药品集中带量采购政策有哪些建议？

□＿＿＿＿＿＿

附录 2：药品集中带量采购政策执行情况
调查问卷（医护专业版）

尊敬的女士/先生：

您好！自从 2018 年国家医疗保障局组织药品集中带量采购"4+7"城市试点以来，国家层面已经成功组织多批次药品集中带量采购。2021年 1 月，国务院办公厅印发《关于推动药品集中带量采购工作常态化制度化开展的意见》。为了进一步掌握药品集中带量采购的落地执行情况，我们设计了此问卷。调查内容仅用于学术研究，绝不会泄露您本人的任何信息。感谢您的支持与配合！

1. 您的年龄？［单选题］

○30 岁以下　　　○31~50 岁　　　○50 岁以上

2. 您的职业？［单选题］

○医生　　　　　○药剂师　　　　　○医技师　　　　　○护师

○行政人员　　　○其他

3. 您所在的医院等级为？［单选题］

○一级　　　　　○二级　　　　　○三级　　　　　○未定级

4. 您了解药品集中带量采购政策吗？［单选题］

○非常了解　　　○一般　　　　　○不太了解

5. 您认为集中带量采购药品和原研药质量和疗效一致吗？［单选题］

○没有差别　　　○存在差别

6. 对于原研药和集中带量采购药品，您偏好？［单选题］

○原研药　　　　　　　　　　○集中带量采购药品

○看患者病情　　　　　　　　○看疗效

7. 药品集中带量采购是否制约了您的用药选择？［单选题］

○是　　　　　　　○不是

8. 您认为药品集中带量采购是否降低了患者的经济负担？［单选题］

○是　　　　　○不是　　　　　○不清楚

9. 患者是否主动咨询或者提出需要使用集中带量采购的药品？［单选题］

○大多数患者主动要求

○部分患者主动要求

○没有患者主动要求

10. 您所在的医院是否将集中带量采购药品使用任务下放到科室和医生，并与医生绩效奖金挂钩？［单选题］

○是　　　　　　　○否

11. 您所在的医院能否全部完成约定采购量？［单选题］

○能全部完成

○少数不能（3 个品种以内）

○4 个及以上品种不能完成

12. 您所在的医院是否出现过集中带量采购药品供应短缺？［单选题］

○未出现　　　　○个别品种出现　　○大量品种出现

13. 您所在医疗机构给企业回款的时限为？［单选题］

○1～3 月　　　　○3～6 月　　　　○半年以上　　　　○不清楚

14. 您认为药品集中带量采购政策还存在哪些问题？您有哪些建议？

附录 3：药品生产企业调研大纲

（一）宏观层面情况调查

1. 企业每年的产量和主要生产品种，企业在全省（区市）和全国医药产业的排名情况？

2. 企业主要的销售渠道是公立医院、民营医院还是药店？

3. 药品销售的流通环节有哪些？

4. 药品定价的依据和基础是什么？

（二）药品集中带量采购参与情况和实施效果情况调查

1. 是否参加国家、省级、区域联盟的集中带量采购？参与药品的份额占整个药品生产企业的份额？

2. 为什么参与带量集采或者不参与带量集采？（药品集中带量采购的好处和劣势）

3. 如何评价我国国家、省级、区域联盟的集中带量采购方式？这些带量集采方式存在什么问题？

4. 药品集中带量采购的好处和不足在哪里？

5. 中标规格和用量怎么确定？

6. 药品集中采购最看重什么？（生产能力、药品质量）

图书在版编目(CIP)数据

中国药品集中带量采购的价格机制：基于政治经济
学视角 / 李小瑜著 . --北京：社会科学文献出版社，
2025.3. --ISBN 978-7-5228-4421-3

Ⅰ.F724.73

中国国家版本馆 CIP 数据核字第 2024PX1488 号

中国药品集中带量采购的价格机制
基于政治经济学视角

著　者／李小瑜

出 版 人／冀祥德
责任编辑／田　康
责任印制／岳　阳

出　　版／社会科学文献出版社·经济与管理分社（010）59367226
　　　　　地址：北京市北三环中路甲 29 号院华龙大厦　邮编：100029
　　　　　网址：www.ssap.com.cn
发　　行／社会科学文献出版社（010）59367028
印　　装／三河市龙林印务有限公司

规　　格／开　本：787mm×1092mm　1/16
　　　　　印　张：19　字　数：273 千字
版　　次／2025 年 3 月第 1 版　2025 年 3 月第 1 次印刷
书　　号／ISBN 978-7-5228-4421-3
定　　价／128.00 元

读者服务电话：4008918866